EViewsで学ぶ
応用ファイナンス

ファイナンスデータを使った実証分析へのいざない

森平 爽一郎 Moridaira Soichiro　高 英模 Koh Yong Mo　著

日本評論社

● はしがき

　「ファイナンス」(Finance)はそのまま日本語に訳せば「金融」です。経済学部や経営・商学部には「金融論」という授業があります。それにもかかわらず「ファイナンス」という言葉があえて使われるのは、それが伝統的な金融論とは大きく異なるからです。

　ファイナンス理論は、1960年代のW. シャープ、J. リントナー、J. モッシンによるCAPM（資本資産価格決定モデル）と、1970年代のF. ブラック、M. ショールズ、R. マートンによるオプション価格決定モデルの二つが基礎になっています。シャープ、ショールズ、マートンなどはノーベル経済学賞を受賞しました。現在では、株、債券、為替などの膨大かつ信頼性の高いデータが利用できるようになったことと、高性能のコンピュータやEViewsなどの計算ソフトウェアの利用が容易になったことも相まって、ファイナンス理論の多方面にわたる応用が進んでいます。

　ファイナンス理論は、欧米では「金融経済学」(Financial Economics)と呼ばれ、ミクロ経済学の一分野とされます。日本の大学でも、ファイナンスを専攻する学部や大学院がいくつも創設され、ファイナンス理論やその応用に関する多くの授業が文系のみならず理系の学部や大学院に設置されました。

　しかし、ミクロ経済学をよく理解している経済学部や経営学部の人たち、数学や確率・統計をよく理解している理工学部の人たちのいずれにとっても「ファイナンス」はなじみにくく、近寄りがたい印象をもつことが多いと思います。それは、文系の人にとっては確率論、確率過程論、確率微分方程式など高

i

度な数学の知識が必要なこと、理系の人にとっては均衡とかリスク中立などの独特の経済概念が必要なことにあるようです。

この本の目的は、①TSPから数えれば50年以上の歴史があり、世界中の大学や中央銀行、企業などで採用されている統計・計量経済学パッケージEViewsと、②実際のデータおよびこの本で説明した方法やプログラムを用いて、③実証分析を試みることで、④ファイナンス理論の素晴らしさを実感してもらうことです。

＊　　＊　　＊

各章の内容の概要は次の通りです。

第1章「統計分析」では、EViewsを用いて金融データをどのように分析できるか説明を行います。はじめからEViewsのプログラムが出てきますが、プログラムに慣れていない人は、まず第8章を読んでください。また、この本の特徴であるカルマンフィルターについて、その理論と簡単な応用例を学びます。行列表現などがあって少し難しいと感じた人は、第7章とともに読んでいただくことも可能です。

第2章と第3章では金融リスクの分析をEViewsを用いてどのように行うか、実際のデータに即して説明します。

第2章「信用リスク分析」では、貸したお金や投資したお金が戻ってこない、利子や配当が支払われないといった「信用リスク」の測定方法を解説します。第1章で学んだ線形回帰分析や新たに学ぶロジット回帰分析によるデフォルト（倒産）確率の推定方法を学びます。また第4章で学ぶオプション理論を用いて、上場企業の倒産確率をリアルタイムで推定する方法を学びます。

第3章「市場リスク分析」では、資産（株価や債券、為替）などの価格変動リスクをどのように分析できるか検討します。第1章で学んだ回帰分析を用いて、分散投資をしても除去できないリスクの大きさを「ベータ」（β）という尺度で測定できることを、実際の株価データを用いて解説します。さらに、回帰分析のテクニックを応用したイベント・スタディ分析や、VaR（バリューアットリスク）という銀行や商社、証券会社で毎日計算されている市場リスクの尺度が何を意味し、どのように計算できるかを学びます。

はしがき

　第4章と第5章では、オプション価格理論として有名な一方で、難解と思われているブラック＝ショールズモデルとその応用（金融工学）を学びます。

　第4章「確率微分方程式とブラック＝ショールズモデル」では、確率微分方程式について、株価のモンテカルロシミュレーションを通じて直観的に理解した後で、オプション価格をモンテカルロ法で計算する方法を学びます。その後、ブラック＝ショールズ式をEViewsでどのように計算するかを解説します。さらに、EViewsによる株式の予想ボラティリティの推定方法を学びます。

　第5章「金融商品の設計」では、第4章で学んだオプション理論をもとにして、金融商品の設計とポートフォリオ保険と呼ばれるリスク管理手法を学びます。実際のデータを用いて、仕組債と呼ばれる「危ない」金融商品の仕組みを明らかにします。自分でも仕組債を設計し、実験してみてください。

　第6章「実証ファイナンス」では、秒単位で入手可能な金融資産や商品価格データをどのように分析したらよいかを学びます。マーケットマイクロストラクチャの視点から約定間隔の意味と、約定間隔とイントラデイボラティリティの関係を分析する手法を解説します。とくに高速取引が実現した今日では、「ビックデータ」のハンドリングテクニックも研究者にとって重要なスキルの一つとなっています。

　第7章「カルマンフィルターとその応用」では、第1章でも説明した「カルマンフィルター」のファイナンスへの応用事例を説明します。カルマンフィルターはお掃除ロボットやGoogleマップ検索などで使われているもので、回帰分析で推定した回帰係数が時間とともに不確実に変わることを許容するような手法です。時系列データを通常の最小二乗法で分析したことがある人は、この章で説明するカルマンフィルターを用いて再計算してみてください。きっと新しい発見があり、よい論文を書くことができるはずです。

　第8章「EViewsプログラミングの基礎」では、EViewsのプログラミング手法を学びます。さらに、第1章から第7章までで使われたEViewsのコマンドをABC順に説明した「コマンド辞書」も用意しました。

＊　　　＊　　　＊

本書に関連して次のような有用な情報を入手できますので、ぜひ活用してください。

① 各章で取り上げた EViews プログラムやデータ、統計手法やファイナンス理論についての簡単な説明、EViews に関する有用な情報サイトのリンク先などについては、日本評論社ホームページの本書関連サイトからダウンロード可能です。

② EViews の英文マニュアルの最新かつ完全な日本語訳（PDF ファイル）が、著者の一人である高によって行われており、https://www.lightstone.co.jp/eviews/manual.html から無償で入手できます。

　この本は、森平による早稲田大学ファイナンス研究科での講義「クレジットリスクモデリング」と「応用ファイナンス」における EViews の利用経験と、高による官公庁や大学での EViews を用いた研究や教育経験に基づいています。多くの関係者に感謝いたします。また、本書の刊行にあたって日本評論社の吉田素規氏からさまざまな御助言をいただきました。厚くお礼申し上げます。

　それでは本書とともに、EViews を用いたファイナンス理論とその応用の習得に向け、良い旅（Bon Voyage）を！

2019年2月

森平爽一郎・高英模

● 目　次

はしがき　　i

第1章　統計分析 ──────────────── 1

1.1　時系列データのための基礎知識　2
   1.1.1　ビジュアルチェック　2
   1.1.2　記述統計量　4
   1.1.3　正規分布とt分布　5
1.2　最小二乗法によるモデル推定　9
   1.2.1　p値の計算
   1.2.2　決定係数と自由度修正済み決定係数　9
   1.2.3　対数尤度と情報量規準　11
   1.2.4　時系列データの自己相関と偏自己相関　14
1.3　自己回帰モデルの推定　15
   1.3.1　ARMA(1,1)モデル　16
   1.3.2　定常過程　17
1.4　カルマンフィルター入門　18
   1.4.1　ローカルレベルモデル　18
   1.4.2　カルマンフィルターの詳細　24
【参考文献】　28

第2章　信用リスク分析 ──────────────── 29

2.1　はじめに　29
2.2　線形確率モデル（LPM：Linear Probability Model）　30
   2.2.1　線形確率モデルとその推定　30
   2.2.2　線形確率モデルの問題点　34
2.3　非線形確率モデル　37
   2.3.1　非線形のデフォルト確率推定：その考え方　37
   2.3.2　EViewsによる非線形デフォルト確率モデルの推定　40
   2.3.3　ロジット回帰係数の解釈　43

        2.3.4　限界効果の推定　*44*
        2.3.5　ロジット、プロビット、極値回帰の違い　*46*
        2.3.6　倒産予測の精度を判定する（分割表による分析）　*49*
    2.4　デフォルト件数の分析：カウントデータ回帰の適用　*53*
        2.4.1　ポアソン分布とポアソン過程　*54*
        2.4.2　パラメータ λ の意味　*56*
        2.4.3　ポアソン回帰　*57*
    2.5　株価から信用リスクを推定する　*63*
        2.5.1　債務超過確率としてのデフォルト確率：債務超過とは？　*63*
        2.5.2　債務超過確率推定モデル1：
              資産価値と資産ボラティリティが未知数の場合　*65*
        2.5.3　債務超過確率推定モデル2：
              資産価値、資産ボラティリティ、資産の期待成長率が未知数の場合　*72*
    【参考文献】　*75*

第3章　市場リスク分析 ― *77*

    3.1　シングルインデックスモデル　*77*
        3.1.1　2つのデータファイルの統合　*78*
        3.1.2　シングルインデックスモデルの推定　*79*
        3.1.3　EViews Add-ins　*80*
    3.2　マルチファクターモデル　*82*
        3.2.1　直観的な方法によるデータの作成　*82*
        3.2.2　ローリング回帰　*89*
        3.2.3　MIDAS回帰　*92*
    3.3　イベント・スタディ分析　*96*
        3.3.1　異常リターンの推定　*97*
        3.3.2　分析例　*98*
        3.3.3　状態空間モデルによるイベント・スタディ分析　*103*
    3.4　バリューアットリスク　*106*
        3.4.1　リターンの標準偏差を利用するVaR　*107*
        3.4.2　RiskMetrics　*108*
        3.4.3　GARCHモデルの利用　*111*
    【参考文献】　*116*

第4章　確率微分方程式とブラック＝ショールズモデル ―― 117

- 4.1　はじめに　117
- 4.2　確率差分方程式から確率微分方程式へ　118
  - 4.2.1　確率差分方程式（Stochastic Difference Equation）　118
  - 4.2.2　確率微分方程式（SDE：Stochastic Differential Equation）　120
  - 4.2.3　その他の確率微分方程式　120
  - 4.2.4　EViewsによる対数正規分布に従う株価の
モンテカルロ・シミュレーション　122
- 4.3　オプション価格の計算　126
  - 4.3.1　オプションとは？　126
  - 4.3.2　オプション価格の計算　128
- 4.4　ブラック＝ショールズモデル　131
  - 4.4.1　ブラック＝ショールズモデルとは？　131
  - 4.4.2　ブラック＝ショールズモデルの直観的な理解　131
  - 4.4.3　ブラック＝ショールズモデルの計算：
グラフィカルユーザーインターフェースの利用　133
  - 4.4.4　インプライド・ボラティリティの計算：サブルーチンの利用　135
- 4.5　リスク中立確率とその推定　143
  - 4.5.1　リスク中立確率とは？　143
  - 4.5.2　アメリカ大統領選挙の（リスク中立的な）勝利確率の推定　145
  - 4.5.3　リスク中立確率の推定：ブラック＝ショールズモデルによる
リスク中立値上がり確率 $N(d_2)$ の推定　148
- 【参考文献】　148

第5章　金融商品の設計：仕組債とポートフォリオ保険 ―― 149

- 5.1　はじめに　149
- 5.2　危ない金融商品：日経平均リンク債の設計　149
  - 5.2.1　日経平均リンク（連動）債を設計する　150
  - 5.2.2　数値例　154
  - 5.2.3　最低保証付き日経平均リンク債　155
  - 5.2.4　EViewsによる日経平均リンク債の設計と運用シミュレーション　157
- 5.3　オプション価格決定理論に基づくポートフォリオ保険　159
  - 5.3.1　プロテクティブ・プット：
市場で売買が行われているオプションに基づく保険　159
  - 5.3.2　プロテクティブ・プットを合成するポートフォリオ保険　161

5.3.3　計算過程（アルゴリズム）　*163*
　　　5.3.4　EViews によるプログラミングと計算結果　*166*
　　　5.3.5　オプションの行使価格とポートフォリオ保険ファンドの
　　　　　　守るべき最低水準との関係　*169*
　5.4　比率一定型のポートフォリオ保険（CPPI）　*170*
　　　5.4.1　CPPI の考え方　*171*
　　　5.4.2　EViews による CPPI の実行と結果　*172*
　　　5.4.3　結果の分析　*174*
　　　5.4.4　CPPI 型運用において注意すべきこと　*175*
　【参考文献】　*176*

第6章　実証ファイナンス ―― *179*

　6.1　LogL オブジェクトによる最尤法推定　*179*
　6.2　テキストファイルの結合　*182*
　　　6.2.1　メニュー操作によるファイルの結合　*183*
　　　6.2.2　プログラムの実行モード　*186*
　　　6.2.3　文字列の操作　*186*
　　　6.2.4　ティックデータの時間情報　*187*
　　　6.2.5　ティックデータの結合　*188*
　6.3　ACD モデルとは　*191*
　　　6.3.1　時間を示す変数の作成　*191*
　　　6.3.2　イントラデイトレンド　*194*
　6.4　ACD モデルの推定　*198*
　　　6.4.1　擬似最尤法の利用　*198*
　　　6.4.2　LogL オブジェクトの利用方法　*199*
　　　6.4.3　ML 推定における非負制約の設定　*200*
　6.5　UHF-GARCH モデル　*202*
　　　6.5.1　瞬間収益率　*203*
　　　6.5.2　UHF-GARCH モデルの推定　*204*
　　　6.5.3　イントラデイボラティリティ　*205*
　6.6　実現ボラティリティ　*207*
　　　6.6.1　実現ボラティリティの定義　*207*
　　　6.6.2　実現ボラティリティの推定　*209*
　【参考文献】　*213*

第7章 カルマンフィルターとその応用 ——— 215

- 7.1 はじめに　*215*
- 7.2 ローカルモデル　*216*
- 7.3 EViews による収益率分布の推定例　*219*
- 7.4 状態方程式の異なる定式化　*226*
- 7.5 確率ベータの推定　*227*
  - 7.5.1 観測方程式と状態方程式　*227*
  - 7.5.2 カルマンフィルターによる状態変数と
    最尤法による固定パラメータの推定結果　*229*
  - 7.5.3 確率ベータ推定のための EViews プログラム　*231*
- 7.6 ボラティリティはボラタイルだ　*232*
  - 7.6.1 確率ボラティリティモデル（SVM）　*233*
  - 7.6.2 確率ボラティリティの推定例　*236*
  - 7.6.3 確率ボラティリティ推定のための EViews プログラム　*238*
  - 7.6.4 GARCH と確率ボラティリティ：その比較　*239*
- 【参考文献】　*241*

第8章 EViews プログラミングの基礎 ——— 243

- 8.1 プログラミングの基礎知識　*243*
  - 8.1.1 コマンドウィンドウ　*243*
  - 8.1.2 簡単なコマンドの実行　*243*
  - 8.1.3 プログラムファイルの利用　*246*
  - 8.1.4 コマンドの探し方　*247*
- 8.2 数値変数と文字列変数　*248*
  - 8.2.1 数値変数　*248*
  - 8.2.2 文字列変数　*250*
  - 8.2.3 変数のハンドリング　*251*
- 8.3 代表的な構文　*252*
  - 8.3.1 if 条件分　*252*
  - 8.3.2 for ループ　*253*
  - 8.3.3 while ループ　*253*
- 8.4 標本を選択する smpl コマンド　*254*
  - 8.4.1 smpl コマンドの基本的な用法　*255*
  - 8.4.2 標本を連続的に変更する　*256*
  - 8.4.3 サンプルオブジェクト　*257*

8.5 コマンド辞書　*259*
　　8.5.1　クイックリファレンス　*259*
　　8.5.2　＠関数とコマンド　*273*

索　引　*279*

第1章 統計分析

　第1章の狙いは、EViews という道具を利用して統計分析の基礎知識を確認し、カルマンフィルターを利用するための状態空間オブジェクトの操作方法を学ぶことです。数式や統計用語による解説部分では EViews のシミュレーション機能を利用して、直観的な理解を手助けするようにしました。最後のカルマンフィルターの項では、シミュレーションによる説明だけでなく、統計学的な解説も補助的に行います。

　本書では、実証分析におけるデータ処理と分析作業を効率的に行うという観点から、できるだけコマンド操作で EViews を操作する方法を用います。EViews のコマンドやプログラミングの利用経験がない場合は、最初に第8章に目を通してください。

　EViews 9から新たにコマンドキャプチャ機能が用意されました。これは、メニューやダイアログで操作した内容をコマンドに置き換えて出力する大変便利な機能です。それまではオンラインヘルプを利用して目的のコマンドを調べるという作業が必要でしたが、コマンドキャプチャを利用すれば、一度のメニュー操作で簡単に対応するコマンドを知ることができます。

　本章で説明する統計分析の項目についてすでに基礎知識がある場合は、プログラミングの項目に絞って学習してください。ここでは統計分析に関する数式の基本形は示しつつも、その意味するところは基本的に数値実験（シミュレーション）を用いて解説するというスタイルを採用します。

1.1 時系列データのための基礎知識

ファイナンスのデータでよく利用されるものに株価があります。ここでは実際の株価ではなく、EViews の機能を利用して架空の会社 DCAM 社の株価と、同じく架空のマーケットインデックスである TX を利用します。データ作成の基本的な考え方は次の通りです。

① 2010年1月1日から2015年12月31日までの期間で、週末を除く5日間の株価データ dcam を作成します。祭日は考慮しません。株価は、後述する単位根過程に従うものとします。
② 同じくインデックス tx も単位根過程に従うものとします。
③ dcam と tx のリターンを利用して、シングルインデックスモデルを推定します。シングルインデックスモデルの解説と実際的な利用方法については、第3章を参照してください。ここでは話を簡単にするためにリスクフリーレートはゼロとします。

DCAM 社の株価とマーケットインデックス TX は、次のように生成します。

$$dcam_t = dcam_{t-1} + u_{1t}, \quad u_{1t} \sim N(0, 36)$$
$$tx_t = tx_{t-1} + u_{2t}, \quad u_{2t} \sim N(0, 9)$$

実際のプログラムを表1.1に示しています。本書で紹介するプログラムはすべてサポートサイトからダウンロードできます。プログラムをユーザーが直接入力する場合は、> File > New > Program として新しいプログラムウィンドウを開き、そこに入力します。また、個別のコマンドに関する解説は第8章8.5節のコマンド辞書を参照してください。プログラムを実行する際は、EViews のプログラムウィンドウで Run ボタンをクリックします。

1.1.1 ビジュアルチェック

データの準備ができたら、まずは簡単な折れ線グラフを作成して分布を確認します（図1.1）。これはビジュアルチェックと言って、データ分析の第一歩で

表1.1 シングルインデックスモデルの推定

1	'01_01_single.prg
2	wfcreate(wf = stock) d5 2010 2015
3	'マーケットインデックス tx の作成
4	'初期値を1000円とする
5	series tx =1000
6	'tx は単位根過程に従うものとする
7	smpl @first +1 @last
8	rndseed 12345
9	tx = tx(−1)+3*nrnd
10	'tx の小数第二位までのデータを作成する
11	'第三位で四捨五入する
12	series temp1= tx*100+0.5
13	tx = @floor(temp1)*0.01
14	'dcam の初期値は5000円とする
15	smpl @all
16	series dcam = 5000
17	smpl @first +1 @last
18	rndseed 1111
19	dcam = dcam(−1)+6*nrnd
20	series temp2 = dcam*100+0.5
21	dcam = @floor(temp2)*0.01
22	'シングルインデックスモデル EQ01の推定
23	smpl @all
24	series rd = dlog(dcam)
25	series rt = dlog(tx)
26	equation eq01.ls rd c rt
27	show eq01

図1.1 DCAM社の株価とTXの時系列グラフ

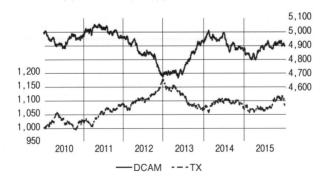

図1.2　DCAM社の株価のヒストグラム

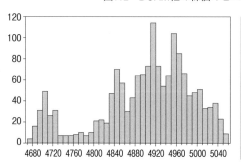

す。

DCAM社の株価はおおむね4,900円前後で推移しており、インデックスのほうは1,000円を超えたあたりに分布しています。同社の株価が下降している局面ではインデックスが上昇しているような傾向が見てとれます。

図1.1のように左右両方の軸を使い分ける場合は、グラフをダブルクリックしてGraph Optionsのダイアログを表示します。そしてAxes & Scaling > Data Scalingとして、右側にあるseries axis assignmentの項目で変数の軸対応を設定します。

1.1.2　記述統計量

次にヒストグラムを利用して、DCAM社の株価の分布を確認します。シリーズオブジェクトdcamを開いて、> View > Descriptive Statistics & Tests > Histogram and Statsと操作します。図1.2に示すようにヒストグラムと記述統計量を表示します。

歪度（Skewness）は分布の左右への歪みを示す統計量で、左右対称ならば0になります。負の値を取るほど、正規分布に比べ左側に偏っていることを示します。一方の尖度（Kurtosis）は、正規分布の場合3になります。数字が大きいほど尖った分布であることを示します。

Jarque-Bera統計量は、帰無仮説を「正規分布に従っている」とする仮説検定の検定統計量です。この仮説検定の結果、DCAM社の株価の母集団は正規分布に従っているとは主張できないことがわかります。

図1.3 DCAM社の収益率RD

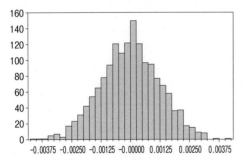

　一方、対数階差で求めた DCAM 社の収益率 RD のグラフは図1.3のようになります。株価とは異なり、Jarque-Bera 統計量による仮説検定では収益率については正規分布に従っていると判断できます。現実の株価収益率の場合、より中央付近にデータが集中し、左裾の厚い分布になることが知られています。

　ここで利用しているデータは単位根過程の考え方を利用して作成しました。後述する状態空間モデルにおけるもっともシンプルなローカルレベルモデルの状態変数も、単位根過程であることを前提にしています。ある変数 y_t が単位根過程であるとは、その階差系列 $\Delta y_t = y_t - y_{t-1}$ が定常過程であるとき、その過程を単位根過程と呼びます。また、定常過程については、1.3.2項の「定常過程」を参照してください。

1.1.3　正規分布と t 分布

　収益率の標本平均が -1.31×10^{-5} とあります。それでは、このような標本分布が母平均を 0 とする母集団からサンプリングされたと考えることはできるでしょうか？　そのことを仮説検定で確認してみましょう。メニュー操作では、> View > Descriptive statistics & Tests > Simple Hypothesis Tests と操作して、Mean のテキストボックスに 0 と入力します。コマンドで行う場合は次のように入力します。

$$\text{rd.teststat}(\text{mean} = 0)$$

この仮説検定の結果は図1.4の通りです。

1.1 時系列データのための基礎知識

図1.4 平均値の検定

```
Included observations: 1564 after adjustments
Test of Hypothesis: Mean =   0.000000

Sample Mean =  -1.31e-05
Sample Std. Dev. =  0.001240

Method                              Value     Probability
t-statistic                      -0.417531        0.6763
```

表1.2 平均値の検定のプログラム

```
1    '01_02_test.prg
2    '標本平均、標本標準偏差、データの個数を取得する
3    !mu = @mean(rd)
4    !sd = @stdev(rd)
5    !obs = @obs(rd)
6    '帰無仮説の設定
7    !h0 = 0
8    !t = (!mu-!h0)/(!sd/@sqrt(!obs))
9    '両側検定
10   if !t > 0 then
11     !p = 1-@ctdist(!t, !obs-1)*2
12   else
13     !p = @ctdist(!t, !obs-1)*2
14   endif
15   show !t !p
```

　この計算は表1.2のように行っています。選択したコマンドの背後でどのような計算が行われているか確認してみましょう。

　ここでは帰無仮説の「母平均=0」を棄却できません。つまり、標本平均は0とはほんの少しだけ異なりますが、仮説検定の結果、「母平均=0」の母集団から生成された標本とみなすことができます。

　ただし、仮説検定は帰無仮説「母平均=0」を積極的に棄却するための道具であり、等しいことを主張する道具ではありませんので気をつけてください。つまり、「等しい！」とい言うことを主張するためでなく、「異なる！」ことを強く主張するときに利用するものです。

　ここで仮説検定に用いた手法は t 検定と呼ばれるものです。DCAM社の収益率は正規分布に従っていました。母集団が正規分布に従っているとしても、そのうちの小数の標本を取り出してみると、その分布は正規分布とは少し異な

表1.3　モンテカルロシミュレーション

```
1   '01_03_monte.prg
2   '20代の男性の身長の分布を N(170, 25)として
3   '標本がわずか10のときの平均身長の分布を考察する
4   !obs = 10
5   !mu = 170
6   !sd = 5
7   '20代男性10人のセットを!reps 組用意する
8   'つまり、10人ごとの身長の平均を!reps 個計算する
9   tic
10  !reps = 100
11  wfcreate(u = height) u !obs
12  matrix(!reps, 1) simt
13  rndseed 1234
14  for !i = 1 to !reps
15    series hgt = nrnd*!sd +!mu
16    !m = @mean(hgt)
17    !se = @stdev(hgt)/@sqrt(!obs)
18    !t = (!mu-!m)/!se
19    simt(!i, 1) =!t
20  '基準化した!t の分布を正規分布と比べる
21  next
22  simt.distplot hist(anchor = 0, binw = silverman, scale = dens)  theory() theory(dist = tdist)
23  toc
24  scalar et = @toc
```

ることがわかっており、t 分布と呼ばれるものになっています。このことを EViews のプログラミング機能を利用したモンテカルロシミュレーションによって確認しましょう（表1.3）。

　平均値の分布は、サンプルサイズを大きくするほど正規分布に従うというのが中心極限定理です。一方、大数の法則は、サンプルサイズを大きくするほど、標本平均と母平均との誤差はゼロに近づいていくというものです。

　いま、20代の男性の平均身長に興味があるとします。母集団は A という国に住む20代の男性です。全標本（20代の男性全員）の身長を調べることができればよいのですが、そこまでの時間と費用を掛けずとも、優れた推定値を求めることができます。

　図1.5より、正規分布よりも t 分布のほうが、当てはまりがよくなっていることがわかります。小標本の場合にはとくにこの傾向が強く出ることがわかっ

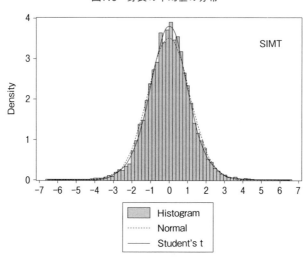

図1.5 身長の平均値の分布

ています。実際、先のプログラムで1セットの男性の数を1,000など大きな数に変更してみると、両者の違いは見かけ上、ほとんどわかりません。

図1.5からも明らかなように、小標本で母集団の統計的性質を調べるとき、正規分布を利用すると、次のような欠点があることがわかります。

① 平均値付近により多くのデータ集まることを捉えきれない。
② 両端の裾の厚みを捉えきれない。

モンテカルロシミュレーションを使えば、このように高度な数学や統計の知識を利用せずとも、分布を仮定（身長が正規分布）して擬似的なデータ（平均身長）を繰り返し作成することで、目的とする統計量（平均値の分布）の特徴を知ることができます。

話をDCAM社の株価に戻しましょう。シングルインデックスモデルの係数を身長の平均（推定値）に置き換えて考えてみると、株価データが少ない場合でも、t分布であれば適切な仮説検定を行えることがわかります。もちろん、データが十分に多い場合、t分布と正規分布にほとんど差はありませんので、あまり違いを気にする必要はありません。

1.2 最小二乗法によるモデル推定

プログラム01_01_single.prg で、(1.1)式のシングルファクターモデルを推定し、図1.6のような結果を得ました。

$$rd_t = \alpha + \beta rt_t + u_t \qquad (1.1)$$

ここではファクターとしてマーケットインデックスを利用していますので、シングルインデックスモデルと呼ぶことにします。α はほぼゼロに近い値となり、有意ではありません。一方、β は -0.028 です。DCAM 社の収益率はインデックスの収益率とは反対の動きをすることがわかります。これは先ほどのグラフからもある程度読み取ることができました。

1.2.1 p 値の計算

最小二乗法による推定値の p 値の算出方法を、表1.4のプログラムで確認しましょう。ここでは p 値自体の意味は解説しません。

有意水準は一般的に5％を用います。この p 値が0.05よりも小さい場合に帰無仮説「計算した推定値は0に等しい」は棄却できます。つまり、RTの係数と0との間に有意差があることがわかります。

1.2.2 決定係数と自由度修正済み決定係数

図1.6には係数推定値のほかにもさまざまな統計量が表示されています。ここでは(1.2)式に示す単純回帰モデルを例に、決定係数と自由度修正済み決定係数について説明します。

$$Y_i = \alpha + \beta X_i + u_i \qquad (1.2)$$

(1.2)式の推定値と変数の間には次の関係が成り立ちます。

$$\widehat{Y_i} = \hat{\alpha} + \hat{\beta} X_i, \quad \bar{Y} = \hat{\alpha} + \hat{\beta} \bar{X}$$

決定係数 R-squared は1に近いほどよいということは、読者の皆さんもご存じ

1.2 最小二乗法によるモデル推定

図1.6 シングルインデックスモデルの推定結果

```
Included observations: 1564 after adjustments

    Variable    Coefficient  Std. Error  t-Statistic   Prob.

         C      -1.17E-05    3.13E-05    -0.374387    0.7082
        RT      -0.027997    0.011421    -2.451333    0.0143

R-squared            0.003832   Mean dependent var    -1.31E-05
Adjusted R-squared   0.003195   S.D. dependent var     0.001240
S.E. of regression   0.001238   Akaike info crite...  -10.54904
Sum squared resid    0.002395   Schwarz criterion     -10.54219
Log likelihood       8251.346   Hannan-Quinn criter.  -10.54649
F-statistic          6.009036   Durbin-Watson stat     1.917661
Prob(F-statistic)    0.014342
```

表1.4 p値の計算方法を確認するプログラム

```
1   '01_04_pval.prg
2   '最初にEQ01から必要な情報を取り出します
3   !b = eq01.@coefs(2)
4   !se = eq01.@stderr(2)
5   !df = eq01.@df
6   !t = (!b-0)/!se
7   !obs = eq01.@regobs
8   if !t > 0 then
9     !p = 1-@ctdist(!t,!df)*2
10  else
11    !p = @ctdist(!t,!df)*2
12  endif
13  show !p
```

だと思いますが、定義をしっかり覚えている人は少ないようです。被説明変数を Y、説明変数を X とすると、決定係数は(1.3)式のようになります。

$$R^2 = \frac{\sum(\widehat{Y_i}-\overline{Y})^2}{\sum(Y_i-\overline{Y})^2} \tag{1.3}$$

分子はフィットした値の平均からの偏差二乗和、分母は実現値の平均からの偏差二乗和です。つまり、フィット曲線の平均からの偏差が実際の偏差をうまく追随しているほど、説明力の高いモデルであることを示す統計量です。ただし、EViewsでは(1.3)式を変形した(1.4)式の定義式を用いています。

$$R^2 = 1 - \frac{\sum \hat{u}_i^2}{\sum (Y_i - \overline{Y})^2} \tag{1.4}$$

$\hat{u}_i$ は残差です。この定義式を利用すると、決定係数が負になることもありますので注意してください。

説明変数を複数利用する重回帰分析の場合は、説明変数の個数の分だけ説明力にペナルティを掛けて、(1.5)式のような定義で示される自由度修正済み決定係数を利用します。

$$\text{adj } R^2 = 1 - (1 - R^2)\frac{n-1}{n-k} \tag{1.5}$$

n は推定に利用したデータの個数、k は説明変数の数です。k が増えるほど、adj R^2 は 1 から遠ざかっていくことがわかります。

1.2.3 対数尤度と情報量規準

線形モデルを最小二乗法で推定すると、決定係数や自由度修正済み決定係数が算出されるので、モデル選択は比較的簡単です。しかし、モデル選択を行う前に、係数の符号の妥当性が最も重要ですので、機械的に決定係数だけを見るようなことは避けましょう。必ず、符号条件の妥当性をチェックした後で、モデルを比較する習慣を身につけてください。ここでは符号条件をパスしたという前提で、モデル選択に利用する対数尤度と情報量規準の基礎知識を確認します。

いま、二人の大学生に経済学の数値実験を行うために、それぞれ標準正規分布に従う乱数を100個用意してもらうという状況を考えてください（表1.5を参照してください）。

A 君の対数尤度は -143.48、B 君のそれは -326.70 です。両者の間に大きな違いがあります。x が仮定した分布に従っているほど（パラメータが値に近いほど）、対数尤度の値は大きくなります（ここでは x1）。B 君の分布は $N(2,1)$ でズレていますので、対数尤度はより小さくなっています。

(1.7)式の対数尤度の考え方を簡潔にまとめると、次のようになります。

1.2 最小二乗法によるモデル推定

表1.5 対数尤度の計算

```
1   '01_05_loglike.prg
2   wfcreate(wf = logl) u 100
3   rndseed 111
4   'A 君の乱数(平均 0, 分散 1 )
5   series x1 = nrnd
6   'B 君の乱数(平均 2, 分散 1 )
7   series x2 = nrnd +2
8   'それぞれの確率密度を計算
9   series den1 = @dnorm(x1)
10  series den2 = @dnorm(x2)
11  '対数尤度を求める
12  scalar logl1 = @sum(log(den1))
13  scalar logl2 = @sum(log(den2))
14  'x の分布
15  group group01 x1 x2
16  group01.distplot(m)
17  show logl1
18  show logl2
```

① ある確率分布を想定する（ここでは正規分布）。標本は T 個とする。
② 標本 x ごとの確率密度を求める。
③ 確率密度の積としての尤度を求める。
④ ③で計算した尤度の対数をとり、T 個の値の和を求めて対数尤度とする。

ここでは標本を残差に置き換えてシングルインデックスモデルの対数尤度を計算します。残差は正規分布に従い、(1.6)式の関係を満たします。

$$\sigma^2 = \frac{\sum \widehat{u}_i^2}{T} \tag{1.6}$$

このときの対数尤度は(1.7)式のように書くことができます。これは、標準正規分布の密度関数を使って導出できます。詳細はサポートサイトの資料を参照してください。

$$l = -\frac{T}{2}\left(1 + \log 2\pi + \log \frac{\sum \widehat{u}_i^2}{T}\right) \tag{1.7}$$

表1.6 シングルインデックスモデルの対数尤度の計算

```
1   '01_06_calc.prg
2   'ワークファイル stock を開いておいてください
3   !robs = eq01.@regobs
4   !k = eq01.@ncoef
5   eq01.makeresid resid01
6   series e2 = resid01^2
7   !pi = @acos(-1)
8   '対数尤度の計算
9   !logl = -(!robs/2)*(1+log(2*!pi)+log(@sum(e2)/!robs))
10  'AIC
11  !aic = -2*(!logl)/!robs +2*!k/!robs
12  'SC
13  !sc = -2*(!logl)/!robs +!k*log(!robs)/!robs
14  'HQ
15  !hq = -2*(!logl)/!robs +2*!k*log(log(!robs))/!robs
16  '表の作成
17  table(5, 2) loglike
18  loglike(1, 1) = "LogLike"
19  loglike(2, 1) = "AIC"
20  loglike(3, 1) = "SC"
21  loglike(4, 1) = "HQ"
22  loglike(1, 1) = !logl
23  loglike(2, 1) = !aic
24  loglike(3, 1) = !sc
25  loglike(4, 1) = !hq
26  show loglike
```

この対数尤度とモデルで利用した説明変数の個数を使って、モデル選択の指標となる次の3つの統計量が提案されています。

$$\text{AIC} = -2(l/T)+2(k/T)$$
$$\text{SC} = -2(l/T)+k\log(T)/T$$
$$\text{HQ} = -2(l/T)+2k\log(\log(T))/T$$

l は対数尤度、T はデータの個数（標本サイズ）、k はパラメータの個数です。この3つの統計量に優劣はありませんので、利用する情報量規準の選択は分析者に任されています。ここではシングルインデックスモデルの残差は正規分布に従うという仮定の下、モデルの対数尤度を求めます（表1.6）。

1.2 最小二乗法によるモデル推定

図1.7 株価の自己相関

```
Sample: 1/01/2010 12/31/2015
Included observations: 1565

 Autocorrelation  Partial Correlation       AC     PAC    Q-Stat   Prob

                                      1   0.997   0.997  1559.9   0.000
                                      2   0.995  -0.025  3112.2   0.000
                                      3   0.992  -0.022  4656.7   0.000
                                      4   0.989  -0.042  6192.7   0.000
                                      5   0.986  -0.011  7720.1   0.000
                                      6   0.983  -0.008  9238.7   0.000
                                      7   0.979  -0.013  10748.   0.000
                                      8   0.976  -0.009  12249.   0.000
                                      9   0.973   0.013  13740.   0.000
                                     10   0.970   0.014  15223.   0.000
                                     11   0.966  -0.043  16697.   0.000
                                     12   0.963  -0.020  18162.   0.000
                                     13   0.960   0.014  19617.   0.000
```

表示された対数尤度や情報量規準が図1.6の下段にある情報と一致することを確認します。対数尤度は大きいほどモデルが優れている（当てはまりがよい）ことを示し、逆に各種情報量規準は小さいほど当てはまりがよいことを示します。

1.2.4 時系列データの自己相関と偏自己相関

変数の自己相関に関する情報はモデル作成の際に有用です。DCAM 社の株価はそもそも単位根過程に従うものとして作成しましたので、自己相関の強いことが予想されます。シリーズオブジェクト dcam で、> View > Correlogram と操作し、時系列データの自己相関を求めるためのダイアログを表示します。原系列 dcam のコレログラムを求める場合は level を選択し、ラグの次数を決めて OK ボタンをクリックします。データの個数を T とすると、ラグの次数は一般に $\log(T)$ とします。

図1.7では自己相関と偏自己相関の大きさが棒で示されています。有意性を点線で示すこのような図をコレログラムと呼びます。自己相関は AC の列に表示されており、点線の外側に棒が伸びている箇所は自己相関係数が有意であることを示しています。EViews による自己相関（AC）の定義は(1.8)式の通りです。t 期まで情報とそのラグ項による相関を求めたものになります。

$$\tau_k = \frac{\sum_{t=k+1}^{T}(Y_t - \bar{Y})(Y_{t-k} - \bar{Y})}{\sum_{t=1}^{T}(Y_t - \bar{Y})^2} \tag{1.8}$$

図1.8　自己回帰モデルの推定

```
Sample (adjusted): 1/04/2010 12/31/2015
Included observations: 1564 after adjustments

  Variable     Coefficient   Std. Error   t-Statistic   Prob.
     C          12.67375     8.250650      1.536091    0.1247
  DCAM(-1)      0.997400     0.001683    592.4881      0.0000
```

偏自己相関 PAC は Y_t をそのラグ項に回帰させたときの係数です。したがって、AR（自己回帰）モデルを作成する場合、PAC の有意なラグを自己回帰モデルの説明変数の候補とします。

Q 統計量は Ljung-Box 統計量と呼ばれ、AC の仮説検定に利用します。帰無仮説は「自己相関はない」です。図1.7の Prob の列に表示されている p 値から、自己相関が存在することが示されています。もちろん、ここでは 1 次のラグの影響によるものであると考えられます。

1.3　自己回帰モデルの推定

DCAM の偏自己相関は先にみたように 1 次のラグ項の影響が強いので、それを考慮して(1.9)式のような自己回帰モデルを考えます。

$$dcam_t = \beta_0 + \beta_1 dcam_{t-1} + u_t \tag{1.9}$$

これを実際に推定する際は次のように行います。その推定結果を図1.8に示します。

equation eq02.ls dcam c dcam(-1)

この自己回帰モデルは、(1.10)式の形式で表現することも可能です。

$$\begin{aligned} dcam_t &= \alpha + u_t \\ u_t &= \rho_1 u_{t-1} + \epsilon_t \end{aligned} \tag{1.10}$$

この形式で非線形最小二乗法を使って推定する場合のコマンド（EViews 9以降）は次のようになります。

1.3 自己回帰モデルの推定

図1.9 AR項を利用した自己回帰モデルの推定

```
Included observations: 1564 after adjustments
Convergence achieved after 4 iterations

    Variable    Coefficient    Std. Error    t-Statistic    Prob.
       C          4875.378      61.17012      79.70195      0.0000
      AR(1)       0.997400      0.001683      592.4881      0.0000
```

表1.7 自己回帰モデルの推定

1 '01_07_autoreg.prg
2 '自己回帰モデルの推定
3 equation eq02.ls dcam c dcam(-1)
4 'ar 項を利用した自己回帰モデルの推定
5 eq02ar.ls(arma = cls) dcam c ar(1)
6 eq02ar の推定結果を利用して eq02 の定数項を求める
7 show eq02ar.@coefs(1)*(1-eq02ar.@coefs(2))

$$\text{eq02ar.ls(arma = cls)} \quad \text{dcam c ar}(1)$$

このときの推定結果は図1.9のようになります。実際に AR 項を利用した式を変形して u_t を消すと、(1.11)式のようになります。

$$dcam_t = \alpha(1-\rho_1) + \rho_1 dcam_{t-1} + \epsilon_t \tag{1.11}$$

結果として、定数項の表現だけが変わっていることがわかります。以上のコマンドをまとめて表記すると、表1.7のようになります。

1.3.1 ARMA (1, 1) モデル

時系列分析でよく利用する ARMA(1, 1) モデルを利用すると、(1.9)式は (1.12)式のようになります。

$$\begin{aligned} dcam_t &= \alpha + u_t \\ u_t &= \rho_1 u_{t-1} + \epsilon_t + \vartheta \epsilon_{t-1} \end{aligned} \tag{1.12}$$

EViews でこのモデルを推定するときは、

$$\text{dcam c ar}(1) \quad \text{ma}(1)$$

図1.10 AR項を利用した自己回帰モデルの最尤推定

```
Included observations: 1565
Convergence achieved after 5 iterations
Coefficient covariance computed using outer product of gradients

    Variable     Coefficient   Std. Error   t-Statistic   Prob.
       C          4917.139      52.89218     92.96534    0.0000
      AR(1)       0.997563      0.001648    605.4903     0.0000
    SIGMASQ      36.75466       1.350255    27.22053     0.0000
```

または、

$$\text{dcam c dcam}(-1) \ \text{ma}(1)$$

と記述します。

EViews 9以降では推定式に ARMA 項を利用すると、デフォルトで最尤推定を実行します。(1.10)式のモデルをデフォルトの最尤法で推定したときの結果を図1.10に示します。

EViews は推定結果のウィンドウに誤差項の分散推定値も表示します。推定結果を比較するとわかるように、非線形モデルの場合は、最小二乗法と最尤法による推定結果が一致するという保証はありません。

学生時代に計量経済学を履修した人は、最小二乗法のところで BLUE（最良線形不偏推定量）という推定量の性質について学習したと思います。標準的仮定が満たされている場合、最小二乗法の推定量は BLUE と呼ばれる好ましい性質をもつことがわかっています。一方、ここで利用した最尤推定量は不偏性をもちませんが、一致性という性質をもっています。一致性とはデータ数 n が無限大に近づくほど、推定値と母数の差は限りなくゼロに近くなるという性質です。最小二乗法はこの一致性という性質ももっています。

1.3.2 定常過程

定常性という概念について簡単に説明します。時系列データ y_t を例として利用します。定常性には定義として「弱定常性」と「強定常性」の2つがありますが、一般にデータ分析で利用する経済／ファイナンスのデータは弱定常過程のものが多いので、弱定常過程に絞って説明します。

任意の時点 t と k に対して次の2つの式が成立する場合、この過程を弱定常

過程と呼びます。

$$E(y_t) = \mu \qquad (1.13)$$
$$Cov(y_t, y_{t-k}) = E[(y_t - \mu)(y_{t-k} - \mu)] = \gamma_k \qquad (1.14)$$

(1.13)式は y_t の期待値が時間に依存しないことを示しています。(1.14)式は自己共分散と呼ばれる統計量で、これも時間に依存せず、ラグ次数 k のみに依存することを示しています。この定常性が確保されているとき、y_t をモデル化した ARMA モデルの期待値や分散、予測値、その信頼区間などについて時系列分析の知識に基づいた議論が可能になります。

分析に利用する時系列データについて、それが定常過程（弱定常）なのか、それとも単位根過程であるかを調べる手法が単位根検定です。EViews を用いた単位根検定の実行方法については、本書のサポートサイトの資料を参照してください。

1.4 カルマンフィルター入門

本書ではカルマンフィルターを利用した実証例を積極的に紹介します。ここではカルマンフィルターを利用するにあたって必要となる基礎知識を確認します。まず、時系列データを (1.15) 式のような加法モデルで示します。

$$y_t = \mu_t + \gamma_t + \epsilon_t, \quad t = 1, ..., n \qquad (1.15)$$

μ_t はトレンド、γ_t は季節性、そして ϵ_t は撹乱項です。ここで、μ_t をランダム・ウォークとし、α_t で表記します。

1.4.1 ローカルレベルモデル

話を簡単にするため、季節性 γ_t は考えないことにします。このとき、モデルは(1.16)式のようになります。

$$y_t = \alpha_t + \epsilon_t, \quad \epsilon_t \sim N(0, \sigma_\epsilon^2) \qquad (1.16)$$
$$\alpha_{t+1} = \alpha_t + \eta_t, \quad \eta_t \sim N(0, \sigma_\eta^2) \qquad (1.17)$$

これは状態空間モデルの最も基本的なモデルで、ローカルレベルモデルと呼ばれています。y_t は観測可能な変数で、正規分布に従うものとします。α_t は状態変数と呼ばれるもので、これは観測できないものとします。こちらも正規分布に従うという仮定があります。また、撹乱項は互いに独立で、α_1 とも独立であるとします。2つの式のうち、観測可能な変数を説明する(1.16)式を観測方程式または信号方程式、1期先の状態変数を説明する(1.17)式を状態方程式と呼びます。注意してほしいのは、状態方程式は自己回帰モデルになっており、単位根過程に従っているということです。一方、観測方程式を見ると、単位根過程の状態変数にホワイトノイズを加えたものが観測可能な変数となっていますので、結果として y_t も単位根過程になります。

状態空間モデルを利用する動機は、観測可能な変数を利用して、観測できない変数（状態変数）の統計的性質を調べることです。まずは実際に EViews を利用して状態空間モデルを推定してみましょう。その後でモデル推定の核となるカルマンフィルターについて説明します。

ここでは数値実験によってカルマンフィルターの機能を確認します。次のような状態空間モデルを想定します。

$$y_t = \alpha_t + \epsilon_t, \quad \epsilon_t \sim N(0, 4)$$
$$\alpha_{t+1} = \alpha_t + \eta_t, \quad \eta_t \sim N(0, 1)$$

サンプルサイズを100、観測可能な変数 y の1期目の値を3として、ローカルレベルモデルに従うデータを表1.8のプログラムで作成します。図1.11にはそのようにして生成した y と α がプロットされています。

y は、状態変数 α_t にノイズが追加された状態で観測されていると考えてください。分析者の目的は、ノイズを含む y_t からカルマンフィルターを使って撹乱項の影響を取り除き、α_t の統計的性質を推測することです。このデータに対して状態空間モデルを推定するためのプログラムを表1.9に示します。

ここでは状態空間オブジェクトを宣言し、モデルの仕様をコマンドで設定します。状態空間モデルを利用する上で重要なポイントを次に示します。

① 観測方程式の前には @signal と記述する。

1.4 カルマンフィルター入門

表1.8 ローカルレベルモデルのデータ作成

1	'01_08_local.org
2	wfcreate(wf = ssm) u 100
3	'観測方程式の攪乱項の作成
4	rndseed 12
5	series ep = nrnd*2
6	'状態方程式の攪乱項の作成
7	rndseed 22
8	series et = nrnd
9	'状態変数の作成
10	series alpha = 3
11	smpl 2 @last
12	alpha = alpha(-1) + et(-1)
13	smpl @all
14	'観測可能な変数 y の作成
15	series y = alpha + ep
16	group group01 y alpha
17	group01.line

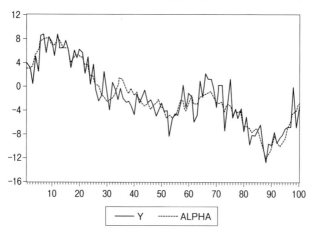

図1.11 状態変数 α_t と観測可能な変数 y_t

表1.9 ローカルレベルモデルssm1の推定

1	'01_09_local.org
2	sspace ssm1
3	ssm1.append @signal y = sv1+[var = c(1)]
4	ssm1.append @state sv1 = sv1(-1)+[var = c(2)]
5	ssm1.append param c(1) 4 c(2) 1
6	ssm1.ml

図1.12　ローカルレベルモデルssm1の推定結果

```
Sample: 1 100
Included observations: 100
Convergence achieved after 9 iterations
Coefficient covariance computed using outer product of gradients
```

	Coefficient	Std. Error	z-Statistic	Prob.
C(1)	3.417767	0.748750	4.564629	0.0000
C(2)	1.071377	0.487330	2.198461	0.0279

	Final State	Root MSE	z-Statistic	Prob.
SV1	-4.527829	1.588338	-2.850671	0.0044

② 状態方程式の前には @state と記述する。
③ 状態変数は sv1, sv2, ... の要領で記述する。
④ それぞれ分散の情報はカギカッコで示し、var = とする。
⑤ param コマンドでパラメータの初期値を設定する。

状態空間モデルの推定ではパラメータの設定がとても重要です。ここでは作成した仮想データの設定情報をそのまま利用します。プログラムを実行して状態空間モデルを推定してみましょう（図1.12）。

　図1.12から、9回の繰り返し計算により収束計算が完了したことがわかります。観測方程式の分散は4として仮想データを作成しましたが、C(1)の係数を見ればわかるように、設定値より小さくなっています。また、図1.12下段のSV1より、101期目の状態変数の値（1期先予測）は-4.53となっています。

　ここで、モデルを次のように拡張します。つまり、状態方程式にパラメータ β_1 を設定します。

$$y_t = \alpha_t + \epsilon_t, \quad \epsilon_t \sim N(0, 4)$$
$$\alpha_{t+1} = \beta_1 \alpha_t + \eta_t, \quad \eta_t \sim N(0, 1)$$

このときのプログラムは表1.10のようになります。推定結果は図1.13の通りです。

　$C(3)$は追加されたパラメータで、設定値の1に近い値になっています。繰り返しますが、パラメータの設定は状態空間モデルの設定ではとても重要で、実際にはこの例題のように既知ではありません。実用的な初期値の設定方法に

1.4 カルマンフィルター入門

表1.10　ローカルレベルモデルssm2の推定

1	'01_10_ssm2.prg
2	sspace ssm2
3	ssm2.append @signal y = sv1+[var = c(1)]
4	'状態変数sv1(−1)にパラメータを追加
5	ssm2.append @state sv1= c(3)*sv1(−1)+[var = c(2)]
6	ssm2.append param c(1)4 c(2)1 c(3)1
7	ssm2.ml

図1.13　ローカルレベルモデルssm2の推定結果

```
Sample: 1 100
Included observations: 100
Convergence achieved after 29 iterations
Coefficient covariance computed using outer product of gradients

             Coefficient   Std. Error   z-Statistic   Prob.
     C(1)     3.427839     0.771655      4.442190     0.0000
     C(2)     1.119855     0.531386      2.107425     0.0351
     C(3)     0.974716     0.024890     39.16085      0.0000

             Final State   Root MSE    z-Statistic   Prob.
     SV1     -4.234453     1.578041     -2.683360    0.0073

Log likelihood      -231.6865    Akaike info crit...   4.693730
Parameters                 3    Schwarz criterion     4.771886
Diffuse priors             0    Hannan-Quinn cri...   4.725361
```

ついては、次章以降の利用例の中で紹介します。

　それではここで、本来の目的である状態変数の統計的性質をみることにしましょう。ssm2において、＞ View ＞ Actual, Predicted, Residual Graph と操作します。すると、図1.14が出力されます。

　状態変数の予測値は、その計算方法によって3種類に分けることができます。図1.14は1期先予測の計算手法によるものです。実際、ssm2で、＞ View ＞ State Views ＞ Graph State Series...と操作すると、図1.15のダイアログが表示されます。

　One-step-ahead は、t期の情報と多変量正規分布の理論を用いて状態変数の1期先予測を計算します。状態空間モデルでは利用する変数や撹乱項、状態変数に正規性を仮定します。Filtered とあるのがカルマンフィルターによる1期先予測です。フィルタリングは$t+1$期の予測を行うときに、1期からt期までの情報を利用してモデル自体を更新して1期先の予測値を求めます。最後のSmoothed は平滑化と呼ばれるもので、最後のT時点までのすべての情報を利

図1.14 ssm2の1期先予測

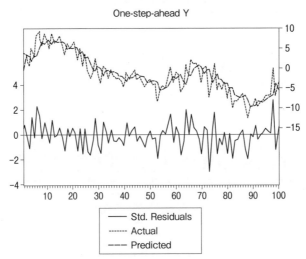

図1.15 状態変数の作成ダイアログ

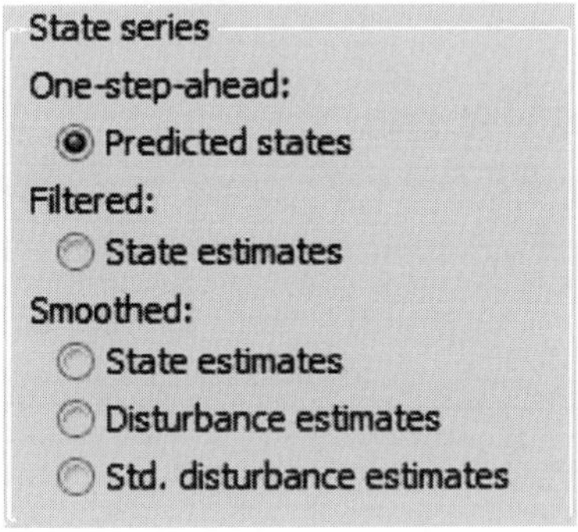

用して、t 時点の状態変数を予測する方法です。実際に目的の方法で状態変数のシリーズを取り出すときは ssm2で、> Proc > Make State Series...と操作し、目的の情報を選択します。ここでは比較のため平滑化した状態変数（sv1f）と、もとの α_t のシリーズをグラフとして表示します（図1.16）。

観測可能な変数 y_t から推定した状態変数 SV1F は、設定値である ALPHA の統計的性質をある程度捉えることができています。当然のことですが、より

1.4 カルマンフィルター入門

図1.16 設定値と平滑化した状態変数の比較

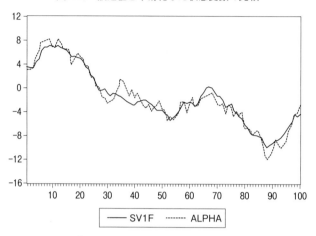

精度の高い情報を知ろうと思えば、それだけモデルのフィットを改善していかなければなりません。つまり、観測方程式と状態方程式の定式化を丁寧に行い、適切な初期値の設定が必要になります。

1.4.2 カルマンフィルターの詳細

Kalman（1960）の提案したカルマンフィルターの導出にはいくつかの方法があります。ここではTsay（2010）を利用して解説を行います。記号の利用方法や条件付き分布など、予備知識も含めた統計的推測と、それを元にしてフィルタリングを行うカルマンフィルターの2つに分けて説明します。解説に利用するのは、前出のローカルレベルモデルです。

$$y_t = \alpha_t + \epsilon_t, \quad \epsilon_t \sim N(0, \sigma_\epsilon^2) \tag{1.18}$$

$$\alpha_{t+1} = \alpha_t + \eta_t, \quad \eta_t \sim N(0, \sigma_\eta^2) \tag{1.19}$$

統計的推測に関する設定について説明します。時点 t までのデータセットを次のように表現することにします。

$$F_t = \{y_1, ..., y_t\} \tag{1.20}$$

フィルタリングとは、観測可能な y_t から誤差項 ϵ_t の成分を取り除いて状態変

数 α_t を得ることです。また、ここで言う予測とは、F_t から h 期先（$h > 0$）の α_{t+h} や y_{t+h} を予測計算することを指します。また、平滑化（smoothing）とは、全標本 F_T を使って α_t を求めることです（$T > t$）。

α_t の時点 j における条件付き期待値と条件付き分散を、それぞれ(1.21)式、(1.22)式のように表現することにします。

$$\alpha_{t|j} = E(\alpha_t | F_j) \tag{1.21}$$

$$\Sigma_{t|j} = Var(\alpha_t | F_j) \tag{1.22}$$

y_t の条件付き期待値は $y_{t|j}$ と書くことにします。条件付きという言葉は「過去のデータが与えられたという条件の下で」というように理解してください。また、1期先予測の誤差については(1.23)式のように示すことにします。

$$v_t = y_t - y_{t|t-1} \tag{1.23}$$

$$V_t = Var(v_t | F_{t-1}) \tag{1.24}$$

ここで v_t と F_{t-1} は無相関なので、実際には $Var(v_t | F_{t-1}) = Var(v_t)$ と書いても問題はありません。

話を先に進める前に、v_t と F_{t-1} が無相関であることを確認しておきます。これを行うことで、F_t, y_t と v_t の関係を理解できます。以下に示す説明では、$E(X) = E[E(X|Y)]$ という関係に注意してください。

$$y_{t|t-1} = E(y_t | F_{t-1}) = E(\alpha_t + \epsilon_t | F_{t-1}) = E(\alpha_t | F_{t-1}) = \alpha_{t|t-1} \tag{1.25}$$

よって、

$$v_t = y_t - y_{t|t-1} = y_t - \alpha_{t|t-1} \tag{1.26}$$

また、

$$\begin{aligned} V_t = Var(y_t - \alpha_{t|t-1} | F_{t-1}) &= Var(\alpha_t + \epsilon_t - \alpha_{t|t-1} | F_{t-1}) \\ &= Var(\alpha_t - \alpha_{t|t-1} | F_{t-1}) + Var(\epsilon_t | F_{t-1}) = \Sigma_{t|t-1} + \sigma_\epsilon^2 \end{aligned} \tag{1.27}$$

よって、予測誤差の期待値は、

1.4 カルマンフィルター入門

$$E(v_t) = E(E(v_t | F_{t-1})) = E(E(y_t - y_{t|t-1} | F_{t-1}))$$
$$= E(y_{t|t-1} - y_{t|t-1}) = 0 \qquad (1.28)$$

一方、y_j との共分散は、

$$Cov(v_t, y_j) = E(v_t y_j) = E(E(v_t y_j | F_{t-1}))$$
$$= E(y_j E(v_t | F_{t-1})) = 0, \quad j < t \qquad (1.29)$$

結局、1期先予測の誤差 v_t は、y_j とは無相関であることがわかりました。ここでローカルレベルモデルの状態変数に立ち戻ってみると、時点 t の条件付き期待値と分散は次のように表現できることになります。

$$\alpha_{t|t} = E(\alpha_t | F_t) = E(\alpha_t | F_{t-1}, v_t) \qquad (1.30)$$
$$\Sigma_{t|t} = Var(\alpha_t | F_t) = Var(\alpha_t | F_{t-1}, v_t) \qquad (1.31)$$

つまり F_t については、$F_t = \{F_{t-1}, y_t\} = \{F_{t-1}, v_t\}$ と記述できることがわかります。

ここまで、カルマンフィルターを解説するために必要な統計学的なフレームワークについて説明してきました。これらの中でとくに重要なポイントは、y_t の条件付き期待値と、状態変数 α_t の条件付き期待値が等しく、誤差の期待値がゼロになること、そして、条件付き予測誤差 v_t の分散は観測方程式の誤差分散にも影響されることです。

カルマンフィルターとは直近のデータ y_t を入手したときに、多変量正規分布に関する一連の公式を利用して、時点 $t+1$ における潜在変数 α_t と予測誤差の分散 v_t の分散共分散行列を示す連立式のことを指します。ここで、先に求めた情報を改めて整理しておくと、

$$v_t | F_{t-1} \sim N(0, V_t) \qquad (1.32)$$
$$\alpha_t | F_{t-1} \sim N(\alpha_{t|t-1}, \Sigma_{t|t-1}) \qquad (1.33)$$

よって、F_{t-1} を所与とする場合の共分散 $Cov(\alpha_t, v_t)$ は次のようになります。

$$\begin{aligned}
Cov(\alpha_t, v_t | F_{t-1}) &= E(\alpha_t v_t | F_{t-1}) = E(\alpha_t(y_t - \alpha_{t|t-1}) | F_{t-1}) \\
&= E(\alpha_t(\alpha_t + \epsilon_t - \alpha_{t|t-1}) | F_{t-1}) \\
&= E(\alpha_t(\alpha_t - \alpha_{t|t-1}) | F_{t-1}) + E(\alpha_t \epsilon_t | F_{t-1}) \\
&= E(\alpha_t^2 - \alpha_t \alpha_{t|t-1} | F_{t-1})
\end{aligned} \quad (1.34)$$

ここで、$E(\alpha_{t|t-1}(\alpha_t - \alpha_{t|t-1}) | F_{t-1}) = 0$ を利用して、

$$\begin{aligned}
(1.34)\text{式} &= E(\alpha_t^2 - 2\alpha_t \alpha_{t|t-1} + \alpha_{t|t-1}^2 | F_{t-1}) \\
&= E((\alpha_t - \alpha_{t|t-1})^2 | F_{t-1}) = Var(\alpha_t | F_{t-1}) = \Sigma_{t|t-1}
\end{aligned} \quad (1.35)$$

α_t と v_t の条件付き共分散は、α_t の条件付き分散に等しいことがわかります。以上より、α_t と v_t の同時分布は次のように表現できます。

$$\begin{bmatrix} \alpha_t \\ v_t \end{bmatrix}_{F_{t-1}} \sim N\left(\begin{bmatrix} \alpha_{t|t-1} \\ 0 \end{bmatrix}, \begin{bmatrix} \Sigma_{t|t-1} & \Sigma_{t|t-1} \\ \Sigma_{t|t-1} & V_t \end{bmatrix} \right) \quad (1.36)$$

ここで、次に示す多変量正規分布の 4 つの公式を利用します。太字で表記した $\boldsymbol{x}, \boldsymbol{y}, \boldsymbol{z}$ は確率変数ベクトルとし、それは多変量正規分布に従うものとします。

1̄ $E(\boldsymbol{x} | \boldsymbol{y}) = \mu_x + \Sigma_{xy} \Sigma_{yy}^{-1} (\boldsymbol{y} - \mu_y)$
2̄ $Var(\boldsymbol{x} | \boldsymbol{y}) = \Sigma_{xx} - \Sigma_{xy} \Sigma_{yy}^{-1} \Sigma_{yx}$
3̄ $E(\boldsymbol{x} | \boldsymbol{y}, \boldsymbol{z}) = E(\boldsymbol{x} | \boldsymbol{y}) + \Sigma_{xz} \Sigma_{zz}^{-1} (\boldsymbol{z} - \mu_z)$
4̄ $Var(\boldsymbol{x} | \boldsymbol{y}, \boldsymbol{z}) = Var(\boldsymbol{x} | \boldsymbol{y}) - \Sigma_{xz} \Sigma_{zz}^{-1} \Sigma_{zx}$

この 4 つの公式を使うことで、結果として条件付き期待値を再帰的に求めるための次の 2 式を導出できます。

$$\alpha_{t|t} = \alpha_{t|t-1} + \frac{\Sigma_{t|t-1} v_t}{V_t} = \alpha_{t|t-1} + K_t v_t \quad (1.37)$$

$$\Sigma_{t|t} = \Sigma_{t|t-1} - \frac{\Sigma_{t|t-1}^2}{V_t} = \Sigma_{t|t-1}(1 - K_t) \quad (1.38)$$

ここで、$K_t = \Sigma_{t|t-1} / V_t$ であり、これはカルマンゲインと呼ばれています。K_t は α_t を v_t に回帰させたときの回帰係数となっています。これは新しいショック v_t が状態変数 α_t に与える影響の大きさを示しています。

最後に、状態変数の方程式を用いて、時点 $t+1$ における状態変数の分布を考えてみましょう。

$$\alpha_{t+1|t} = E(\alpha_t + \eta_t | F_t) = E(\alpha_t | F_t) = \alpha_{t|t-1} + K_t v_t \tag{1.39}$$

$$\Sigma_{t+1|t} = Var(\alpha_{t+1} | F_t) = Var(\alpha_t | F_t) + Var(\eta_t) = \Sigma_{t|t} + \sigma_\eta^2 \tag{1.40}$$

実際に時点 $t+1$ の情報を入手したら、この計算式を再度更新することで、再び1期先の期待値を求めることができます。以上の計算過程で利用した(1.41)～(1.45)式に示す計算式のセットをカルマンフィルターと呼びます。

$$v_t = y_t - \alpha_{t|t-1} \tag{1.41}$$

$$V_t = \Sigma_{t|t-1} + \sigma_\epsilon^2 \tag{1.42}$$

$$K_t = \Sigma_{t|t-1} / V_t \tag{1.43}$$

$$\alpha_{t+1|t} = \alpha_{t|t-1} + K_t v_t \tag{1.44}$$

$$\Sigma_{t+1|t} = \Sigma_{t|t-1}(1 - K_t) + \sigma_\eta^2 \tag{1.45}$$

ただし、$t = 1, ..., T$ とします。

【参考文献】

Kalman, R. E. (1960) "A New Approach to Linear Filtering and Prediction Problems," *Journal of Basic Engineering*, 82(1), pp.35-45.

Tsay, R. S. (2010) *Analysis of Financial Time Series*, 3rd Edition, John Wiley & Sons.

ダービン, J・S. J. クープマン (2004)『状態空間モデルリングによる時系列分析入門』和合肇・松田安昌訳、CAP出版

第2章 信用リスク分析

2.1 はじめに

　この章では、信用リスク（credit risk）をどのように測定するかを議論します。信用リスクとは、①貸したお金の一部あるいはすべてが、②返済期限までに返済されない、③あるいは約束した利子があらかじめ決められた時期に払われないといった、債務不履行を指します。

　信用リスク分析では、2つのリスク尺度を考える必要があります。第1のリスク尺度は、貸したお金が返済されない、利子が払われない「可能性」です。この返済が滞る可能性を「確率」で表現したものを「デフォルト確率」（default probability）と呼びます。デフォルトとは債務不履行を意味する用語です。もう一つのリスク尺度は「回収率」（recovery rate）、あるいは1から回収率を差し引いた「デフォルト時損害率」（LGD：Loss Given Default）と呼ばれるものです。デフォルトが生じると、貸したお金が全く返ってこないという場合もありますが、その一部、あるいは全額が戻ってくる可能性もあります。回収率は、貸したお金の中で、何割くらいが回収できるのかを示したものです。デフォルト時損害率は、逆に貸したお金のうち何割が貸倒れになって戻ってこないかを示した数値となります。

　この章では、前者のデフォルト確率の推定方法と、それをEViewsと実際のデータを用いてどのように推定したらよいかを検討することにします。デフォ

ルト確率の推定は企業に対してのみならず、個人や国が倒産する確率を推定するためにも利用できます。多くの人はクレジットカードを持っています。カードでお金を借りた人（債務者）の過去の支払履歴（延滞や銀行口座からの引き落としができたかどうか、分割払いの頻度、どのようなものを買ったのか等々）と、債務者個人についての情報（職業、年齢、性別、所得、財産額など）を用いて、債務者がデフォルトする確率をさまざまな統計手法を使って推定します。アメリカではこうした情報から推定された評点が、住宅ローンの申し込みや就職にあたって考慮されることも多々あります。また、ギリシャ、アルゼンチン、ベネズエラといった国やある国の地方自治体が破綻する確率を推定するにも、ここで説明する手法を使うことができます。

以下では、まずよく知られた線形回帰分析を用いた企業のデフォルト確率の推定方法（線形確率モデル）を学びます。さらに、線形確率モデルの欠点を改良したロジット回帰モデルについて学びます。銀行は多数の会社、個人、国にお金を貸しています。これを与信ポートフォリオと呼びますが、貸付先が債務不履行になる確率を推定するための手法をここで学びます。

そのためには、過去の貸付先でデフォルトが生じた先とそうでない先のデータ、あるいは貸付ポートフォリオの中で何件がデフォルトしたかを示すデフォルト実績データが必要になります。これに対し、第4章で議論する「オプション理論」を用いて特定企業の株価からその企業が債務超過になる確率を推計する方法と、その EViews による実装も考えます。

2.2 線形確率モデル （LPM：Linear Probability Model）

2.2.1 線形確率モデルとその推定

まず、表2.1に示すような少数のデータを用い、独立変数が1つの線形回帰分析でどのようにデフォルト確率を推計できるかを説明することにしましょう。ただし、より実用的な分析にはもっと多くのデータが必要であることを忘れないようにしてください。

表2.1では、デフォルト（この場合は倒産）した企業7社とデフォルトしな

表2.1 デフォルト確率（PD）推定のためのExcelデータ

1	2	3	4	5
	企業名	倒産・非倒産	負債比率	推定PD
1	フェニックス電機	1	1.932	1.412
2	興国鋼線索	1	0.993	0.673
3	吾嬬製鋼所	1	1.053	0.720
4	ヤオハンジャパン	1	0.881	0.585
5	日本国土開発	1	0.896	0.597
6	雅叙園観光	1	0.693	0.437
7	佐々木硝子	1	0.588	0.354
8	スタンレー電気	0	0.403	0.209
9	神鋼鋼線工業	0	0.617	0.377
10	淀川製鋼所	0	0.563	0.335
11	イトーヨーカ堂	0	0.264	0.100
12	北野建設	0	0.550	0.325
13	藤田観光	0	0.720	0.458
14	日本電機硝子	0	0.670	0.419

かった企業7社の合計14社からなる実際のデータを示しています。ここでデフォルトした企業とデフォルトしなかった企業は同じ業種に従い、かつ同じ規模の企業を対応させるようにしています。しかし、これは以下での説明やデフォルト確率の推定を容易にするためであり、こうした小標本を用いる方法がつねに正しいわけではないことに留意してください。信用リスク分析では、デフォルトした企業はデフォルトしない企業に比べて圧倒的に少数です（もしそうでなければ銀行は大変なことになります）。したがって、できるだけ多数のデフォルトした企業とデフォルトしなかった企業からなるデータベースを用いて分析をすべきです。

　表2.1で実際の分析に用いるデータとしては、①3列目の企業が過去にデフォルトしたかどうかを示すデフォルト指標：Z_i（$i = 1, 2, ..., 14$）（default flag）と、②4列目に示された当該企業の負債比率（負債対自己資本比率 DER_i：Debt to Equity Ratio）の2つだけです。変数 Z_i は $Z_i = 1$ であればその企業がデフォルトしたことを、$Z_i = 0$ であればデフォルトしなかったことを示しています。これより、企業のデフォルト確率（PD）は(2.1)式のような線形回帰分析によって推定できます。

$$Z_i = a + b \times DER_i + e_i \tag{2.1}$$

2.2 線形確率モデル（LPM：Linear Probability Model）

ここで、a は回帰直線の切片を、b は直線の傾きを示しています。e_i は平均ゼロ、分散が一定の誤差項です。さらに、推定結果に関するさまざまな統計的検定を行うためには、誤差項が正規分布すると仮定する必要があります。この回帰分析において従属変数 Z_i は結果（デフォルトか非デフォルトか）を、独立変数である負債比率（負債対自己資本）DER_i はデフォルトに影響する原因を表すと考えてよいでしょう。独立変数である負債比率は明らかにデフォルトに影響しているはずです。デフォルトの定義は借りたお金が返せないこと、利子が払えないことです。お金を借りていない企業の負債比率はゼロですので、借金がゼロの企業はデフォルトするはずがありません。しかし、返さなければいけないお金の大きさを示す負債額が、企業の持ち主である株主が企業に提供しているお金である自己資本に比べて大きくなればなるほど、お金を返せない可能性を示すデフォルト確率は高くなると考えることができます。したがって負債比率は、企業のデフォルトに影響を与えるはずです。

表2.1で示された Excel シートをコピーして、＞Quick＞Empty Group としてペーストし、図2.1のような EViews ワークファイルを作成します。そして、EViews メニュー画面で、＞Quick＞Estimate Equation として線形回帰分析 LS-Least Squares（NLS and ARMA）を実行すると、図2.2にある線形回帰分析の結果を得ます。これより、(2.1)式の推定結果を(2.2)式のように書くことができます。

$$\widehat{Z}_i = \underset{(-0.418)}{-0.108} + \underset{(2.627)}{0.7867 DER_i}, \quad \overline{R}^2 = 0.312 \qquad (2.2)$$

ここで左辺の $\widehat{Z}_i$ は、独立変数 DER の特定の値が与えられたときの従属変数の条件付き期待値（conditional expectation）であり、推定デフォルト確率を表すことになります。なぜならば、デフォルト確率は、定義によりデフォルト指標が1をとる確率であるので、$PD_i = Pr(Z_i = 1 | DER_i)$ と書けます。一方、デフォルト指標 Z_i の期待値は、デフォルト確率 PD_i とデフォルトしない確率 $1 - PD_i$ を用いると、

$$E(Z_i | DER_i) = PD_i \times 1 + (1 - PD_i) \times 0 = PD_i \qquad (2.3)$$

と計算できます。さらに、回帰式である(2.1)式と(2.2)式から、独立変数であ

図2.1　表2.1より作成したEViewsワークファイル

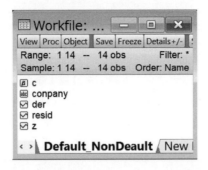

図2.2　線形確率モデル(2.1)式の推定結果

Dependent Variable: Z
Method: Least Squares
Date: 10/24/17 Time: 22:53
Sample: 1 14
Included observations: 14

Variable	Coefficient	Std. Error	t-Statistic	Prob.
C	-0.108143	0.258489	-0.418368	0.6831
DER	0.786659	0.299448	2.627027	0.0221

R-squared	0.365122	Mean dependent var	0.500000
Adjusted R-squared	0.312216	S.D. dependent var	0.518875
S.E. of regression	0.430317	Akaike info criterion	1.282974
Sum squared resid	2.222073	Schwarz criterion	1.374268
Log likelihood	-6.980821	Hannan-Quinn criter.	1.274524
F-statistic	6.901272	Durbin-Watson stat	0.667966
Prob(F-statistic)	0.022097		

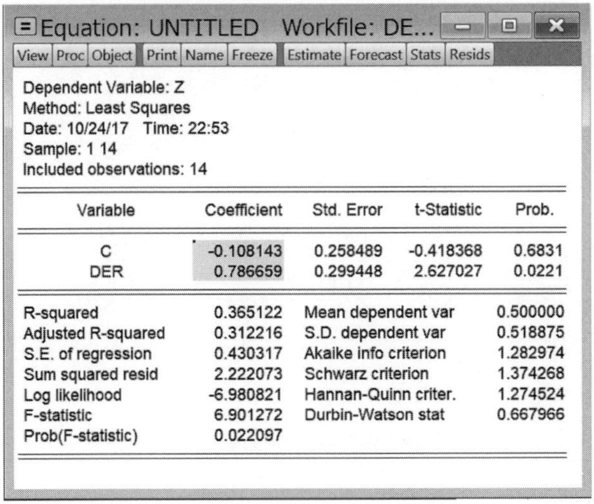

る i 番目の企業の負債比率 DER_i に特定の値を与えたときの従属変数であるデフォルト指標 Z_i の条件付き期待値は、誤差項の期待値が仮定によりつねにゼロなので、

$$\hat{Z}_i = E(Z_i|DER_i) = PD_i = -0.108+0.7867\,DER_i \qquad (2.4)$$

となります。(2.3)式と(2.4)式を比較することにより、デフォルト確率は(2.2)式における従属変数の条件付き期待値として求まることがわかります。

2.2 線形確率モデル（LPM：Linear Probability Model）

これより(2.2)式は、「独立変数である負債比率が1％増加すると、推定デフォルト確率 PD は0.7867％増加する」ことを意味しています。

推定デフォルト確率の計算

条件付き期待値であるデフォルト確率を計算するためには、(2.2)式の右辺の負債比率 DER_i に表2.1の4列目で示した実際の負債比率の値を代入します。その結果を表2.1の5列に示しました。例えば、デフォルト企業であるヤオハンジャパンの推定デフォルト確率は

$$PD_4 = -0.108 + 0.7867 DER_4$$
$$= -0.108 + 0.7867 \times 0.881$$
$$= 0.585$$

となるのに対し、現在でも生存企業であるイトーヨーカドーのデフォルト確率は

$$PD_{11} = -0.108 + 0.7867 DER_{11}$$
$$= -0.108 + 0.7867 \times 0.264$$
$$= 0.100$$

と、ヤオハンジャパンに比べてかなり低くなっています。同様の計算は、EViewsの回帰分析の推定結果を示すウィンドウで、> View > Actual, Fitted, Residual > Actual, Fitted, Residual Table によって再現できます。結果を図2.3に示しました。

この図2.3でFitted部分をマウスでなぞってコピーし、結果をエクセルやワード画面に貼り付ければよいのです。表2.1の5列目を見ればわかるように、実際にデフォルトした企業の番号（$i = 1, 2, ..., 7$）に対応する推定デフォルト確率は、生存企業番号（$i = 8, 9, ..., 14$）に比べるとかなり高いことがわかります。

2.2.2 線形確率モデルの問題点

このように、よく知られた線形回帰分析と比較的容易に入手可能なデータ

第 2 章　信用リスク分析

図2.3　(2.2)式によるデフォルト確率PDの推定結果

obs	Actual	Fitted	Residual
1	1.00000	1.41168	-0.41168
2	1.00000	0.67301	0.32699
3	1.00000	0.72021	0.27979
4	1.00000	0.58490	0.41510
5	1.00000	0.59670	0.40330
6	1.00000	0.43701	0.56299
7	1.00000	0.35441	0.64559
8	0.00000	0.20888	-0.20888
9	0.00000	0.37723	-0.37723
10	0.00000	0.33475	-0.33475
11	0.00000	0.09953	-0.09953
12	0.00000	0.32452	-0.32452
13	0.00000	0.45825	-0.45825
14	0.00000	0.41892	-0.41892

（デフォルトした企業とそうでない企業の財務データ）によってデフォルト確率を容易に推計できることがわかりました。銀行やカードローン会社は、こうしたモデルにより、お金を借りたい企業や個人の信用リスクを推定し、デフォルト確率の高い企業や個人には、①お金を（少ししか）貸さない、②担保や保証を要求する、③貸付金利を高くする、といった事前の対策をとることにより信用リスク管理を行っているのです。

しかし、「線形」回帰分析を用いたデフォルト確率の推定にはいくつかの問題があります。第1の問題は、推定デフォルト確率 PD がぜ 0 と 1 の間にある保証がないことです。例えば無借金企業のデフォルト確率はゼロであるはずです。(2.4)式右辺の負債比率にゼロを代入してみましょう。結果は $PD_i = -0.108 + 0.7867 \times 0 = -0.108$ となって、推定デフォルト確率がマイナス！になることがわかります。また、表2.1の5列目に示されたフェニックス電機の推定デフォルト確率は $PD_1 = -0.108 + 0.7867 \times 1.932 = 1.412$ となって、1を超えてしまっています。誰でもわかる確率の定義に従えば、推定結果は明らかにおかしい！のです。

第2の問題点は、説明変数である負債比率 DER がデフォルト確率 PD に与える影響度合いが、負債比率の水準に関わらず一定の値、つまり回帰係数（直線の傾き）である0.7867という定数になっていることです。これは、線形回帰

2.2 線形確率モデル（LPM：Linear Probability Model）

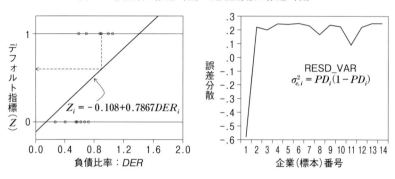

図2.4 誤差項の推定（左）と誤差分散の推定（右）

分析を用いた結果、影響度が「線形」であるからです。無借金企業が新たに多少の借入れを行ったからといって、デフォルト確率がそれほど増加するわけではありません。さらに、ほとんどデフォルトが確実である企業（$PD=1$に近い企業）が借入れを増やしても、すでに限界値である1に達しているデフォルト確率がそれ以上増えるはずはないのです。むしろ企業や個人は、ある限界を超えて借金を増やしたときに信用リスク、言い換えるとデフォルト確率が急激に増加するのです。優れた経営者や外部のアナリストはそうしたことをすでに知っています。

第3の問題点は計量経済学上の問題で、線形確率モデルを用いると誤差項の「不均一分散」が発生することです。図2.4の左の図は、横軸に説明変数である負債比率を、縦軸にデフォルト企業であれば1、そうでなければ0とするデフォルト指標（ダミー変数）を描いた散布図です。線形確率モデルは、この散布図上に回帰直線を当てはめることでした。

この散布図では、データは縦軸が0と1のいずれかの直線上にあります。この散布図に右上がりの直線(2.4)式を当てはめました。誤差項の推定値は、各観測値から直線上の値との差になります。つまり、$\hat{e}_i = Z_i - E(Z_i|DER_i) = Z_i - \hat{Z}_i$として計算できます。この誤差項の推定値は図2.4の右の図のグラフに示されているように、規則的な傾向を読み取ることができます。実際、誤差項の分散がどのようになるかを示すと、

$$\sigma_{e,i}^2 = E(Z_i|DER_i)(1-E(Z_i|DER_i)) = PD_i(1-PD_i) \tag{2.5}$$

となります（Z_i は 1 と 0 をそれぞれ PD_i, $1-PD_i$ の確率でとるので、分散の公式から誤差項の分散は PD_i と $1-PD_i$ の積になります）。したがって、誤差項の分散 $\sigma_{e,i}^2$ は添え字 i に依存するため、一定ではありません。誤差項の分散が均一でない、つまり誤差項の不均一分散が生じています。図2.4の右のグラフは14の会社ごとに上の式にもとづいて誤差分散を計算したものです。この結果を見ても、誤差分散は明らかに一定ではありません。

こうした問題点を解決するモデルを考えなければなりません。それが次に説明する二項回帰モデルと呼ばれる、非線形確率モデル（ロジット回帰、プロビット回帰、極値回帰モデルなど）です。

2.3 非線形確率モデル

2.3.1 非線形のデフォルト確率推定：その考え方

線形回帰モデルに代えて非線形回帰、例えばロジット回帰やプロビット回帰モデルを同じデータに当てはめ、EViews によって推定をすることは難しいことではありません。しかし、機械的に EViews を適用するのではなく、まずは、ロジット回帰やプロビット回帰モデルの背後にある直観的な考え方を理解することからはじめましょう。

融資担当者は（Loan Officer）は何を考えているのか？

あなたが企業のトップであり、お金を銀行から借りたいとしましょう。銀行に出向いて融資（お金を貸すこと）担当者に会うことにします。銀行の融資担当者はどのように考えるのでしょうか。彼（彼女）は企業の過去の企業業績を示すさまざまな情報、過去の利益、売上高、負債額などを「総合的に」勘案し、「信用リスク度」を頭に思い浮かべます。その「信用リスク度」が過去にデフォルトした企業と比較して同様な数値、あるいはそれ以上であればデフォルトする可能性（確率）が高いと判断し、融資の申込みを「お断り」するか、返済を確実にするような手段（担保や信用保険、信用保証や保証人）を要求す

2.3 非線形確率モデル

る、あるいは貸出金利を高く設定します。こうした考え方を統計モデルとして次のように表現します。

【Step 1：情報を集める】

お金を借りたい企業や個人の財政状態を表すさまざまな情報を X_{ki} としましょう。ここで最初の添え字 $k = 1, 2, ..., K$ は、K 個の情報のうちの k 番目を表しています。2番目の添え字 i は、線形確率モデルと同様に i 番目の企業や個人を示すと考えてください。

【Step 2：集めた情報を「総合的に」勘案する】

K 個の情報をそれぞれの重要性を表す K 個の重み b_k で加重して総合指標 Y_i を作ります。これは、当該企業や個人の「信用リスク度」を表すと考えてもよいでしょう。つまり「信用リスク度」を(2.6)式のように

$$\text{信用リスク度} \quad \tilde{Y}_i = b_0 + b_1 X_{1i} + b_2 X_{2i} + \cdots + b_K X_{Ki} + \tilde{e}_i \tag{2.6}$$

定義します。これまで述べてきた、情報が負債比率 DER_i で一つのみの簡単な線形確率モデルで言えば、信用リスク度は(2.7)式のようになります。

$$\text{信用リスク度} \quad \tilde{Y}_i = b_0 + b_1 DER_i + \tilde{e}_i \tag{2.7}$$

ここで右辺の $\tilde{e}_i$ は信用リスク度の不確実性を示し、不確実性が必ず付随すると考え、それを示すためのものと考えてください。$\tilde{e}_i$ の確率分布についてはいろいろなものを考えることができますが、それは後で説明することにします。

【Step 3：デフォルト（倒産）の判断】

融資担当者は、この信用リスク度がある特定の水準の「閾値」を超えると企業が倒産する、言い換えるとデフォルト指標が $Z_i = 1$ になると考えます。問題はこの閾値の具体的な値をどのよう決めるかですが、以下の非線形確率モデルでは閾値を便宜的にゼロとしてもよいことがわかっています[1]。したがって、融資担当者の判断と融資担当者の想定するデフォルト確率は、図2.5のよ

---

1) 「閾値」は、実はゼロでなくてもかまいません。その場合、閾値は(2.6)式の定数項になっています。詳しい説明は森平（2009）の第3章p.55を参照してください。

図2.5 非線形デフォルト確率推定モデルの導出

(1)	$PD_i = Pr(Z_i = 1)$	デフォルト確率の定義
(2)	$= Pr(\tilde{Y}_i \geq 0)$	信用リスク度がゼロ以上の確率
(3)	$= Pr(b_0 + b_1 DER_i + \tilde{e}_i \geq 0)$	信用リスク度を表す式を代入
(4)	$= Pr(\tilde{e}_i > -(b_0 + b_1 DER_i))$	不確実性示す $\tilde{e}_i$ に関して解く
(5)	$= Pr(\tilde{e}_i \leq (b_0 + b_1 DER_i))$	(4)式は $(b_0 + b_1 DER_i)$ 以下になる確率に等しい
(6)	$= F(b_0 + b_1 DER_i)$	$\tilde{e}_i$ の確率分布 F で表現する

うにして計算できます。

　図2.5の左端の番号を式番号としましょう。ここで(1)式はデフォルト確率の定義そのものです。つまり、デフォルト確率はデフォルト指標が $Z_i = 1$ である確率です。(2)式は、$Z_i = 1$ である確率は、(2.7)式の信用リスク度 $\tilde{Y}_i$ が閾値であるゼロを超える確率であること示しています。(3)式は(2.7)式を(2)式に代入した結果です。(4)式は信用リスク度を誤差項 $\tilde{e}_i$ を用いて表現しなおしたものです。(4)式から(6)式への展開は、確率の初学者には難しいかもしれませんが、図2.6をよく観察することで理解できると思います。

　図2.6では議論をわかりやすくするために、誤差項が対象な三角分布に従っている場合を示しました。図2.6Aが(4)式を、Bが(5)式と(6)式を示しています。ただしこのような展開は、信用リスク度の誤差項が平均ゼロを中心とした対称な分布である場合にだけ成立します。平均がゼロの対称な分布においては、例えばマイナス1以上になる確率はプラス1以下になる確率と等しくなります。マイナス1とプラス1はゼロを中心にして対称であることに注意してください。

　通常、誤差項の（累積）分布関数を F としてロジット（logit）分布あるいはプロビット（probit）分布を考えます。これら2つは対称な分布ですが、EViewsではさらに非対称なType-Iの極値（extreme value）分布も利用できます。とくにロジット分布を考えたときには、図2.5で示されたデフォルト確率の推定式は、その分布関数によって(2.8)式のようになります。

ロジット回帰によるPD　　$PD_i = F(\widehat{Y}_i) = \dfrac{1}{1 + \exp(-\widehat{Y}_i)}$ 　　(2.8)

　　ただし、$\widehat{Y}_i = b_0 + b_1 DER_i$

図2.6 デフォルト確率の計算を示す図2.5(4)式から(6)式への展開の意味

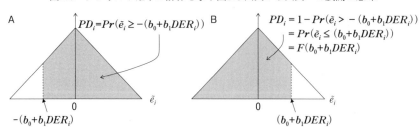

注）ここでは、誤差項は対称な三角分布を用いて説明していることに注意してください。

ここで、$\hat{Y}_i$ は(2.7)式の信用リスク度の条件付き期待値（平均値）です。また $F(\cdot)$ はロジスティック分布の分布関数に相当します。プロビット回帰の場合 $F(\cdot)$ は標準正規分布の分布関数となります。極値分布の場合は $F(\hat{Y}_i) = \exp(-\exp(-(b_0 + b_1 DER_i)))$ となります。

2.3.2 EViewsによる非線形デフォルト確率モデルの推定[2]

ロジット回帰モデルによるデフォルト確率の推定を、EViewsを用いてどのように行うかを詳しく説明しましょう。プロビットや極値分布回帰のときもロジット回帰に準じて行うことができます。

まず、EViewsのメインメニューから、＞Quick＞Estimate Equation とすると、Equation Specification ダイアログが表示されます。推定方法（Method）として BINARY を選択すると、ダイアログ画面が二項回帰用に変わりますので、図2.7のように推定式を指定し、さらに画面中央で、Binary Estimation Method の右側の Logit ボタンをクリックし、最後に OK ボタンを押します。次に、図2.8で示された計算結果をどう解釈すべきかを説明しましょう。

推定は最尤法（Method: ML-Binary Logit (Newton-Raphson/Marquardt steps)）を用いて行われます。ここでは、8回の収束計算で尤度関数の最大値を得られたことがわかります（Convergence achieved after 8 iterations）。ロジ

2）EViewsによる非線形のデフォルト確率推定（ロジット、プロビット、極値分布回帰）の詳細については、「日本語版ユーザーズガイドⅡ」第29章1節(29.1)を参照してください。

図2.7 ロジット回帰によるデフォルト確率推定のための指示

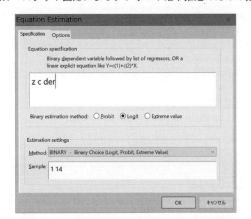

ット回帰における尤度計算は必ず収束することが理論的に確かめられていますが、プロビット分析ではそれは保証されていません（実際にはほぼ収束するのですが）。ロジット回帰とプロビット回帰はほぼ同様な推定結果をもたらすので、通常はロジット分析のみを行い、その結果を報告するのが普通です（理由は後で説明します）。

図2.8で網掛けをした部分が、(2.8)式の推定結果を示しています。具体的には、

$$\widehat{Y}_i = -9.6427 + 13.81747 \, DER_i \tag{2.9}$$

となります。定数項の推定値は $b_0 = -9.6427$ で、その標準誤差は5.476228、係数の推定値を標準誤差で割った z 値は -1.760829、その p 値は0.0783でした。負債比率 DER にかかる係数についても同様に読み取ることができます。最尤法を用いてパラメータを推定したので、ロジット回帰モデルの当てはまりの良さは、最大化した対数尤度関数の値である対数尤度（log likelihood）の値で判定できます。この場合は -4.552259 でした。最小二乗法を用いた場合には決定係数を用いてモデルの適合度の良さを判定しますが、それと似通ったものとして、McFadden R-squared があります。これは、次の式によって計算されます。

2.3 非線形確率モデル

図2.8 ロジット回帰分析によるデフォルト確率推定

```
Equation: UNTITLED   Workfile: D...
View Proc Object Print Name Freeze Estimate Forecast Stats Resids

Dependent Variable: Z
Method: ML - Binary Logit (Newton-Raphson / Marquardt steps)
Date: 12/22/17   Time: 21:25
Sample: 1 14
Included observations: 14
Convergence achieved after 8 iterations
Coefficient covariance computed using observed Hessian

Variable         Coefficient    Std. Error    z-Statistic    Prob.

C                -9.642700      5.476228     -1.760829      0.0783
DER              13.81747       8.067682      1.712694      0.0868

McFadden R-squared    0.530891    Mean dependent var     0.500000
S.D. dependent var    0.518875    S.E. of regression     0.357911
Akaike info criterion 0.936037    Sum squared resid      1.537201
Schwarz criterion     1.027331    Log likelihood        -4.552259
Hannan-Quinn criter.  0.927586    Deviance               9.104518
Restr. deviance      19.40812     Restr. log likelihood -9.704061
LR statistic         10.30360     Avg. log likelihood   -0.325161
Prob(LR statistic)    0.001328

Obs with Dep=0            7      Total obs                14
Obs with Dep=1            7
```

$$\text{McFadden } R^2 = 1 - \frac{\text{Log likelihood}}{\text{Restr. log likelihood}}$$
$$= 1 - \frac{-4.552259}{-9.704061} = 0.530891$$

ここで右辺第2項の分母の Restr. log likelihood は、定数項だけが説明変数であるときの対数尤度です。EViews ではこれを制約条件付きの対数尤度と呼んでいます。右辺第2項の分子 Log likelihood は、説明変数 DER を追加したときの（最大化された）対数尤度です。もし負債比率という説明変数を用いてもその係数の値がゼロ、あるいはゼロに近いとき、つまり説明変数の追加が特段の意味を持たないときには、右辺第2項は1の値をとり、その結果、McFadden R-squared はゼロになります。他方で説明変数 DER を用いたときの対数尤度関数の値が非常に大きくなれば、右辺第2項の値はゼロに近づくので McFadden R-squared は1に近い値をとります。

2.3.3 ロジット回帰係数の解釈

ロジット、プロビット、極値回帰分析における係数推定結果の解釈は線形の回帰分析とは異なるため十分な注意が必要です。ロジット回帰の場合には、比較的その解釈は容易です。(2.8)式の推定結果である(2.9)式の係数は、説明変数である負債比率 DER が 1 ％変化したときに対数オッズがどの程度変化するかを示しています。これが何を意味しているかは、次の(2.10)式の展開を理解する必要あります。

デフォルトしない確率は $1-PD_i$ ですので、1から(2.8)式を差し引くと、

$$1-PD_i = 1 - \frac{1}{1+\exp(-\widehat{Y_i})} = \frac{1+\exp(-\widehat{Y_i})-1}{1+\exp(-\widehat{Y_i})} = \frac{\exp(-\widehat{Y_i})}{1+\exp(-\widehat{Y_i})} \quad (2.10)$$

したがって、対数オッズは(2.8)式と(2.10)式の比の自然対数をとったものとして定義され、それは(2.11)式のようになります。

$$\ln\left(\frac{PD_i}{1-PD_i}\right) = \ln\left(\frac{1/(1+\exp(-\widehat{Y_i}))}{\exp(-\widehat{Y_i})/(1+\exp(-\widehat{Y_i}))}\right)$$
$$= \ln(\exp(\widehat{Y_i})) = \widehat{Y_i} = b_0 + b_1 DER_i \quad (2.11)$$

つまり、対数オッズは(2.7)式の信用リスク度を示す線形式そのものです。オッズとは競馬や競輪などの賭け事で、勝つ確率と負ける確率の比を示します。

対数オッズ $\quad \ln\left(\dfrac{PD_i}{1-PD_i}\right) = b_0 + b_1 DER_i \quad (2.12)$

言い換えるならば、ロジット回帰式は、あたかも対数オッズを従属変数とし、定数項と負債比率 DER を2つの独立変数としたときの線形回帰式の回帰係数として解釈できます。(2.12)式の係数 b_1 は、独立変数である負債比率が1％増加(減少)したときに、従属変数である対数オッズがどのくらい増加(減少)するかを示しています。したがって、図2.8に示したロジット回帰分析の係数は、

$$\ln\left(\frac{PD_i}{1-PD_i}\right) = -9.6427 + 13.81747 \, DER_i \quad (2.13)$$

と読むべきことになります。

2.3.4 限界効果の推定

信用リスク分析において、ロジット回帰分析を行う最終的な目的は、デフォルト確率の推定にあります。したがって、デフォルトを引き起こす要因（この場合は負債比率）の変化がどのようにデフォルト確率に影響するかを考えてみることが重要です。これを限界効果（marginal effects）と呼びます。(2.8)式の左辺の i 番目の企業の推定デフォルト確率 PD_i を、微分の連鎖公式（chain rule）を用いて、説明変数である i 番目の企業の負債比率 DER_i に関して偏微分すると(2.14)式の結果を得ます。

$$\frac{\partial PD_i}{\partial DER_i} = \frac{\partial}{\partial \widehat{Y}_i}\left(\frac{1}{1+e^{-\widehat{Y}_i}}\right) \times \frac{\partial \widehat{Y}_i}{\partial DER_i} = [-(1+e^{-\widehat{Y}_i})^{-2}(-e^{-\widehat{Y}_i})]b_1$$

$$= \frac{b_1 e^{-\widehat{Y}_i}}{(1+e^{-\widehat{Y}_i})^2} = b_1\left(\frac{1}{1+e^{-\widehat{Y}_i}}\right)\left(\frac{e^{-\widehat{Y}_i}}{1+e^{-\widehat{Y}_i}}\right) = b_1 PD_i(1-PD_i)$$

(2.14)

つまりロジット回帰分析では、負債比率が1％増加すると、推定デフォルト確率の変化は、負債比率に対する係数推定値 b_1 に推定デフォルト確率 PD_i と非デフォルト確率 $1-PD_i$ を掛け算したものになります。注意すべき点は、右辺には i 番目の企業の推定デフォルト確率と非デフォルト確率が表れているために、結果は推定に用いた企業数だけ計算されます。標本数が多くなると結果が膨大になるために、通常2つの方法で「平均限界効果」としてその代表的な値を計算します。

〈方法1〉 (2.14)式の平均値 $(b_1/n)\sum_{i=1}^{n} PD_i(1-PD_i)$ を計算します。

〈方法2〉 負債比率の平均値を代入

説明変数の平均値をデフォルト確率の計算式である(2.13)式に代入し、その結果である平均デフォルト確率 $\overline{PD}$ によって限界効果を推定します。つまり、$\overline{PD} = 1/(1+\exp(-(b_0+b_1\overline{DER})))$ を計算します。したがって限界効果は、$b_1\overline{PD}(1-\overline{PD})$ として計算できます。

図2.9 推定デフォルト確率の計算

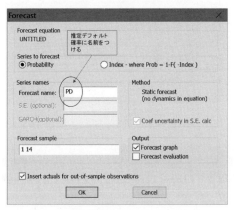

注) PD という変数名で格納されています。

　これら2つの結果は通常一致しません。またEViewsでは自動的に限界効果を計算しません。次のような手続を経て、限界効果を自分で計算しなければいけません。まずロジット回帰分析を行った結果を示すウィンドウの Equation タブで、Proc > Forecast（Fitted Probability/Index）…として、図2.9のように推定デフォルト確率に名前 PD をつけます。結果のグラフは図2.10のようになります（軸の名前などを多少加工しています）。

　こうして推定した推定デフォルト確率をもとにして、コマンド・ウィンドウで表2.2のようにタイプします。こうすると、すべての企業についての限界効果が系列 me に、方法1による平均限界効果が me1 に、方法2による平均限界効果が me2 に格納されます。個別企業の限界効果を示す系列 me の棒グラフを図2.11に示します。

　この図2.11で個別企業の限界効果を平均したものは

$$\text{me1} = 13.81747 \times \frac{1}{14}\sum_{i=1}^{14} PD_i(1-PD_i) = 1.435 \qquad (2.15)$$

となります。これに対し、方法2による限界効果は、負債比率の平均値を用いて計算した平均デフォルト確率が $\overline{PD} = 0.1830$ となるので、

$$\text{me2} = b_1\overline{PD}(1-\overline{PD}) = 13.81747 \times 0.1830 \times (1-0.1830)$$

2.3 非線形確率モデル

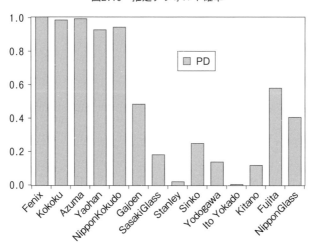

図2.10 推定デフォルト確率

表2.2 限界効果を計算するためのコマンド

1　series me = c(2)*pd*(1−pd)
2　scalar me1 = @mean(me)
3　scalar PDbar = 1/(1+ exp(−(c(1)+c(2)*@mean(der))))
4　scalar me2 = c(2)*PDbar*(1−PDbar)

$$= 2.1523 \tag{2.16}$$

となります。この2つの方法での計算結果には、かなりの開きがあることに注意してください。

2.3.5 ロジット、プロビット、極値回帰の違い

EViews には、従属変数が1（倒産）と0（非倒産）をとるような二項回帰分析（binary regression analysis）を実行するために、上で説明したロジット回帰分析のほかに、プロビット回帰分析、そして極値回帰分析の3つが用意されています。

倒産企業35社と非倒産企業35社からなるより大きな標本 $n = 70$ のデータベースに対して、これら3つの推定方法を適用した場合の結果を図2.12に示しま

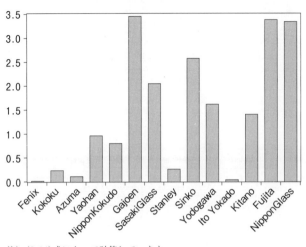

図2.11 個別企業の限界効果

注）(2.14)式によって計算しています。

した。この場合、標本サイズが大きくなっただけでなく、説明変数も負債比率（DER）に加えて、企業の財務諸表で左側にくる流動資産と、右側にくる流動負債の比率を示す当座比率（quick ratio）の2つで信用リスク度を説明しています。当座比率は手元流動性、すなわち短期の流動性の大きさを示しています。これは、1年以内に現金化できる短期の資産である流動資産と、1年以内に支払いをしなければいけない短期の負債額の比率ですので、そのような解釈をすることができます。当座比率が高いほど正味の短期（手元）のお金が多いので、倒産しにくいことが予想できます。

これら3つの回帰分析手法の違いは、信用リスク度$\tilde{Y}_i$を示す(2.6)式の右辺の誤差項$\tilde{e}_i$にどのような分布を仮定するかに依存します。つまり、信用リスク度$\tilde{Y}_i$の確率分布、したがって従属変数が1をとる確率$Pr(Z_i = 1)$を計算する場合の分布の違いになります。

ロジット回帰は(2.8)式に示されるように、誤差項がロジスティック分布すると考えます。つまり確率はロジスティク分布の分布関数によって(2.17)式のように表現します。

2.3 非線形確率モデル

図2.12 ロジット、プロビット、極値回帰の推定結果

Logit回帰

Variable	Coefficient	Std. Error	z-Statistic	Prob.
C	-4.606825	1.840086	-2.503593	0.0123
DER	7.970866	2.279296	3.497073	0.0005
QUICK_RATIO	-2.482155	0.972281	-2.552921	0.0107
McFadden R-squared	0.487995	Mean dependent var		0.500000

Probit回帰

Variable	Coefficient	Std. Error	z-Statistic	Prob.
C	-2.727413	1.052080	-2.592401	0.0095
DER	4.729946	1.266349	3.735103	0.0002
QUICK_RATIO	-1.454049	0.559007	-2.601127	0.0093
McFadden R-squared	0.492496	Mean dependent var		0.500000

極値回帰

Variable	Coefficient	Std. Error	z-Statistic	Prob.
C	-2.576587	1.230810	-2.093408	0.0363
DER	5.227641	1.461327	3.577325	0.0003
QUICK_RATIO	-1.468003	0.674949	-2.174984	0.0296
McFadden R-squared	0.484352	Mean dependent var		0.500000

注）倒産企業35社と非倒産企業35社のデータを使用。

$$PD_i = Pr(Z_i = 1) = \frac{1}{1+\exp(-\widehat{Y}_i)}$$

$$\widehat{Y}_i = b_0 + b_1 DER_i + b_2 Quick_i \tag{2.17}$$

プロビット回帰では誤差項が正規分布に従うと仮定したので、デフォルト確率の計算は

$$PD_i = Pr(Z_i = 1) = N(\widehat{Y}_i), \quad \widehat{Y}_i = b_0 + b_1 DER_i + b_2 Quick_i \tag{2.18}$$

となります。ここで、$N(\cdot)$ は標準正規分布（平均が0、分散1の正規分布）の分布関数です。極値回帰（gompit 回帰）では、Type-I の極値分布、別名ガンベル（Gumbel）分布を誤差項に仮定するので、デフォルト確率は、

$$PD_i = Pr(Z_i = 1) = \exp(-\exp(-\widehat{Y}_i))$$

$$\widehat{Y_i} = b_0 + b_1 DER_i + b_2 Quick_i \tag{2.19}$$

と計算できます。

　図2.12を見ると、ロジット回帰とプロビット回帰の係数やその標準誤差が随分違うことがわかります。しかし、この結果から推定結果がかなり異なると判断してはいけません。2つの回帰係数の比を計算してみましょう。例えば、負債比率の係数推定値の比率は 7.970866/4.729946 = 1.6851 となります。当座比率（quick_ratio）についても同様に計算してみてください。同じ結果を得るはずです。どのような変数を用いても比率は1.685倍になります。なぜこのような結果を得たかというと、ロジスティク分布と標準正規分布はともに平均値を中心に対象な分布であり、ロジスティク分布のほうが分布の裾野（tail）がより広いことだけがその違いです。したがって、最尤法による推定結果で、最大尤度の値、それを用いて計算された McFadden R-squared、係数の z 値などは両者の間でほとんど変わりません。また、以下の図2.13と表2.3に示したデフォルト予測の精度もほとんど変わりません。したがって、二項回帰分析を用いた実証分析では、多くの場合ロジット分析の結果のみを示すのが普通です。

　これに対して、極値回帰分析で用いた Type-I の極値分布であるガンベル分布は、右あるいは左に歪んだ非対称な分布で、ファイナンスの実証研究でよく指摘される裾野の厚い（fat tail）分布になります。信用リスク度が平均ゼロを中心に対象であるとは通常考えにくいので、極値回帰を用いると、ロジット回帰よりもよい結果を得ることもあります。

2.3.6　倒産予測の精度を判定する（分割表による分析）

　二項回帰分析を信用リスク分析に適用する目的は、デフォルト確率の推定を行うためですが、その推定結果の確からしさをどのように判定したらよいでしょうか？　EViews で利用可能な方法は、デフォルト・非デフォルト企業数の実際の数と、二項回帰モデルからのその予測結果を「分割表」の形で表現して比較することで精度を判断します。

　図2.13は、EViews で二項回帰モデルを推定した画面で、＞ View ＞ Expectation-Prediction Evaluation とし、以下に示す「閾値」を0.5としたとき

2.3 非線形確率モデル

図2.13 倒産予測の精度の検討（閾値 $C = 0.5$）

```
Expectation-Prediction Evaluation for Binary Specification
Equation: UNTITLED
Date: 02/24/18   Time: 21:50
Success cutoff: C = 0.5

                        Estimated Equation         Constant Probability
                    Dep=0    Dep=1    Total     Dep=0    Dep=1    Total

P(Dep=1)<=C           25        6       31        35       35       70
P(Dep=1)>C            10       29       39         0        0        0
Total                 35       35       70        35       35       70
Correct               25       29       54        35        0       35
% Correct          71.43    82.86    77.14    100.00     0.00    50.00
% Incorrect        28.57    17.14    22.86      0.00   100.00    50.00
Total Gain*       -28.57    82.86    27.14
Percent Gain**        NA    82.86    54.29
```

表2.3 図2.13をExcelに貼り付けて作表した結果

	A	B	C	D	E	F	G
1		Estimated Equation			Constant Probability		
2		Dep=0	Dep=1	Total	Dep=0	Dep=1	Total
3	P(Dep=1)<=C	25	6	31	35	35	70
4	P(Dep=1)>C	10	29	39	0	0	0
5	Total	35	35	70	35	35	70
6	Correct	25	29	54	35	0	35
7	% Correct	71.43	82.86	77.14	100	0	50
8	% Incorrect	28.57	17.14	22.86	0	100	50
9	Total Gain*	-28.57	82.86	27.14			
10	Percent Gain**	NA	82.86	54.29			

の結果です。この結果をマウスでなぞってクリックし、＞copyした結果をExcelシートに貼り付けて若干の編集を加えた結果を表2.3に示しました。論文や報告書を書く場合にはEViewsからの結果をそのまま貼り付けてもよいのですが、日本語が使えないことと、説明を図表に加えたい場合には、結果をExcelやWordの表に貼り付けてより「見栄えのよい」結果を示すことがよいでしょう。これらの表は、具体的には、次のようなステップを経て作成します。

【Step 1：閾値の決定】

推定デフォルト確率について一定の値を想定します。これを閾値と呼ぶこと

にします。例えば $PD_i = 0.5$ として、推定デフォルト確率がこの値を超えていれば（下回れば）その企業はデフォルトする（デフォルトしない）と判定します。このようにしてデフォルト企業数と非デフォルト企業数を集計します。

【Step 2：予測結果と実績との比較】

Step 1での結果を実際にデフォルトした企業とそうでない非デフォルト企業と比較してクロス集計表を作成します。この結果が表2.3のExcelで作成した表の中でB3からC4にあたる部分です。ここで、B2のDep=0は、従属変数（dependent variable）がゼロ、つまりデフォルトしなかった企業を示しています。Dep=1は従属変数が1の値をとるデフォルト企業を意味しています。これに対しセルA3のP(DEP=1)<=Cは、推定デフォルト確率がその閾値 $C = 0.5$ より小さい企業数が、実際にデフォルトした企業、あるいはデフォルトしなかった企業のうちで何社あるかを示したものです。推定デフォルト確率が0.5より小さかった企業、すなわちデフォルトしなかったと予測した企業数は、全体の70社のうち31社でした。この31社の中で実際にデフォルトしなかった企業数は25社でした。これに対し、デフォルトしなかったと予測した企業31社のうち、実際にはデフォルトした企業数は6社でした。したがってこの場合、デフォルトしないと予測した結果の正解率は、25/35 = 71.43％になります。この結果をセルA7の％Correctに対応するセルB7に示します。同様の分析をP(DEP=1)>0.5、つまり推定デフォルト確率が0.5より大きく、デフォルトしたと判定した企業について行うと、実際にデフォルトした企業の割合、つまりデフォルト予測が正しかった割合は 29/35 = 82.86％になりました。この結果がセルC7に示されています。間違った割合はC8に示されており、それは100％−82.86％ = 17.14％になります。デフォルト予測と非デフォルト予測が正しかった割合は、(25+29)/70 = 54/70 = 77.14％ となり、この数値がD7に示されています。全体として間違った予測結果の割合は、100％−77.14％ = 22.86％になります。

表2.3の9行と10行目は、こうした分析を、説明変数（*DER* と *QUICK_RATIO*）を全く用いずに標本でのデフォルト企業の割合のみを用いて予測した結果です。それらの値はE列からG列までにその結果が示されています。

2.3 非線形確率モデル

　説明変数（*DER* と *QUICK_RATIO*）を全く用いずに予測をするとしたらどうすればよいでしょうか？　一つの考え方は、全標本数70社のうちでデフォルトした企業35社の比率、つまり 35/70 ＝ 0.5 ＝ 50％ とすることです。こうすると閾値も $C=0.5$ ですので、P(DEP=1)<=(C=0.5)を満たす倒産を正確に予想した数は35社になり、予測できなかった数も35社になります。これがセル E3からセル F3に示した値の意味です。他方、P(DEP=1)>0.5である会社はなかったので、セル E4からセル F4の数値はゼロになります。

　これらの結果から、9, 10行に示された Total Gain と Percent Gain が何を意味しているか考えてみましょう。これは「説明変数を用いずに標本中のデフォルト企業の比率0.5だけを用いて予測した結果」と、「説明変数2つを用いてロジット回帰で予測した結果」を比較して、後者がどれだけよく予測をしたかを示しています。計算は次のように行われます。まず、Total Gain ですが、セル B9からセル D9に示した数値は、E8から G8の数値（%incorrect）から、セル B8からセル D8（%incorrect）のそれぞれの値を差し引いたものです。

$$(0.00, 100.00, 50.00) - (28.57, 17.14, 22.86) = (-28.57, 82.86, 27.14)$$

となることを確かめてください。次に、Percent Gain ですが、これは、8行目の%incorrect によるロジット回帰と標本比率での予測結果を比較して、回帰モデルを用いたことにより、誤った予測がどの程度（パーセント表示で）改善されたかを示すものです。具体的には、54.29 ＝ (22.86－50.00)/50.00×100 という計算を行っています。

分割表の問題点[3]

　分割表を用いてデフォルト確率の推定モデルの精度を確認する方法は、わかりやすいという利点はありますが、避けることのできない問題もあります。ここでは2つの問題点を指摘することにとどめておきます。

---

[3] この問題に対するより詳しい説明については、森平（2009）の第4章2節を参照してください。

第1の問題点は、閾値 C を変えることにより、結果が変わってくることです。閾値 C の値をどうすべきかについて、唯一正しい方法は存在しません。この問題に対し、最近では、不平等の度合いを測る尺度として有名なジニ（Gini）係数の考えを応用した AR（Accuracy Ratio）値を用いて、デフォルト確率推定モデルの良さ、精度を測ることが多くなっています。残念ながら EViews では、この AR 値を自動的に計算できません（ただし、自分でそのためのプログラムを組むことは難しくありません）。

　第2の問題点は、モデルの精度判定に経済的な観点が欠けていることです。表2.3の分割表の対角要素以外のところは、統計学の検定理論でいうところの「Type-I の誤り」と「Type-II の誤り」に対応しています。「Type-I の誤り」はデフォルト企業を非デフォルト企業と判定する間違いに対応し、「Type-II の誤り」は非デフォルト企業をデフォルト企業と判断する間違いです。この2つの間違いの中で、銀行にとっての経済的な損失はどちらが大きいでしょうか？　通常は、倒産しないと思ってお金を貸したのに倒産してしまって貸したお金が回収できないリスクのほうが、そうでない場合よりもコストは大きいはずです。この点を考慮にいれたモデルによる精度の判定が必要になります。

2.4　デフォルト件数の分析：カウントデータ回帰の適用

　これまでは、個別の企業のデフォルト確率を推定しました。銀行は多くの企業にお金を貸しています。融資の集まりである融資ポートフォリオの信用リスクはどのように測ればよいのでしょうか？

　いろいろな方法がありますが、その一つは、融資ポートフォリオの中で何件のデフォルトが起きたかを説明する回帰モデルを推定する方法です。毎期のデフォルト件数を従属（被説明）変数とし、独立（説明）変数にさまざまなマクロあるいはセミマクロ（地域経済）指標を用いることにより、融資ポートフォリオの信用リスクを推定します。いわばデフォルト件数について、第3章で説明するファクターモデルを推定することになります。

　ただし、この場合、線形の回帰分析を適用することは不可能ではありませんが、望ましくありません。従属変数はデフォルト件数であるので、非負の整数

2.4 デフォルト件数の分析：カウントデータ回帰の適用

値（0,1,2,3,...）をとります。通常の回帰分析を行うと、回帰モデルを用いた予測結果が非負の整数値であるという保証はありません。また、デフォルト（倒産）というのは、「起きることが稀な」現象ですから、そうした点も考慮にいれた分析手法が必要でしょう。

ここではこれらの点を考慮した「ポアソン回帰」と、その問題点を解決したポアソン回帰の拡張について議論することにします。

2.4.1 ポアソン分布とポアソン過程

ポアソン分布

ポアソン分布は「稀にしか起きない事象」（rare events）を記述するためのものです。統計学上有名な「1年間に馬に蹴られて死亡した兵士の数」の事例を用いて、ポアソン分布の意味を考えてみましょう。

1875年から1894年の20年間にプロシア帝国（現在のドイツ連邦）の14軍団で、馬に蹴られて死んだ兵士の数（ポーランドの統計学者ボルトキービッツによる）が、1軍団、1年あたりの平均死亡数の分布の形で図2.14の左側に示されています。

14軍団×20年間＝280の事例で全く死亡したことがなかったのが147ケースであり、1人死亡したケースが90、2人死亡した場合が31、……です。これらの数値を総計280事例で割って相対頻度を計算したものが、表の3列目に示されています。3列目をヒストグラム（離散的な分布）にしたものが、図2.14の右側の図で、網掛けをした棒グラフです。

ここで、実際の分布に対し、ポアソン分布を当てはめてみましょう。ポアソン分布による確率の計算は次のようになります。

$$Pr(Y = y) = \frac{e^{-\lambda}\lambda^y}{y!}, \quad y = 0, 1, 2, ... \tag{2.20}$$

ここで Y は不確実なイベント（馬に蹴られた兵士）の件数です。Y は確率変数ですが、y はその実現値で $y = 0, 1, 2, ...$ です。λ（ラムダ）は分布の形状を決める唯一のパラメータです。

(2.20)式で、$\lambda = 0.61$ として理論分布を当てはめた結果を図2.14の左側の

図2.14 「1年間に馬に蹴られて死亡した兵士の数」のポアソン分布への当てはめ

死亡数	頻度	相対頻度	理論頻度
0	147	0.53	0.54
1	90	0.32	0.33
2	31	0.11	0.10
3	10	0.04	0.02
4	2	0.01	0.00
合計	280	1.00	1.00

図の4列目に示しました。例えば、死亡数が0あるいは1の理論分布値は、

$$Pr(Y=0) = \frac{e^{-0.61}0.61^0}{0!} = e^{-0.61} = 0.54335$$
$$Pr(Y=1) = \frac{e^{-0.61}0.61^1}{1!} = e^{-0.61} \cdot 0.61 = 0.33144$$
(2.21)

と計算されます。相対分布と理論分布のヒストグラムを図2.14の右側の図で示しました。実際の分布（経験分布）と理論分布がほとんど一致していることに注意しましょう。このようにポアソン分布は、稀にしか起きない現象を記述するにあたって強力な道具となります。企業や個人の破産といった現象も本来「稀な」ことであるため、ポアソン分布を当てはめることがよく行われます。

ポアソン過程

(2.20)式で示したポアソン分布では、不確実なイベントの生起回数 Y はあたかも1時点の値であるかのように取り扱いました。図2.14の事例では20年間のデータを対象にしているので、馬に蹴られて死亡した兵士の数は時間とともに変化しているはずです。したがって右辺の Y は時間を表す添え字 t を用いて Y_t と表現する必要があります。またそのためには、右辺にあるただ一つのパラメータ λ を時間の関数として λ_t としなければいけません。時間とともに変わりうるパラメータ λ の一番簡単な定式化は、$\lambda \times t$ とすることです。ここで t は時間経過を示す変数です。

2.4.2 パラメータ λ の意味

イベント生起回数の平均と分散としての λ

ポアソン分布の形状を決めるパラメータ λ が何を意味しているか考えてみましょう。イベント生起回数 Y の平均と分散を計算すると、

$$E(Y) = \sum_{y=0}^{\infty} y \frac{e^{-\lambda}\lambda^y}{y!} = \lambda$$
$$Var(Y) = E(Y^2) - (E(Y))^2 = (\lambda^2 + \lambda) - \lambda^2 = \lambda \quad (2.22)$$

となりますから、ポアソン分布のパラメータ λ はポアソン分布の平均であり、かつ分散であることがわかります。これはかなり厳しい制約条件です。多くのイベントデータでは、過分散（over dispersion）、つまり平均より分散のほうが大きいことが多々あることを念頭において置かなければなりません。

ただし、パラメータ λ の推定はきわめて簡単です。従属変数である Y の平均を計算すればよいのです。注意すべき点は、このとき平均は分散に等しくなければいけません。図2.14と同様なヒストグラムを描いて、そうした条件が満たされているかどうか自分でチェックしてみてください。

デフォルト強度としての λ

(2.20)式を用いて、イベントが1回も生じない確率を求めましょう。(2.21)式の最初の式に示したように、それは

$$Pr(Y = 0) = \exp(-\lambda) \quad (2.23)$$

となります。イベントが少なくとも1回以上起きる確率は、1から(2.23)式を差し引いたものなので、

$$Pr(Y \geq 1) = 1 - \exp(-\lambda) \quad (2.24)$$

となります。Y を倒産企業数とすれば、融資ポートフォリオの中で倒産が生じる確率は(2.24)式で計算できます。

この式の右辺を見ると、パラメータは λ だけです。パラメータ λ の値が大きくなるほど、ポートフォリオの中で倒産企業が生じる確率が大きくなりま

す。その意味で、パラメータλを「デフォルト強度」(default intensity)と呼ぶことがあります。こうした考え方はポアソン過程についても同様に当てはまります。ポアソン「過程」を考えると、デフォルト強度は時間とともに変化しますし、ポアソン分布の平均と分散も時間とともに変わることになります。

2.4.3 ポアソン回帰

ポアソン回帰分析の目的は、イベント(デフォルト)が何回起きるかに関して説明要因(ファクター)を用いて説明するファクターモデルを推定することです。この場合、ファクターとしてはマクロ経済、あるいは問題によっては地域経済を想定します。例えば、東京証券取引所に上場している企業の毎年のデフォルト件数であれば、マクロ経済データである株価、GDP、金利、為替などのデータ、関西地域をおもな営業拠点にしている銀行の融資ポートフォリオを対象にした分析では、マクロ経済変数に加え、関西圏の経済状況を示すデータも必要になるかもしれません。

ポアソン回帰は次のように定式化できます。

イベント生起確率 $\quad Pr(Y_t = y) = \dfrac{e^{-\lambda_t} \lambda_t^{y}}{y!}, \quad y = 0, 1, 2, ...$ (2.25)

デフォルト強度 $\quad \lambda_t = \exp(\beta_0 + \beta_1 X_{1t} + \cdots + \beta_K X_{Kt})$
$\qquad\qquad\qquad = \exp(\boldsymbol{X}_t' \boldsymbol{\beta})$ (2.26)

(2.20)式のポアソン分布ではデフォルト強度λは一定で、それはデータから推定されました。この定式化では、デフォルト強度であるλ_tは、時間とともに変わる説明変数X_{kt} ($k = 1, 2, ..., K; t = 1, 2, ..., T$) と、推定されたパラメータ$\beta_k$ ($k = 1, 2, ..., K$) によって決まることになります。

推定されたパラメータの意味

係数の解釈は、ロジット回帰の場合と異なり比較的容易です。(2.26)式をk番目の説明変数で偏微分すると、

$$\dfrac{\partial \lambda_t}{\partial X_{kt}} = \exp(\boldsymbol{X}_t' \boldsymbol{\beta}) \beta_k = \lambda_t \beta_k \qquad (2.27)$$

ここで $\exp(X_t'\beta)$ は、(2.26)式を説明変数と係数ベクトルの積で表現したものです。したがって係数は

$$\beta_k = \frac{\partial \lambda_t}{\partial X_{kt}} \cdot \frac{1}{\lambda_t} = \frac{\partial \lambda_t / \lambda_t}{\partial X_{kt}} = \frac{\partial E(Y_t)/E(Y_t)}{\partial X_{kt}} \tag{2.28}$$

と表すことができます。つまり、k 番目の係数は、k 番目の t 期の説明変数が1単位増加したときに、デフォルト強度が何パーセント、あるいは期待デフォルト件数を表す(2.22)式が何パーセント増加したかを示しています。これを準弾力性（semi-elasticity）と呼ぶこともあります[4]。

もし独立変数が自然対数変換 $\ln X_{kt}$ 表示であれば、(2.28)式は、

$$\beta_k = \frac{\partial \lambda_t}{\partial X_{kt}} \cdot \frac{X_{kt}}{\lambda_t} = \frac{\partial \lambda_t / \lambda_t}{\partial X_{kt}/X_{kt}} = \frac{\partial E(Y_t)/E(Y_t)}{\partial X_{kt}/X_{kt}} \tag{2.29}$$

となり、係数は通常の弾力性を表すことになります。

実例１：「ポアソン回帰」による東証上場企業の倒産件数分析

1980年から2017年までの38年間で東京証券取引所（東証）に上場している企業の中で、信用リスクに起因するイベントによって上場廃止になった毎年の企業数を従属変数とし、いくつかのマクロ経済変数を独立変数とするポアソン回帰を試みてみましょう[5]。

従属変数を毎年のデフォルト件数（bankrupt）とし、独立変数を完全失業率（UNEMLY）、3大都市圏の商業地の土地価格の年あたり変化率（LCPV）、2008年を1としてその他の年度をゼロとするリーマンショックを示すダミー変数（D2008）の3つを用いて(2.26)式を推定します。EViews において、> Quick > Estimate Equation > count とすると、図2.15のような方程式推定のためのウィンドウが現れますので、equation specification ボックスで従属変数である bankrupt、独立変数として、定数項（ c ）と、完全失業率（UNEMLY）、

4）詳しくは Wooldrige（2002）の2.2.2節を参照のこと。
5）ここでの上場廃止基準としては、銀行取引の停止、破産手続・再生手続・更生手続、事業活動の停止などです。詳しくは東証の該当サイトを参照してください。

図2.15 ポアソン回帰モデルの推定

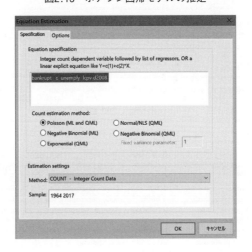

3大都市圏の商業地価格変化率(LCPV)、リーマンショックダミー変数(D2008)をタイプします。カウントモデルの中で推定方法(Count estimation method)ではPoissonを選択します。Estimation settingでCount - Integer Count Dataを選択することに注意してください。またその下では標本期間として、1964-2017と入力してからOKボタンをクリックします。

推定結果は図2.16に示されています。係数の推定値はすべて1％水準で有意です。例えば、完全失業率が1単位、つまり1％増加すると、東証上場企業の平均倒産件数は0.72％増加することになり、3大都市圏の商業地の土地価格の年あたり変化率(LCPV)が1単位、すなわち前の年に比べて1％増加すると、期待倒産件数は−0.04％減少することになります。決定係数R-squaredも0.899とかなり高い値を示しています[6]。

したがって、「適切なモデルが推定できた」と考えてよいのでしょうか？実はそうとは拙速に判断できません。その理由は、ポアソン回帰モデルを適用

---

6) ただし、ここでいう決定係数は通常の最小二乗法を適用したときの決定係数とは異なります。ポアソン回帰モデルにおける「疑似」決定係数の計算方法に関しては、Greene (2008)の25.2.1節を参照してください。ただしEViewsマニュアルではどのような計算式で決定係数が計算されているかの説明はありません。

2.4 デフォルト件数の分析：カウントデータ回帰の適用

図2.16 東証上場企業倒産数のポアソン回帰分析の結果

```
Dependent Variable: BANKRUPT
Method: ML/QML - Poisson Count (Newton-Raphson / Marquardt steps)
Date: 02/28/18   Time: 14:02
Sample: 1980 2017
Included observations: 38
Convergence achieved after 4 iterations
Coefficient covariance computed using observed Hessian

     Variable      Coefficient    Std. Error    z-Statistic    Prob.

        C          -1.093244      0.334814      -3.265233     0.0011
     UNEMPLY        0.721620      0.083795       8.611717     0.0000
      LCPV         -0.043188      0.010467      -4.126065     0.0000
      D2008         2.083786      0.193307      10.77966      0.0000

R-squared              0.898984    Mean dependent var     6.447368
Adjusted R-squared     0.890071    S.D. dependent var     8.522458
S.E. of regression     2.825668    Akaike info criterion  4.461413
Sum squared resid      271.4697    Schwarz criterion      4.633791
Log likelihood        -80.76685    Hannan-Quinn criter.   4.522744
Restr. log likelihood -206.5586    LR statistic           251.5834
Avg. log likelihood   -2.125443    Prob(LR statistic)     0.000000
```

注）説明変数として、失業率、商業地地価、リーマンショックダミーを用いている。

するための重要な前提条件を満たしていないことが明らかだからです。

過分散（over/under dispersion）とは、厳密にはポアソン回帰モデルにおける条件付き分散が条件付き期待値より大きい、もしくは小さいことを言います。ここで「条件付き」というのは、説明変数 X_t と推定した係数 β に基づいて、つまりポアソン回帰を行った上で推定された、従属変数であるデフォルト件数の期待値と分散という意味です。したがって過大分散とは(2.30)式を意味します。

$$Var(Y_t \mid X_t'\beta) > E(Y_t \mid X_t'\beta) \qquad (2.30)$$

過大分散が生じると、検定理論でいう「第１種の過誤」（Type-I の誤り）を犯す可能性が高くなります。言い換えれば、図2.16での推定結果において、係数の標準誤差を過小に推定している可能性があります。つまり、係数のうちでいくつか、あるいはすべてが有意でない、あるいは有意性の度合いが低い可能性があります。

多くのイベントデータでは、分散のほうが平均よりかなり高くなっています。この問題を解決するためのモデル推定方法として、いくつかが提唱されています。EViews では、GLM（一般化線形モデル）分散の適用、あるいは負の二項モデル（negative binominal model）を用いた推定が用意されています。ここでは GLM 分散の意味を説明しましょう。

GLM（一般化線形モデル）におけるポアソン回帰では、過分散の程度を次のように定式化しています[7]。

$$Var(Y_t|\boldsymbol{X}_t'\boldsymbol{\beta}) > \sigma^2 E(Y_t|\boldsymbol{X}_t'\boldsymbol{\beta}) \tag{2.31}$$

ここで $\sigma^2 > 0$ は、条件付き分散が条件付き期待値よりどのくらい大きいかを示すものです。$\sigma^2 > 1$ であれば過大分散が、$\sigma^2 < 1$ であれば過小分散が生じ、$\sigma^2 = 1$ であればポアソン回帰の仮定を満たしていることになります。

実例2：過分散が生じているかどうかの検証：東証上場企業の倒産件数分析

ポアソン回帰分析を行った図2.16のウィンドウで Option タブをクリックすると、図2.17が現れます。ここで、右上の Coefficient covariance の下にある Covariance method で GLM を指定してください。OK ボタンをクリックすると、図2.18で示した計算結果を得ます。

太線で囲んだ部分が「過分散」を考慮せずに条件付き分散＝条件付き期待値としたとき（図2.16）との推定結果の違いです。過分散の程度を表す(2.31)式の σ^2 は、GLM adjusted covariance（variance factor = 1.24646050917）と推定されています。$\sigma^2 = 1.246 > 1$ であるので、過大分散が生じていることがわかります。係数の標準誤差（Std. Error）が図2.16より大きく、z 値（z-Statistic）の絶対値が小さく、p 値（Prob.）が大きくなっていることがわかります。過分散を考慮しても、すべての係数は有意でしたが、z 値が示すように係数の有意性の程度は低下したことがわかります。

---

[7] ここでは、擬似最尤法（QML：Quasi-Maximum Likelihood）を用いています。QML を用いたポアソン回帰については、Wooldridge（2002）第19章が比較的わかりやすい説明をしています。

2.4 デフォルト件数の分析:カウントデータ回帰の適用

図2.17 ポアソン回帰におけるGLM分散の計算の指定

図2.18 過分散を考慮した係数誤差の推定

Dependent Variable: BANKRUPT
Method: ML/QML - Poisson Count (Newton-Raphson / Marquardt steps)
Date: 03/08/18   Time: 14:34
Sample: 1980 2017
Included observations: 38
Convergence achieved after 4 iterations
Coefficient covariance computed using observed Hessian
GLM adjusted covariance (variance factor =1.24646050917)

Variable	Coefficient	Std. Error	z-Statistic	Prob.
C	-1.093244	0.373803	-2.924657	0.0034
UNEMPLY	0.721620	0.093553	7.713483	0.0000
LCPV	-0.043188	0.011686	-3.695700	0.0002
D2008	2.083786	0.215818	9.655300	0.0000

R-squared	0.898984	Mean dependent var	6.447368
Adjusted R-squared	0.890071	S.D. dependent var	8.522458
S.E. of regression	2.825668	Akaike info criterion	4.461413
Sum squared resid	271.4697	Schwarz criterion	4.633791
Log likelihood	-80.76685	Hannan-Quinn criter.	4.522744
Restr. log likelihood	-206.5586	LR statistic	251.5834
Avg. log likelihood	-2.125443	Prob(LR statistic)	0.000000

2.5 株価から信用リスクを推定する：債務超過確率推定のオプション・アプローチ[8]

2.2節では、企業の財務諸表に記載されたデータをもとにして個別企業のデフォルト確率を推定しました。上場企業は財務諸表を四半期ごとに年4回発表します。しかし、多くの非上場企業では年1回の財務情報しか得ることができません。また多くの小規模企業では、貸借対照表（バランスシート）を作成していないのが実情です。

本節では、上場企業の株価を利用して、企業が債務超過になる確率を推定します。上場企業であれば、証券取引所で株の売買が行われているため、株価は毎秒でもわかります。また、株式市場は世界中の投資家が売買取引に参加することにより、多くの人がもっている情報を瞬時に反映して株価が決まります。そうした株価をもとにして当該企業の資産価値が負債価値以下になるような事態に陥る確率、債務超過確率を計算することができます。

2.5.1 債務超過確率としてのデフォルト確率：債務超過とは？

企業がもっている財産を左側（借方）に、その資産を獲得するために用いた資金のうちで、負債（返さなければいけないお金）と自己資本（純資産）額（返さなくてよい株主自身のお金）を右側（貸方）に記入したものが貸借対照表（バランスシート）です。図2.19の左側の図は、当該企業の現在時点（$t=0$）のバランスシートを表しています。この図で左側の資産 A_0 と右側の負債 D_0 と自己資本 E_0 との合計がバランスしています。つまり、$A_0 = D_0 + E_0$ という等式が成立しています。

これに対し図2.19の右側の図では、将来時点（$t=T$）のバランスシートの左側（資産の部）と右側（負債の部）がバランスしていません。事業の失敗によって左側の資産価値 A_T が減少し、右側の借金が増えて、資産価値が負債価

---

[8] 債務超過確率推定のためのオプション・アプローチのより詳しい理論、および実証方法については、森平（2009）の第6章を参照してください。

2.5 株価から信用リスクを推定する

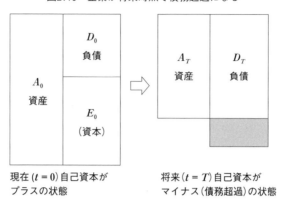

図2.19 企業が将来時点で債務超過になる

値 D_T 以下になっています。この時点で会社が全資産を売り払って得たお金で借金（負債）を全額返済することができません。バブル崩壊後の日本の銀行のほとんどが、こうした債務超過状態に陥りました。

「**株主はコールオプションを保有している**」。このような考え方は、第4章で説明するオプション価格理論の考え方を用いてモデル化できます。ある時点で企業が解散するとしましょう。企業は全資産を売り払い、借りたお金を銀行や社債保有者に返し、残ったお金を株主に分配します[9]。もしお金が残っていなかったときには、株主は1銭ももらえません。つまりこのことは、株主は「将来企業資産 A_T を原資産とし、将来の負債額 D_T を行使価格とするコールオプションを保有している」ことを意味します。この点を、図2.20で説明しましょう。

図2.20はコールオプションを保有している（買っている）ことによる、オプション満期時の損益を表しています。横軸は企業の資産価値（図2.19のバランスシートの左側）を示しています。この資産価値が、負債価値（D_T）以下のときには縦軸で表されている株式価値はゼロです（債務超過状態）。なぜなら、

---

9) 企業の基本は事業を継続することですが、こうしたことが全くないというわけではありません。2000年6月、東京証券取引所第二部に上場していた繊維商社の立川は、会社を解散し、全資産を売却したお金で負債を返済しましたが、1株あたり202円40銭のお金が残り（残余財産）、株主に還元されました。

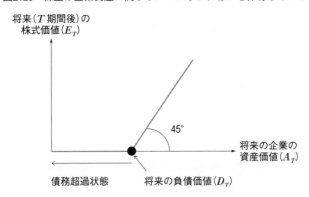

図2.20 株主は企業資産に関するコールオプションを保有している

こうした事態に陥っているときには、株主は何ももらえないからです。企業価値が負債価値を超えると、企業価値から負債価値を超えた部分（右上がりの直線で示されています）が株主のものとなります。

　こうした考えをもとにすると、株主の保有する自己資本、つまり株式価値をコールオプションの現在時点の価値として、適切なオプション価格決定モデルを用いることにより、その株式価値を推定することができます。このときにブラック＝ショールズモデルを適用することの副産物として、企業が債務超過に陥る確率を推定することができます（第4章の「リスク中立確率の推定」を参照してください）。

2.5.2　債務超過確率推定モデル1： 資産価値と資産ボラティリティが未知数の場合

　第4章で学ぶように、コールオプション価格式として有名な、ブラック＝ショールズ式の右辺第2項の $N(d_{2t})$ は、将来時点で、原資産価格（企業資産価値）が、行使価格（将来の負債額）を超える（リスク中立）確率を表しています。したがって、企業が将来債務超過状態になる確率は、1から債務超過にならない確率、すなわち $1-N(d_{2t})$ で計算できます。ここで $N(\cdot)$ は標準正規分布の分布関数です。問題は、どのようにして(2.32)式で示される d_{2t} を計算す

2.5 株価から信用リスクを推定する

るかです。それは以下のように示されます。

$$d_{1t} \equiv \frac{\log(A_t/D_T)+(r_t+\sigma_{At}^2/2)T}{\sigma_{At}\sqrt{T}}, \quad d_{2t} \equiv d_{1t}-\sigma_{At} \qquad (2.32)$$

ここで、r_t は年あたりのリスクフリーレート、σ_{At} は年あたりの資産価値変化率の標準偏差（ボラティリティ）、T は現時点からから何年後かを示す数値です。通常は $T=1$ 年と考えます。(2.32)式で観察できないものは、現在時点の資産価値 A_t と資産価値変化率のボラティリティ σ_{At} です。未知数が2つあるので、一意な解を得るためには2本の方程式を必要となります。

ここでは、①企業の自己資本価値（株式時価総額）E_t と資産価値 A_t との間の関係を示すブラック＝ショールズ式(2.33)式と、②資産ボラティリティ σ_{At} と原資産である株式ボラティリティ σ_{Et} の間の関係を示す(2.34)式の、2つの方程式を考えてみましょう[10]。

$$E_t = A_t N(d_{1t}) - D_T e^{-r_t T} N(d_{2t}) \qquad (2.33)$$

$$\sigma_{Et} = \Omega_t \sigma_{At}, \quad \text{ただし、} \Omega_t \equiv N(d_{1t})(A_t/E_t) \qquad (2.34)$$

EViewsによる実装

この2つの方程式は、2つの未知数 A_t と E_t に関して非線形です。両方の式の $N(d_{1t})$ と $N(d_{2t})$ には、その定義を示す(2.32)式を見てもわかるように、2つの未知数が含まれていますし、標準正規分布の分布関数である $N(\cdot)$ は、例えば $N(d_{1t})$ であれば

$$N(d_{1t}) = \int_{-\infty}^{d_{1t}} \frac{1}{\sqrt{2\pi}} \exp\left(-\frac{x^2}{2}\right) dx \qquad (2.35)$$

と表現できますから、これら2つの方程式は2つの未知数に関し高度に非線形です。幸いなことに EViews は、非線形の連立方程式の解を求めるための MODEL オブジェクトを提供しています。本来これはマクロ経済モデルを用いた予測や政策シミュレーションを行うためのものですが、ファイナンスにお

---

[10] (2.34)式の直観的な理解については、森平（2009）の第6章の付録を参照。

けるさまざまな非線形モデルを解くためにも有効です。ただし、その利用時にはExcelで用意されているSolverなどとは異なる配慮が必要です。

MODELオブジェクトの利用にあたっては、EViewsが提供するグラフィカルユーザーインターフェースを用いて手作業でも可能ですが、ここでは、EViewsでプログラムを組んでみることにしましょう。

債務超過確率の推定例：アーバン・コーポレーション

（株）アーバン・コーポレーションは広島市で1990年に創立され、2000年には東京証券取引所第二部に上場し、その2年後には一部上場を果たした不動産会社で、不動産証券化事業によって業績を伸ばしました。しかし、米国で発生したサブプライム危機の影響を受け業績が悪化し、2008年8月13日には民事再生の申立てを行い破綻しました。

このアーバン・コーポレーションの債務超過確率を推定するために必要なデータの準備を次のように行います。

① 自己資本価値（株式時価総額）E_t の計算
 毎日の株価 S_t に発行済株式数 N_t を掛けて計算した自己資本価値を $E_t = S_t N_t$ として計算します。

② 総資産額 $Asset_t$ の計算
 ①で計算した自己資本価値に負債簿価 D_t を加え、総資産額とします。つまり、$Asset_t = E_t + D_t$ とします。なおこれは、(2.33)式と(2.34)式からなるモデルを解いて得た資産価値の推定値 A_t とは異なりますが、この連立方程式を解く場合の初期値として用いるとともに、この2つの乖離から何が言えるかを調べるためにこうした計算を行います。

③ 自己資本価値変化率のボラティリティ（標準偏差）σ_{Et} の計算
 ①で計算した毎日の自己資本価値の変化率（対数リターンとして計算）の日時ボラティリティを年率換算して求めます。つまり、$\sigma_{Et} = \sqrt{Var(\ln(E_t/E_{t-1}))} \times \sqrt{250}$ として求めることにします。

こうした準備の下、表2.4のようなプログラムを作成します。表2.4の左側1列目に示した番号に沿って、プログラムの内容を説明しましょう。

2.5 株価から信用リスクを推定する

1行目では、モデルの名前をMODELコマンドによりmodel_2_1と宣言します。2, 3行目はコメントです。計量経済学での呼び方に従って、モデルの外から与えられている変数（外生変数）がリスクフリーレートr_t、株式ボラティリティσ_{Et}、自己資本額E_t、負債額D_{Tt}、オプション満期が$T=1$であること、モデル内で値が決定される変数（内生変数）が資産価値A_tと資産のボラティリティσ_{At}であることを説明しています。5, 6行目では、内生変数を繰り返し計算で求めるときの暫定的な初期値を与えます。資産ボラティリティの初期値を、暫定的に株式ボラティリティの半分としました。また資産の初期値は、先の②で計算したものを用いました。7行目（smpl 925 1836）で、債務超過確率を計算するための期間を2005年の1月から、破綻後もアーバン・コーポレーションの取引が行われていた2008年9月12日までとしました。8行目で1年後の債務超過確率を計算するためにオプションの残存期間を$T=1$とします。

10行目から14行目でモデルを構成する方程式を与えます。内生変数は2つだけですが、そのための途中計算結果も、このモデルで解くべき内生変数として与えてあります。10行目は(2.32)式のd_{1t}の計算を行います。

model_2_1.append d1=(@log(A/Debt)+(r+sigmaA^2/2))/sigmaA*@sqrt(T)

は、モデル名model_2_1にd_{1t}の計算式を付け加えることを指示しています。11行目は同様にして(2.32)式のd_{2t}の計算式を付与します。

12行目は、(2.34)式に対応しています。ただし、EViewsの規則に従い、左辺に求める内生変数を置かなければいけないので、

$$\sigma_{At} = \frac{1}{\Omega_t}\sigma_{Et} = \frac{1}{N(d_{1t})} \cdot \frac{E_t}{A_t}\sigma_{Et}$$

と変形してプログラムを書いています。つまり、株式ボラティリティを資産ボラティリティに変換する計算を行います。

13行目は(2.33)式に対応していますが、(2.33)式をそのままEViewsの式に直したわけではありません。EViewsでは上の式と同様に、左辺の1番目の変数が内生変数でなければいけないので、(2.33)式を資産価値A_tに関して解い

表2.4 オプション・アプローチによる債務超過確率の計算：EViewsプログラム

1	MODEL model_2_1	モデル名を宣言
2	'外生変数　r sigmaE E Debt T	モデルの概要
3	'内生変数　A sigmaA	
4	'資産(A)と資産ボラティリティ(sigmaE)の初期値を与える	
5	series sigmaA = sigmaE*0.5	資産のボラティリティの暫定値を、株式ボラティリティの半分とする
6	series A = Asset	資産価値の初期値を実績値とする
7	smpl 925 1836	2005/1/4～2008/9/12
8	scalar T = 1	予測期間1年を指定
9	'Method2-1 資産ボラティリティ(SigmaA)と資産価値(A)を未知数とする	
10	Model_2_1.append d1 = (@log(A/Debt)+(r+sigmaA^2/2))/sigmaA*@sqrt(T)	d1の計算
11	Model_2_1.append d2 = d1-sigmaA*@sqrt(T)	d2(デフォルト距離)の計算
12	Model_2_1.append sigmaA = (1/Nd1)*(E/A)*sigmaE	資産ボラティリティの計算
13	Model_2_1.append A = (E+Debt*@exp(-r*T)*Nd2)/Nd1	資産価値の計算
14	Model_2_1.append PD = 1 -Nd2	デフォルト確率の計算
15	'ガウスザイデル法によってモデルを解く	
16	solve(g) model_2_1	非線形の連立方程式を解く
17	group G_model_2_1 d1_0 d2_0 Nd1_0 Nd2_0 A_0 sigmaA_0 PD_0	すべての内生変数名のグループ化
18	'デフォルト確率のグラフを描く	
19	pd_0.display name PD：Probability of Default：Urban Corp.	PDグラフのタイトル
20	graph PD0.plot pd_0	デフォルト確率のグラフを描く
21	'資産推定値のグラフを描く	
22	A_0.display name A：Estimated Asst Value：Urban Corp.	資産価値グラフのタイトル
23	graph A0.plot A_0 Asset	資産価値の線グラフを描く
24	'すべての変数のグラフを描く	
25	line(m) G_model_2_1	線グラフを描く

2.5 株価から信用リスクを推定する

た形で表現します。これは Excel や R、MATLAB といった統計・数値計算言語とは異なる仕様ですので注意してください。

14行目は債務超過確率を 1 から債務超過しない確率 $N(d_{2t})$ を差し引いて求めます。16行目でモデル model_2_1 を SOLVE コマンドで解きます。SOLVE (g) で、g はガウスザイデル法で非線形方程式を解くことを意味しています。ガウスザイデル法は、非線形方程式の微分を必要としないため高速での計算が可能ですが、収束しないこともあります。その場合は、10行目から14行目の式の順序を変えて再度収束計算を試みてください。あるいは計算時間はかかりますが、SOLVE(n) として微分計算を必要とするニュートン法で計算をするのも代替案です。

17行目は収束計算によって求めた 7 つの変数を G_model_2_1 という名前でグループ化します。これは25行目で、すべての結果をグラフで一度に描くためです。各変数に「_0」という下付きの添え字が付いていることに注意してください。「_0」は基準となる計算結果を示し、その後でパラメータなどを変化させた計算を行ったときには、順次「_1」、「_2」といった添え字が付いた計算結果をワークシート上に格納します。

19行目では計算した基準となるデフォルト確率 pd_0 に説明を付け加えています。20行目でデフォルト確率のグラフを描いています。

22, 23行目で、同様のことを、資産価値 A_0 と資産額実際値 Asset についても行っています。25行目ではすべての内生変数の計算結果を時系列グラフで示しました。

図2.21は、横軸で示した日付から 1 年後の債務超過確率を示しています。経験的に言って、債務超過確率が20%を超えるとかなり危険な状態にあることを示すのですが、同社は2008年の 6 月下旬にはすでにかなり危険な状態にあることがわかります。結局はその後 2 カ月余りで民事再生の申請に至りました。

図2.22は債務超過確率を計算するためのもとになっている d_{2t} の値を示しています。実は d_{2t} は、信用リスクの文献では「デフォルト距離」(Default Distance：DD) と呼ばれ、その企業が債務超過状態に陥るまでの「余裕度」を表しています。デフォルト距離は次のようなものであることを証明なしに示しておきましょう。

図2.21 アーバン・コーポレーションの債務超過確率の推定値

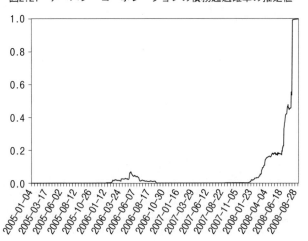

$$d_{2t} \equiv DD_t = \frac{E(\log A_t) - \log D_T}{\sqrt{Var(\log A_t)}} = \frac{\log(A_t/D_T) + (r_t - \sigma_{At}^2/2)T}{\sigma_{At}\sqrt{T}} \quad (2.36)$$

つまり、$T=1$年後の対数表示の資産価値の期待値 $E(\log A_t)$ から、対数表示の負債額 $\log D_T$ を引いたものを分子に置き、それを対数表示の資産価値の標準偏差 $\sigma_{At}\sqrt{T}$ で割ったものがデフォルト距離です。分子は債務超過に至るまでの「余裕度合い」を対数変換後の金額で示しています。デフォルト距離 DD は、それが資産のボラティリティの何倍であるかを示したものです。これによりリスク調整後の「余裕度合い」を計算しています。したがって、デフォルト距離 DD が大きいほど、信用リスクが低い企業であることがわかります。

図2.22では横軸に平行して DD がゼロの線を引いてあります。つまり DD がゼロに達したことは「余裕度」がゼロになったということです。DD がゼロになった後で急激に信用リスクが高くなったことがわかります。

図2.23は、推定した資産価値 A_0と、時価総額に負債簿価を加えることで計算した資産額の実績値 Asset とを比較したものです。2006年の6月以前ではこの2つの値はほぼ同じでしたが、それ以降は推定した資産価値 A_0が資産額を相当に下回ることが見てとれます。

2.5 株価から信用リスクを推定する

図2.22 アーバン・コーポレーションのデフォルト距離（DD）

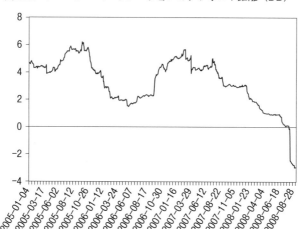

図2.23 アーバン・コーポレーションの資産価値推定値と実績値の比較

2.5.3 債務超過確率推定モデル2：
資産価値、資産ボラティリティ、資産の期待成長率が未知数の場合

　これまでに示した比較的簡単なモデルでも、上場廃止になる2カ月以上前からアーバン・コーポレーションの信用リスクがかなり高くなっていたことを示すことができました。しかし、この簡単なモデルには重大な問題点がありま

す。それは、企業価値の期待成長率はリスクフリーレート（国債利回り）に等しいことを仮定しています。ここで用いたリスクフリーレートは残存期間1年の国債の利回りでしたから、1つの決まった値です。つまり、信用リスクが高い企業であっても、そうでない企業であっても、資産の成長率はプラスで、しかも同じ値であることを仮定しています。つまり、アーバン・コーポレーションと三井不動産の資産成長率はつねに同じと考えていることになります。

なぜこのように仮定できたかというと、それは(2.33)式に示したようにブラック＝ショールズ式を用いたからです。ブラック＝ショールズ式は、株式や為替といった原資産も、また同時にそれに対するオプションもつねに活発な取引がなされていると仮定しています。両者を適当な比率で互いに反対売買することによって、原資産の買い（売り）とオプションの売り（買い）からなるポートフォリオはつねに無リスクになるからです。投資家はそうした状況の下では、あ̇た̇か̇も̇（as if）全くリスクがない世界に生きているわけですので、原資産価格もオプション価格の成長率も、リスクフリーレートで成長していくと考えてよいのです。

しかし、われわれがいま議論している世界では、原資産は企業資産であり、そのオプションは株式です。したがって株式が活発に取引されていたとしても、原資産である企業資産の取引はほとんど行われていません。M&Aはその例外ですが、それが頻繁に行われているわけではありません。したがって、こうした場合のデフォルト確率の推定には、異なるモデルを必要とします[11]。資産価値と資産のボラティリティに加えて、資産の期待成長率の3つの未知数を推定するためにはもう1つ方程式を追加し、これまでのモデルでリスクフリーレート r_t だったものを資産の期待成長率 μ_{At} に変更する必要があります。モデルは複雑になりますが、比較的簡単な方法は、(2.37)～(2.39)式の3つの方程式からなるモデルによるものです。

---

[11] 例えば森平（2016）では、Esscher 変換を用いたプットオプション価格モデルによって、リスク回避度や資産の期待成長率に依存したデフォルト確率推定モデルとその推定方法が議論されています。

2.5 株価から信用リスクを推定する

Boness モデル

$$E_t = A_t N(d_{1t}) - D_T e^{-\mu_{At} T} N(d_{2t}) \tag{2.37}$$

ただし、$d_{1t} = \dfrac{\log(A_t/D_T) + (\mu_{At} + \sigma_{At}^2/2)T}{\sigma_{At}\sqrt{T}}, \quad d_{2t} \equiv d_{1t} - \sigma_{At}$

株式ボラティリティ

$$\sigma_{Et} = \Omega_t \sigma_{At}, \quad \text{where } \Omega_t \equiv N(d_{1t})(A_t/E_t) \tag{2.38}$$

株式の期待成長率

$$\log \mu_{Et} - \log r_t = \Omega_t (\log \mu_{At} - \log r_t) \tag{2.39}$$

ブラック＝ショールズモデルに代わり、それ以前に開発された Boness（1964）モデルを株価を説明するモデルとして用いることにします。これは、ブラック＝ショールズモデルで無リスク金利 r を資産の期待成長率 μ_A で置き換えた形になります。また、株式の期待成長率と資産の期待成長率との関係を示す (2.39) 式を 3 番目の式として追加します。

2.5.2 項の推定モデル 1 の説明を参考に、表 2.4 に示したプログラムを加筆修正することによって、モデルの拡張を各自試みてください。必要となる追加事項は次の通りです。

① 過去90日の日次の株価変化率の平均値を計算し、それを250倍することにより年次の期待成長率 μ_{Et} を計算し、追加の外生変数とする。株式時価総額に負債簿価を加えた資産額の実績値 $Asset_t$ の過去90日の平均値を計算し、年率変換したものを μ_{At} の初期値とする。

② (2.37) 式を資産価値 A_t に関して、(2.38) 式を資産ボラティリティ σ_{At} に関して、(2.39) 式を μ_{At} に関して解き、EViews の Model 方程式とする。

データベース

上場企業の倒産データは、東証ホームページの上場廃止企業名から知ることができます。中小企業も含めた倒産企業数については、信用調査機関である商工リサーチの「倒産月報」、日本帝国データバンクの「倒産情報」などから月次データが入手できます。個人の自己破産件数については、最高裁判所が発行する「司法統計（月報、年報）」からそのデータを入手できます。

【参考文献】

森平爽一郎（2009）『信用リスクモデリング：測定と管理』朝倉書店
森平爽一郎（2011）『信用リスクの測定と管理：Excel で学ぶモデリング』中央経済社
森平爽一郎（2016）「リスク回避度と期待を反映したデフォルト確率」『経済系：関東学院大学経済学会研究論集』（森崎初男教授退職記念号）、第269集、19-35頁
森平爽一郎（2017）「信用リスク評価」証券経済学会編『証券辞典』きんざい
Boness, A. J. (1964) "Elements of a Theory of Stock-Option Value," *Journal of Political Economy*, 72(2), pp.163-175.
Cameron, A. C. and P. K. Trivedi（1986）"Econometric Models Based on Count Data: Comparisons and Applications of Some Estimators and Tests," *Journal of Applied Econometrics*, 1(1), pp.29-53.
Cameron, A. C. and P. K. Trivedi（1990）"Regression-Based Tests for Overdispersion in the Poisson Model," *Journal of Econometrics*, 46(3), pp.347-364.
Cameron, A. C. and P. K. Trivedi（2005）*Microeconometrics: Methods and Applications*, Cambridge University Press.
Greene, W. H.（2008）*Econometric Analysis*, 6th ed., Pearson Education.
Maddala, G. S.（2001）*Introduction to Econometrics*, 3rd ed., Wiley.（『マダラ計量経済分析の方法』佐伯親良訳、エコノミスト社、2004年）
Pindyck, R. S. and D. L. Rubinfeld（1998）*Econometric Models and Economic Forecasts*, 4th ed., Irwin-McGraw-Hill.（『計量経済学モデルと予測（上）』金子敬生監訳、吉岡修ほか訳、マグロウヒル出版、1981年）
Wooldridge, J. M.（1997）"Quasi-Likelihood Methods for Count Data," M. H. Pesaran and P. Schmidt eds., *Handbook of Applied Econometrics*, 2：Microeconomics, pp. 321-368, Wiley.
Wooldridge, J. M.（2002）*Econometric Analysis of Cross Section and Panel Data*, MIT Press.

第3章 市場リスク分析

　本章では株価収益率に関するリクス要因を分析する計量モデルについて解説します。個別企業の収益率の変動要因をマーケットのシステマティックな要因と、個別企業の独自の要因に分解するシングルインデックスモデルから話をはじめます。

3.1 シングルインデックスモデル

　ここでは次に示す実際の株価データを利用します。

① アシックス
② グリー
③ 三菱 UFJ FG
④ 東京ガス
⑤ トヨタ自動車

　上記の株価（終値）とマーケットインデックスとして TOPIX の終値を用意します。株価データはアベノミクスのはじまりとされる2013年1月から、マイナス金利政策が導入される前の2015年12月末までを利用しました。個別株と TOPIX の情報は Yahoo!ファイナンスから取得しました。リスクフリーレートは10年物国債の利回りとし、財務省のホームページからダウンロードしました。利回りのデータは1974年9月24日以降の日次データで、半年複利となって

3.1 シングルインデックスモデル

図3.1 New Pageタブ

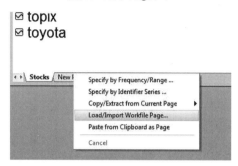

います。本章で利用するファイル名は、話をわかりやすくするために示したもので、実際にサンプルデータとして用意されている訳ではありません。

3.1.1　2つのデータファイルの統合

いま、期間と観測度数が異なる個別株（月次）と国債の利回り（日次）の2つのファイルが手元にあるという状況を考えます。もちろん、あらかじめ Excel を利用して2013年以降の一つのファイルにまとめることもできますが、ここでは EViews を使ってデータを整理する方法を紹介します。

最初に EViews で、> File > Open > Foreign data as workfile として株価データ（月次）をインポートします。インポートの途中で、元データとのリンク保持に関するダイアログを表示しますが、ここではリンクは作成しません。次は利回りのデータ（日次）を EViews に取り込みます。図3.1に示すように、New Page のタブをクリックし、サブメニューから、> Load > Import Workfile Page...を選択します。ファイルの種類を All files (*.*) に変更し、目的のファイルを選択します。

インポートした利回りのデータはパーセント単位（半年複利の利回り）です。対数階差で計算する収益率は年利ですので、次のコマンドを利用して半年複利の利回り m10 を年利に変更します。また、単位は次に作成する株価収益率と一致させておきます。

series m10y = ((1+ m10*0.01/2)^2-1)

78

第3章 市場リスク分析

このようにして作成した日次の利回り m10y のアイコンを、Stocks のページ（月次）にコピー＆ペーストします。これにより EViews は日次データを月次データに変換します。度数変換の詳細については、3.2.1項「直観的な方法によるデータ作成」を参照してください。

3.1.2 シングルインデックスモデルの推定

先の5つの銘柄について、次に示すシングルインデックスモデルを推定して個別銘柄の感応度 β を比べます。

$$R_i(t) = \alpha_i + \beta_i R_M(t) + e_i(t) \tag{3.1}$$

ここで超過リターンは $R_i = r_i - r_f$ であり、$R_M = r_M - r_f$ です。最初に次のコマンドを利用してリターンのシリーズを作成します。

series r1 = dlog(asics)−m10y
series r2 = dlog(gree)−m10y
series r3 = dlog(mufj)−m10y
series r4 = dlog(tgas)−m10y
series r5 = dlog(toyota)−m10y

マーケットインデックスのリターンも同様に作成します。

series rtpx = dlog(topix)−m10y

データの準備ができたら、5つのインデックスモデルを表3.1のプログラムで推定します。

このプログラムを実行すると、図3.2のような表が作成できます。推定値の下に表示しているのはプログラムからも明らかなように t 値です。この期間で α がプラスとなっているのは MUFJ と TOYOTA ですが、有意ではありません。一方、感応度 β を見ると、MUFJ と TOYOTA が1を上回っています。ASICS も1に近い値を示しています。つまり、これらの銘柄はマーケットのシステマティックな要因が変化したときに、収益率が一緒に変化することを示しています。

3.1 シングルインデックスモデル

表3.1 実データによるシングルインデックスモデルの推定

```
1   '03_01_single.prg
2   '事前に株価とインデックスのデータを用意しておくこと
3   table(12, 3) betas
4   betas(2, 1) = "ASICS"
5   betas(4, 1) = "GREE"
6   betas(6, 1) = "MUFJ"
7   betas(8, 1) = "TGAS"
8   betas(10, 1) = "TOYOTA"
9   betas(1, 2) = "ALPHA"
10  betas(1, 3) = "BETA"
11  for !i = 1 to 5
12      %y = "r"+ @str(!i)
13      %eq = "eq0"+ @str(!i)
14      equation {%eq}.ls {%y} c rtpx
15      betas(!i*2, 2)   = {%eq}.@coefs(1)
16      betas(!i*2, 3)   = {%eq}.@coefs(2)
17      betas(!i*2+1, 2) = {%eq}.@tstats(1)
18      betas(!i*2+1, 3) = {%eq}.@tstats(2)
19  next
20  show betas
```

図3.2 プログラム実行後のテーブルオブジェクト

	ALPHA	BETA
ASICS	-0.000274	0.926803
	-0.351238	16.82248
GREE	-0.003596	0.649199
	-3.620029	9.253145
MUFJ	0.000766	1.194776
	1.885427	41.63792
TGAS	-0.001522	0.737564
	-3.491725	23.95777
TOYOTA	0.000245	1.049521
	0.803635	48.79292

3.1.3 EViews Add-ins

いま、プログラムを利用して図3.2の表を作成しましたが、EViewsには簡単に複数の推定式の結果を表にまとめるアドイン（ライブラリプログラム）が用意されています。ここではアドインを利用して推定結果の一覧表を作成します。最初に、目的のアドインファイルをダウンロードします。EViewsのメイ

第3章 市場リスク分析

図3.3 公開されているAdd-insのリスト

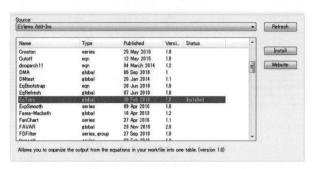

図3.4 複数のアドイン

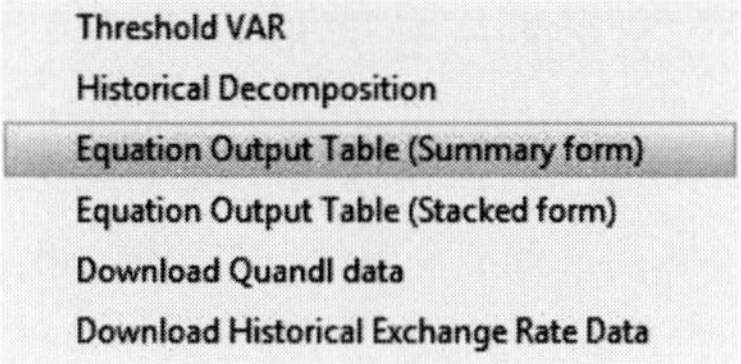

ンメニューで、> Add-ins > Download add-ins... と操作します（図3.3）。

もちろん、ここではPCがインターネットに接続されていることが前提となります。リストからEqTabsという項目を選択し、Installボタンをクリックします。途中で表の形式を選択するダイアログを表示しますが、そこではBothを選択します。インストールが完了したら、OKボタンをクリックしてダイアログボックスを閉じます。

改めてメインメニューでAdd-insを選択すると、インストールしたアドインファイルがメニューに追加登録されていることが確認できます（図3.4）。

早速、Equation Output Table（Summary form）を選択して表を作成してみましょう。最初に表示される推定式を選ぶダイアログに、eq*と入力します。これにより、eq01からeq05までの推定式が表作成の対象になります。ここでは推定値とt値、さらにR^2を表示項目として選択します。EViewsは図3.5に示す表を作成します。Summary formはこのように推定結果を横方向に表示しますが、これを縦方向に並べる場合はStacked formを利用します。

図3.5 アドインで作成した表

Eq Name: Dep. Var:	EQ01 R1	EQ02 R2	EQ03 R3	EQ04 R4	EQ05 R5
C	-0.000274 (0.0008)	-0.003596 (0.0010)**	0.000766 (0.0004)	-0.001522 (0.0004)**	0.000245 (0.0003)
RTPX	0.926803 (0.0551)**	0.649199 (0.0702)**	1.194776 (0.0287)**	0.737564 (0.0308)**	1.049521 (0.0215)**
Observations: R-squared:	732 0.2794	732 0.1050	732 0.7037	732 0.4402	732 0.7653

感応度の大きな EQ03 の MUFJ と EQ05 の TOYOTA を見ると、決定係数が他の銘柄に比較して明らかに大きいことがわかります。

3.2 マルチファクターモデル

シングルインデックスモデルは、収益率の変動がシステマティックな要因（マーケットインデックス）と個別企業独自の要因（撹乱項）によって説明できることを示すモデルです。ここで紹介するマルチファクターモデルでは、システマティックな要因として、企業の収益が影響されるであろうマクロな要因を利用してモデルを構築します。例えば、(3.2)式に示すように、収益率をGDP の成長率や金利の変化率などに回帰させるモデルが考えられます。

$$R_i(t) = \alpha + \beta_1 rgdp(t) + \beta_2 ir(t) + \epsilon(t) \tag{3.2}$$

マクロ要因によって売上に影響がありそうなトヨタ自動車の株価収益率を使って、マルチファクターモデルを推定します。

3.2.1 直観的な方法によるデータの作成

ここで利用する説明変数の観測度数について考えてみると、株価は当月末の終値を利用する月次データであり、説明変数の GDP は四半期データです。10年物国債の利回りは株価と同じく月次です。

次の手順に従って、データの度数を月次に揃えた上でマルチファクターモデルを推定します。ここでは観測度数の異なるデータを一緒に使うために、四半期データの GDP を 3 次スプライン曲線で月次データに変換します。これはき

わめて直観的な対応方法であり、データの確率的変動を無視していることから統計的推論を用いた方法であるとはいえませんが、EViews の機能のバリエーションを紹介するという意図で、あえて紹介します。操作手順は次の通りです。

① Yahoo! ファイナンスから、トヨタ自動車の株価（月次）を取得する。
② 同じワークファイルページに、国債の利回りデータ（月次）を FRED からインポートする。
③ 実質 GDP（四半期）を FRED データベースからインポートする。
④ 実質 GDP の成長率（四半期）を、月次データのページにコピーして度数を変換する。
⑤ 月次データを利用してマルチファクターモデルを推定する。

【Step 1：トヨタ自動車の株価取得】

2000年1月から2016年12月までのトヨタ自動車の株価（月次）データを取得し、それを EViews にインポートします。Excel ファイルを EViews にインポートして開くときは、> File > Open > Foreign Data as Workfile と操作して、目的の Excel ファイルを選択します。ワークファイルページの名前は図3.6に示すように toyota とします。そして次のコマンドで、月次の収益率データ（%）rtyt を作成します。

$$\text{series rtyt} = \text{dlog(toyota)} * 100$$

【Step 2：日本国債の利回りをインポートする】

セントルイス準備銀行（FRED）の運営するデータベースからインターネットを介して自動的にマクロのデータを取り込む2つの方法を紹介します。

〈方法1〉 FRED データベースのシリーズ番号がわかっている場合

ワークファイルウィンドウの Fetch ボタンをクリックして、図3.7に示すダイアログを表示します。

Database Alias or Path の項目に fred、そしてオブジェクトの項目に10年物日本国債の利回りのシリーズ名 IRLTLT01JPM156N と入力します。これは、

3.2 マルチファクターモデル

図3.6 トヨタ自動車の株価（月次）

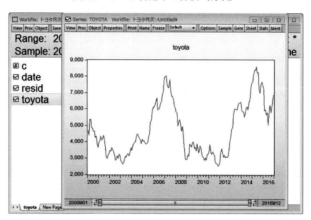

図3.7 FREDデータベースのインポートダイアログ

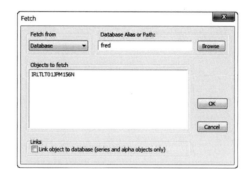

小文字で入力してもかまいません。

　ダイアログの一番下にあるリンクのチェックボックスをチェックしておけば、EViews は随時、インポートしたシリーズを最新の情報に更新します。OK ボタンをクリックし、データをインポートしたらシリーズ名を jp10b に変更します。

　図3.8にあるように、利回りは％単位のデータとなっています。EViews がアクティブなワークファイルページ（toyota）の範囲（Range）にあわせてデータを取り込んだことがわかります。

第3章 市場リスク分析

図3.8 日本国債10年物の利回り

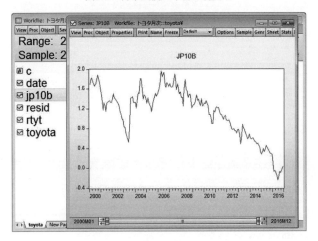

〈方法2〉 EViews の FRED 用 Browse 機能を使ってシリーズを探す

EViews の操作画面でワークファイルを開いているものとします。メインメニューから、> File > Open > Database と操作します。データベースの種類から FRED Database を選択し、OK ボタンをクリックします。EViews はシリーズの検索を行うための Query ダイアログボックスを表示します。ここで Browse または Browse-Append ボタンをクリックします。

図3.9にある All Series Search のフォルダアイコンをクリックします。画面上部にある Search for のテキストボックスにキーワードとして、例えば次のように入力します。

japan bond yield

すると、EViews は検索結果を図3.10のようにダイアログにリスト表示します。目的のシリーズが見つかったら（ここでは画面の一番上）、その項目をコピーし、ワークファイルウィンドウに貼り付けます。これで国債の利回りに関するインポート作業は完了です。

FRED データベースは、セントルイス（ミズーリ州）に本店をもつ、米国連邦準備銀行のひとつであるセントルイス準備銀行（Federal Reserve Bank of

3.2 マルチファクターモデル

図3.9 Queryダイアログ(1)

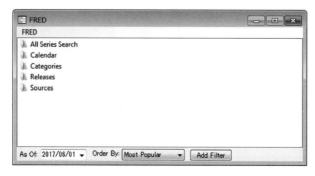

図3.10 Queryダイアログ(2)

St.Louis) が運用しているフリーのデータベースです。世界各国の経済データを簡単に取得できます。直接、FRED データベースを利用する際は名前とメールアドレスを登録する必要があります。同ウェブサイト上でも、もちろんキーワード検索が可能なので、手軽にデータを収集することが可能です。

さて、FRED データベースから無事、利回りのデータを入手できたものとして、Step 3 の解説を行います。

【Step 3：実質 GDP（四半期データ）を FRED データベースからインポートする】

ワークファイルのページの下側にある New Page タブをクリックし、サブメニューから、> Specify by Frequency > Range を選択します。そして観測度数

第3章　市場リスク分析

図3.11　季節調整済みの実質GDP

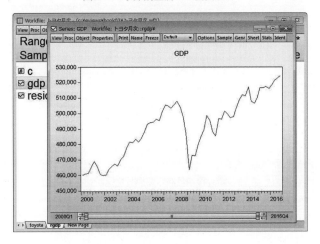

をQuarterlyとし、2000Q1から2016Q4を範囲とする新しいワークファイルページrgdpを作成します。

新しいワークファイルページにあるfetchボタンをクリックし、JPNRGDPEXPというコードを利用して季節調整済みの実質GDPデータをインポートします。インポートしたデータをgdpという名前に変更し、グラフを作成してデータを確認します（図3.11）。

【Step 4：実質GDPのデータを月次データのページにコピーする】

シリーズオブジェクトgdpをtoyotaのページにコピーする前に、度数の変換方法を確認します。gdpのウィンドウを開き、Propertiesボタンをクリックし、図3.12に示すFreq Convertのタブを表示します。

四半期から月次に変換するので、Low to high frequency methodの項目でCubicを選択します。また、第１四半期のデータを月次の３月のデータとしたいので、Matchの項目はLastにします。OKボタンをクリックしてダイアログを閉じたら、成長率のシリーズアイコンgdpをtoyotaのページにコピーし、コピー後のオブジェクトの内容を確認します。月次に変換したGDPの成長率をrgdp（%）として作成します（図3.13）。

3.2 マルチファクターモデル

図3.12 度数変換のダイアログ

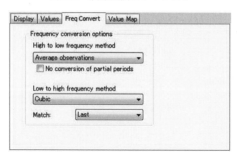

図3.13 月次に変換したGDP

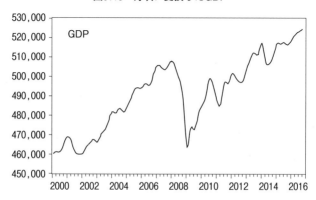

series rgdp = dlog(gdp)*100

金利は2016年2月からマイナスになっていますので、期間を2016年1月までとして、次のコマンドを実行します。

smpl @first 2016m1
series ir = dlog(jp10b)*100
equation eq01.ls rtyt c rgdp ir

マルチファクターモデル EQ01の推定期間は、2000年1月から2016年1月までとします（図3.14）。

図3.14 マルチファクターモデルの推定結果

Variable	Coefficient	Std. Error	t-Statistic	Prob.
C	0.191789	0.503643	0.380804	0.7038
RGDP	1.701205	1.322882	1.285984	0.2000
IR	0.092360	0.039231	2.354229	0.0196

推定期間において、トヨタ自動車の株価収益率に関しては、マクロファクターとしてGDP成長率の感応度が金利成長率のそれに比べかなり大きいようですが、有意ではありません。EQ01の自由度修正済み R^2 を見てみると、わずか0.026で説明力がほとんどありません。一般的にマクロ経済変数を用いて説明力の高いマルチファクターモデルを推定することは難しいとされており、簿価時価比率などを利用するFama and French（1996）などが提案されています。

3.2.2 ローリング回帰

最小二乗法による回帰分析は、推定値はつねに一定で変化しないというのが基本的な考え方です。一般的な重回帰モデルを例に、具体的に考えてみましょう。

$$Y_i = \beta_0 + \beta_1 X_i + \beta_2 Z_i + u_i \tag{3.3}$$

ここに示す3つの回帰係数は、推定期間中を通じて一定であると考えるわけですが、はたしてそれは本当でしょうか。リーマンショックや大震災などの負のショックが発生したときには、短期的な視点で考えるとこれらの推定値は一定ではなく、少なからず変化するように思えます。逆にアベノミクスなどによる一定期間持続性のある政策が発表された場合など、これらの係数は徐々に変化するようなことが考えられます。推定値の頑健性という視点から、ローリング回帰という手法を利用して考察してみましょう。

推定期間は普通、興味のある期間の標本を利用して行いますが、ローリング回帰はそれをやや短くし、回帰分析を実行します。1回の推定が終了したら、時点を n 期移動して回帰を再実行します。この繰り返しの回帰を実行することで、各回の推定値や t 値などを考察し、それらの時系列的な変化を考察しま

3.2 マルチファクターモデル

図3.15 ローリング回帰の設定ダイアログ

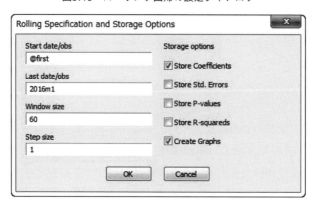

す。全標本の期間中、とくに経済的なショックが発生していなければ、各推定値は全標本を用いて推定したときの95％信頼区間に収まっていると考えられます。

ここでは先ほど推定したマルチファクターモデルを利用して、ローリング回帰を実行してみましょう。都合のよいことに、ローリング回帰はEViews add-insとして用意されています。メインメニューで、＞ Add-ins ＞ Download Add-insと操作し、アドインファイルのRollをインストールします。インストールが完了したら、マルチファクターモデルEQ01で、＞ Proc ＞ Add-ins ＞ Simple Rolling Regressionを選択します。

ローリング回帰の設定方法に決まった設定方法はありません。単純に重回帰分析を行うという視点で考えてください。ここではローリング回帰の実行期間は推定期間に一致させます。そしてウィンドウサイズは5年分として60期間とします（図3.15）。推定期間をスライドさせるステップサイズは1とします。このとき、図3.15の画面右側にある項目にチェックを付けると、数値情報をシリーズオブジェクトとして保存できます。ここではデフォルト設定として各係数のシリーズオブジェクトと、そのグラフを作成します。

ローリング回帰が終了すると、画面上にグラフオブジェクトを表示します。GDPの成長率に関するグラフ（RGDP）を右クリックし、Extract selected graphと操作すると、グラフを単独のグラフオブジェクトとして取り出すこと

図3.16 水平線を追加するダイアログ

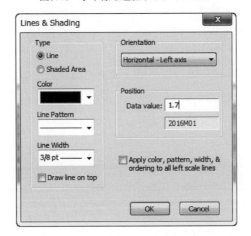

図3.17 GDP成長率の感応度の推移

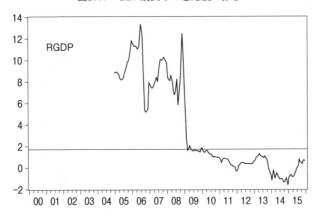

ができます。全推定期間での推定値は1.70でしたので、目的のグラフにこの値を示す水平線を追加します。取り出した RGDP のグラフを右クリックし、Add lines & shading to all graphs を選択します（図3.16）。水平線を追加した時の RGDP のグラフは図3.17のようになります。

　曲線は2004年12月からはじまっていますが、これは１回目の回帰の推定期間の終期を示しています。リーマンショック（2008年9月）までは GDP の成長率に対して、トヨタ自動車の感応度（係数推定値）は通常の回帰分析で求めた

3.2 マルチファクターモデル

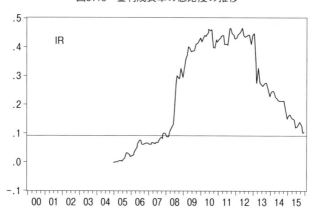

図3.18 金利成長率の感応度の推移

場合より高い値を示していますが、リーマンショック後は全標本を利用したときの推定値を下回る形で推移しています。同じ要領で作成した金利の成長率に関するグラフを図3.18に示します。GDPの成長率とは逆に、利回りの成長率に対する感応度は、全標本を用いたときの推定値を大きく上回っています。

以上のように標本をすべて利用した回帰を行った係数の評価だけでなく、ローリング回帰という手法を用いることで、より詳細に感応度 β の考察を行うことができます。

EViews のアドインにはこのほかに、Advanced rolling regression というコマンドも用意されています。こちらは推定期間を一定に保つのではなく、繰り返し計算の度に推定期間も始期、または、終期を固定して n 期ずつ増やしていくというものです。

ここでは複数あるグラフの一つを画面上で取り出して水平線を追加する、という編集を行いました。しかし、とくに編集する必要はないが、任意のグラフを拡大して表示したいということもあります。group または graph オブジェクトウィンドウで複数のグラフを表示し、Zoom ボタンをクリックすると、任意のグラフをインタラクティブに拡大表示できます。

3.2.3 MIDAS 回帰

観測度数の異なるデータを利用してモデル推定を行う MIDAS（Mixed Data

Sampling）推定という機能を紹介します。マルチファクターモデルの項では説明変数 gdp が四半期（LF：Lower Frequency）データで、残りの変数が月次（HF：Higher Frequency）データでした。直観的な対応策として、LF データにスプライン曲線をフィットさせて月次の架空データを作成しました。

これに対し MIDAS 推定は、LF のデータを利用したモデルの中で、説明変数として HF データを利用するための手法です。この分析手法のメリットは、HF データをわざわざ LF に集約しなくても、データの確率的変動の情報を保ったまま、回帰分析に利用できるところにあります。

観測度数の異なるデータの分析はマクロ経済変数だけでなく、四半期ごとに公開される企業の業績や財務情報と、より観測度数の高いデータを結び付けて解析することを可能にします。また、金融資産の月次収益率を考えた場合でも、より高頻度に観測されるデータをモデルに組み込むことができます。ただし、利用できる変数は弱定常過程であるものとします。

最初に、MIDAS 推定の理論的背景を Ghysels, Santa-Clara and Valkanov (2004) を用いて簡単に説明します。Y_t を年次データ、X_t を四半期データとします。ラグオペレータを用いて MIDAS 回帰モデルを表現すると、

$$Y_t = \beta_0 + B(L)X_t + \epsilon_t$$

となります。$B(L)$ は MIDAS 回帰で利用する特殊なオペレータで、四半期データの個別ラグに対応したパラメータを意味しています。気をつけてほしいのは、年次と四半期の組合せなので、1 対 3 の割合でデータが対応すると考えてしまうのは適切ではありません。その対応関係は実際のデータに依存します。

MIDAS 回帰式においては、変数は連続時間上に存在し、変数によってそのサンプリング周波数が異なると考えます。X_t は四半期データなので、年次データの 4 倍の速度でサンプリングされていることになります。このことを踏まえてモデルを書き直すと(3.4)式のようになります。

$$y_t = \beta_0 + \beta_1 B(L^{1/m}; \theta) x_t^{(m)} + \epsilon_t^{(m)} \tag{3.4}$$

この例では $m = 4$ です。ここで、$B(L^{1/m}; \theta) = \sum_{k=0}^{K} B(k; \theta) L^{k/m}$ です。k はゼロからはじまる整数ですが、後述するようにユーザーが既存の情報から確定

3.2 マルチファクターモデル

表3.2 MIDAS回帰のシミュレーション

```
1   '03_02_midas.prg
2   '月次ワークファイルで実際には観測できない
3   '月次データ X(四半期データとして観測可)を利用して
4   'Y を作成する
5   wfcreate(wf = midas, page = mdata) m 1990 2010
6   rndseed 1234
7   series x = nrnd*2
8   series z = nrnd*3
9   series e = nrnd
10  !b0 = 1
11  !b1 = 1.5
12  !b2 = -0.7
13  series y = !b0+!b1*x +!b2*z + e
14  'Z の係数が -0.71であることを確認する
15  equation eqorg.ls y c x z
16  '四半期のワークファイルページ qdata を作成して
17  'Y と Z をコピーする
18  pagecreate(page = qdata) q 1990 2010
19  copy(c = 1) mdata¥y
20  copy(c = 1) mdata¥z
21  '最初に qdata で単純な OLS を実行する
22  equation ols.ls y c z
23  'Z の推定値は -0.61
24  'MIDAS 推定の実行
25  equation eqmd.midas(lag = auto) y c z @ mdata¥x
```

的に決めることもできますし、モデルのフィットにあわせて EViews に自動決定させることもできます。また、$B(L^{1/m};\theta)$ の部分では、加重計算の方法として、Step Weighting, Almon Weighting, Exponential Almon Weighting, Beta Weighting が提案されており、EViews にもこれらのオプションが用意されています。

　ここでは表3.2に示すシミュレーションプログラムを利用して、MIDAS 回帰の考え方を確認します。加重計算の方法には PDL/Almon を利用します。

　このプログラムを実行すると 3 つの equation オブジェクト eqorg, eqols, eqmd が作成され、これらを比較することによって以下のことが確認できます。

図3.19　MIDAS回帰の実行結果

```
Included observations: 83 after adjustments
Method: PDL/Almon (polynomial degree: 3)
Automatic lag selection, max lags: 4
Chosen selection: 3

   Variable      Coefficient   Std. Error   t-Statistic    Prob.

      C            0.844659     0.113481      7.443146    0.0000
      Z           -0.709574     0.038643    -18.36210     0.0000

              Page: MDATA   Series: X   Lags: 3

    PDL01         4.201446     0.253222     16.59195     0.0000
    PDL02        -3.351631     0.308412    -10.86738     0.0000
    PDL03         0.640921     0.079148      8.097737    0.0000

R-squared             0.931398   Mean dependent var      0.549277
Adjusted R-squared    0.930551   S.D. dependent var      3.607158
S.E. of regression    0.950599   Akaike info crite...    2.832641
Sum squared resid    73.19466    Schwarz criterion       2.978354
Log likelihood     -112.5546     Hannan-Quinn criter.    2.891180
Durbin-Watson stat    2.208922

   MDATA¥X          Lag  Coefficient      Distribution

                     0    1.490736
                     1    0.061867
                     2   -0.085161
```

① MIDAS回帰はLFのOLS回帰よりも正確に設定値を復元できている。
② MIDAS回帰の標準誤差はOLSのそれより小さくなり、有効性に関して優れている。

最後にプログラムを実行した後に作成されるオブジェクトeqmdを利用して、図3.19の推定結果の読み方を説明します。

上部CとZは定数項とZの推定値です。定数項の推定値は設定値の1からやや離れていますが、標準誤差が0.11ですので許容範囲と考えられます。Zの係数は設定値をそのまま復元できています。ここではHFデータ（変数X）の加重計算にAlmon型の多項分布ラグモデル（デフォルトのラグは3）を利用しましたので、その係数がPDL01, PDL02, PDL03として表示されています。

一方、HFのデータをLFに畳み込む（convolution）際に利用するXのラグ項は、EViewsが自動決定するようプログラムでautoのオプションを選択しました。パラメータの推定値は1.491＋0.062－0.085 ＝ 1.468で、ほぼ設定値の1.5に近い値になっています。

3.3 イベント・スタディ分析

ここまでは単純回帰、重回帰分析の推定値を用いてリスクに関する考察を行ってきました。ここからは収益率の残差に着目して、イベントの発生が期待収益に与える影響を考察するイベント・スタディ分析を紹介します。

イベント・スタディ分析の目的は、異常（abnormal）リターンを計測することです。なお、この節における統計的な説明は、キャンベルほか（2003）の第4章に依拠しています。ここでは EViews を用いてどのように異常リターンを推定するか、というポイントに重点を置き、イベント・スタディ分析のフレームワークとそのプログラミング方法を解説します。

イベント・スタディ分析で異常収益を算出するために、2つのモデルの利用が提案されています。

① 固定平均リターンモデル

名目の日次リターンを用いて(3.5)式を推定します。

$$R_{it} = \mu_i + \epsilon_{it} \tag{3.5}$$
$$E(\epsilon_{it}) = 0, \quad Var(\epsilon_{it}) = \sigma_\epsilon^2$$

これは単純に証券 i の名目リターンの平均を求めるものです。

② マーケットモデル

$$R_{it} = \alpha_i + \beta_i R_{Mt} + \epsilon_{it} \tag{3.6}$$
$$E(\epsilon_{it}) = 0, \quad Var(\epsilon_{it}) = \sigma_\epsilon^2$$

マーケットモデルは証券 i の名目リターンをインデックスの（名目）収益率に回帰させた単純回帰モデルです。ここでは個別企業のリターンを考えるときに、マーケットインデックスの変動も考慮したマーケットモデルを利用します。マーケットモデルにおける誤差項 ϵ_{it} は正規分布に従いますが、企業にとって Good/ Bad News が発生した場合、株価の変動により、この誤差項が大きく変化することが考えられます。つまり、ここでは個別企業のパラメータより

も、Good/ Bad News の源泉となるイベントの発生と誤差項の関係を考察することにポイントを置きます。

3.3.1 異常リターンの推定

マーケットモデルを用いた推定の際には、次のフレームワークに沿って分析を行います。

定期的に行われる企業の情報提供の例として、四半期ごとの収益予想の発表があります。一方、不定期に公開される情報として、好ましいものとしては企業の新製品発表などがありますが、逆に収益を圧迫するものとしては不祥事や事故などの報告が考えられます。これらの経済的イベントが収益率に与える影響を考察する道具として、イベント・スタディ分析があります。

情報が収益率に与える「影響」は、マーケットモデルにおける収益率の変化を考察することによって行います。この変化を考察するために、われわれは2つの期間を考えます。

① 推定ウィンドウ

関心のあるイベントを含まない平時のマーケットモデルのパラメータ推定の期間です。イベントウィンドウに先立つ120日間を利用します。この期間を L_1 とします。

② イベントウィンドウ

イベント発生日を含む期間です。イベント発生日を中心に前後20日、合計41日をイベントウィンドウとし、これを L_2 とします。この期間で(3.7)式に示す企業 i の異常リターンを計算します。もちろん、パラメータは推定ウィンドウで推定したものを利用します。

$$\hat{\epsilon}_i \sim N(0, V_i) \tag{3.7}$$

そして、個別証券 i の異常リターンを累積した累積異常リターン $\widehat{CAR}_i$ (cumulative abnormal return) という統計量を考えます。これは、異常リターンのイベントウィンドウ期間内における総和です。

3.3 イベント・スタディ分析

$$\widehat{CAR}_i(t_1, t_2) \equiv \sum_{t=t_1}^{t_2} \hat{\epsilon}_i \tag{3.8}$$

$\widehat{CAR}_i$ の標準偏差を用いて標準化した累積異常リターン $\widehat{SCAR}_i$ を求め、これが自由度 L_1-2 の t 分布に従うことを利用して有意性の検定を行います。$\widehat{SCAR}_i$ の期待値は 0 で分散は $(L_1-2)/(L_1-4)$ です。

$$\widehat{SCAR}_i(t_1, t_2) = \frac{\widehat{CAR}_i(t_1, t_2)}{\hat{\sigma}_i(t_1, t_2)} \tag{3.9}$$

ここで分母の $\hat{\sigma}_i(t_1, t_2)$ は、(3.10)式を用いて計算します。これは、マーケットモデルの回帰における誤差分散の推定量です。

$$\hat{\sigma}_{\epsilon_i}^2 = \frac{1}{L_1-2} \sum_{i=1}^{L_1} \hat{\epsilon}_i^2 \tag{3.10}$$

イベント・スタディ分析の最終計算項目は $\widehat{SCAR}_i$ の仮説検定ですが、その際にイベントウィンドウにおける $\widehat{CAR}_i$ の時間変化もあわせてプロットすると、イベントの影響を視覚的に確認できます。

3.3.2 分析例

実際にアシックスとトヨタ自動車の株価を利用して $\widehat{SCAR}_i$ の仮説検定を行ってみましょう。アシックスのイベントは2015年（平成27年）11月6日に行われた業績予想の修正報告（下方修正）です。一方のトヨタ自動車は、2014年5月8日の決算説明会（売上微増）をイベントとします。

〈手順1〉 ウィンドウの設定

EViews の画面にはアシックスの株価が入っており、ワークファイルは日付対応でセットされているものとします。Unstructured タイプ（日付未対応）ですと、以下の操作は不適切ですので注意してください。コマンドウィンドウに次のように入力し、イベントウィンドウの情報を取得します。

smpl 2015/11/6-20 2015/11/6+20

図3.20 テーブルオブジェクト

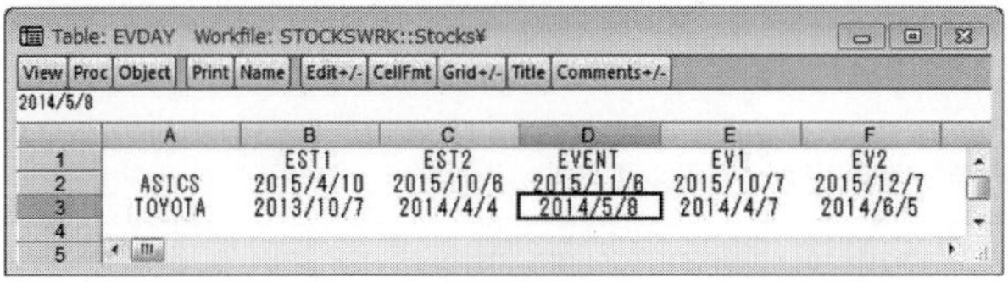

[図3.20: EViewsのテーブルオブジェクトのスクリーンショット。Table: EVDAY、Workfile: STOCKSWRK::Stocks¥。内容は以下の通り:

	A	B EST1	C EST2	D EVENT	E EV1	F EV2
2	ASICS	2015/4/10	2015/10/6	2015/11/6	2015/10/7	2015/12/7
3	TOYOTA	2013/10/7	2014/4/4	2014/5/8	2014/4/7	2014/6/5
]

EViewsのワークファイルウィンドウにあるSampleの項目より、イベントウィンドウの期間が2015年10月7日から2015年12月7日であることがわかります。次に、推定ウィンドウの情報を調べましょう。

smpl 2015/11/6-21-119 2015/11/6-21

推定ウィンドウの期間は2015年4月10日から2015年10月6日です。複数の銘柄についてイベント・スタディ分析を行う場合、日付をあらかじめ調べておくと便利です。調べた日付は、例えば図3.20に示すようにTableオブジェクトを利用してまとめておきます。EST1とEST2は推定ウィンドウ（120日）の始期と終期、EV1とEV2はイベントウィンドウのそれです。

ここでは名目収益率を利用しますので、次のようにしてデータを用意します。

smpl @all
series r11 = dlog(asics)
series r12 = dlog(toyota)
series r20 = dlog(topix)

シリーズオブジェクトの名前をrと連番にしておけば、プログラムで連続的に処理できます。それでは実際に、次に示すプログラムを利用して異常リターンを推定します。

〈手順2〉 個別証券に関するイベント・スタディ分析

図3.20のようにして日次収益率のシリーズとイベント発生の日付情報が入ったテーブルオブジェクトが用意できたら、表3.3に示すプログラムを実行して

3.3 イベント・スタディ分析

表3.3 異常リターンを推定する

```
1    '03_03_evstudy.prg
2    pageselect stocks
3    smpl @all
4    'イベントウィンドウの長さL1
5    !l1 = 41
6    'テーブルオブジェクトにscarとp値の列名を追加
7    evday(1, 7) = "CAR"
8    evday(1, 8) = "SCAR"
9    evday(1, 9) = "p-val"
10   for !j = 2 to 3
11   '推定ウィンドウでのマーケットモデルの推定
12   '銘柄が4つある場合は
13   'for !j = 2 to 5
14   'のようにtoの後ろの数字を変更します
15       %r = "r1"+ @str(!j−1)
16       %est1 = evday(!j, 2)
17       %est2 = evday(!j, 3)
18       %ev1 = evday(!j, 5)
19       %ev2 = evday(!j, 6)
20       smpl {%est1} {%est2}
21       equation temp.ls {%r} c r20
22   'イベントウィンドウでの異常収益arの推定
23       smpl {%ev1} {%ev2}
24       %ar = "ar"+ @str(!j−1)
25       temp.fit(f = na)rftmp
26       series {%ar} = {% r}−rftmp
27   'carの計算
28       % car = "car"+ @str(!j−1)
29       series {%car} = {%ar}
30       smpl {%ev1}+1 {%ev2}
31       {%car} = {% car}(−1)+{%ar}
32   'イベントウィンドウの最後のcarを取得
33       smpl {%ev2} {%ev2}
34       !car = @sum({%car})
35       smpl @all
36   'scarの計算.scarは自由度L1-2のt分布に従う
37   'イベントウィンドウ内での残差の分散
38       !sereg = temp.@se
39       !scar = !car/!sereg
40       !df = !l1-2
41       if !scar >= 0 then
42           !p =(1−@ctdist(!scar, !df))*2
43           else
```

```
44        !p = @ctdist(!scar,!df)*2
45      endif
46      evday(!j,7) = !car
47      evday(!j,8) = !scar
48      evday(!j,9) = !p
49    next
50    show evday
```

図3.21　CARとSCARの計算結果

E	F	G	H	I
EV1	EV2	CAR	SCAR	p-val
2015/10/7	2015/12/7	-0.190038	-10.41763	7.93E-13
2014/4/7	2014/6/5	0.031045	4.365835	9.04E-05

みましょう。

このプログラムを実行すると、シリーズオブジェクトとして累積異常リターン car* と標準化した scar* を作成します。イベントの日付情報が入っている evday は、図3.21のような結果を表示します。

イベントウィンドウの最終日における CAR は、p 値よりどちらも有意であることがわかります。収益予想を下方修正した ASICS の CAR はマイナスであり、若干の販売台数の増加を発表したトヨタ自動車のそれは正の有意な値となっています。

目的の CAR は計算できました。仕上げとして、これらの時系列グラフを作成したいと思います。もちろん、日付対応のワークファイルなので簡単に折れ線グラフを作成できますが、イベント発生を中心にしてその前後で CAR がどのように変化しているか、わかりやすいグラフを作成したいと思います。

【Step 1：新しいワークファイルページの作成】

41個の観測値からなる Unstructured のワークファイルページ car を新たに作成します（ワークファイルに追加します）。

【Step 2：CAR のコピー】

stocks のページに作成した car* のシリーズオブジェクトにおいて、値の入

3.3 イベント・スタディ分析

表3.4 CARを別ページにコピーする

1	'03_04_abreturn.prg
2	'イベントウィンドウの長さL2の設定
3	!l2 = 41
4	'コピーする銘柄数
5	!nst = 2
6	'新しいページに空のシリーズオブジェクトを作成
7	pagecreate(page = car) u !l2
8	for !i = 1 to !nst
9	%car = "car"+ @str(!i)
10	series {%car}
11	'コピーの開始
12	pageselect stocks
13	%ev1 = evday(!i +1, 5)
14	%ev2 = evday(!i +1, 6)
15	for !k = 0 to !l2-1
16	smpl {% ev1}+!k {%ev1}+!k
17	!car = @mean({%car})
18	pageselect car
19	smpl !k +1 !k +1
20	{%car} = !car
21	pageselect stocks
22	next
23	pageselect car
24	next
25	smpl @all
26	'car のグラフ作成
27	group group01 car1 car2
28	show group01.line(m)

っている41日分だけを car ページに貼り付けます。このようにすれば、個別の car* シリーズで行方向に平均をとったり、グラフを作成したりすることができます（表3.4、図3.22）。

図3.22のグラフを使って、ニュースインパクトについて考えてみましょう。図中の縦線は21日目のイベント日を示しています。ASICS の CAR はイベントウィンドウの16、17日までは弱いながらも上昇基調でしたが、イベント日の4日程度前あたりから減少に転じて、イベント当日（下方修正）から翌日にかけて、大きく減少しています。

一方のトヨタ自動車は、決算発表として若干の売上げ増という News でし

図3.22 CARの推移

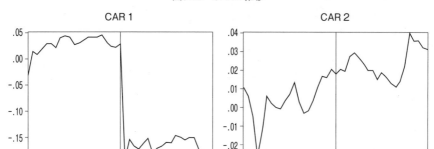

たが、こちらは上下変動はあるものの、上昇トレンドの存在がみてとれ、イベントを挟む1週間程度でCARの動きに大きな変動はありません。

実際の研究では、このCARやSCARによる分析を複数の期間や異なる証券に拡張することが考えられます。例えば本書と同様に、イベントウィンドウに重なりがない場合、業種ごとに異常収益の平均を求めることができます。つまり、各証券の異常収益は独立であると考えることができます。このことは、1つの証券について複数の時点のイベントを考察する場合も同じです。イベントウィンドウに重なりがなければ、単純に個別の $\widehat{CAR_i}$ の平均を求めたり、分散を計算したりすることができます。ただし、統計量の仮説検定については、その検定統計量として2つの統計量 J_1 と J_2 が提案されています。この統計量の選択に関してはキャンベルほか（2003）を参照してください。

3.3.3 状態空間モデルによるイベント・スタディ分析

ここまでのモデル推定は最小二乗法を用いました。この項では、状態空間モデルを用いてイベント・スタディ分析を行う手法を紹介します。

まず、OLSで実行するイベント・スタディとの違いを明確にしておきます。OLSはパラメータが一定したモデルを推定し、異常収益を求めます。一方、状態空間モデルではモデルを推定ウィンドウで推定し、そのとき、作成したカルマンフィルターを利用して、イベントウィンドウにおける収益率の予測値を求めます。ここでは先に利用したアシックスのマーケットモデルを時変パラメ

3.3 イベント・スタディ分析

ータモデルとして推定します。

このときの状態空間モデルは(3.11)式の通りです。

$$\begin{aligned} R_t &= \beta_0 + \alpha_t R_{mt} + \epsilon_t, \quad \epsilon_t \sim N(0, \sigma_1^2) \\ \alpha_{t+1} &= \beta_1 \alpha_t + \eta_t, \quad \eta_t \sim N(0, \sigma_2^2) \end{aligned} \quad (3.11)$$

α_t は状態変数としてのパラメータで、β_0 は値が一定のパラメータです。第1章で推定したローカルレベルモデルとは違って、マーケットインデックスのパラメータが時間とともに変化することを示しています。

表3.5のプログラムでは、状態空間モデルの推定にあたり、パラメータの初期値はOLS推定のそれを利用するというアプローチを採用しました。また、状態変数は（あくまでも）単位根過程にあると仮定して、初期値を1とし、さらに、状態方程式の誤差の分散も1としました。このときの推定結果は図3.23の通りです。

C(1)は定数項でOLSのそれと近い値になっていますが、OLS同様、有意ではありません。C(3)は観測方程式の誤差分散で、回帰の標準誤差の二乗に近い値となっています。C(4)は状態変数が単位根過程にあることを示しており、その誤差分散C(5)は有意ではありません。表の一番下にあるFinal Stateの値は、状態変数の一期先予測の値です。

状態空間モデルの推定では、初期値の選択が非常に重要です。不適切な初期値を設定しまうと、収束計算に失敗したことを示すメッセージを推定結果の上部に表示します。

ここで実際に計算した状態変数の値をグラフ化してみると、図3.24のようになっていることが確認できます。OLSで推定したときのアシックスの推定ウィンドウにおけるパラメータは、EQ06から1.126で一定であることがわかります。しかし、状態空間モデルによる推定では1.06あたりから1.14（Final Stateの値）に近い値まで時間の経過とともに変化していることがわかります。

本書には載せていませんが、状態空間モデルでイベント・スタディ分析を行っても図3.22に示したCARの推移はあまり変わりません。状態空間モデルを利用することは、基本的に状態変数の振る舞い（ここでは時変パラメータの推移）を考察することを意味しています。つまり、研究者が図3.24のような変化

第3章　市場リスク分析

表3.5　時変パラメータモデルによるイベント・スタディ分析

```
1   '03_05_timevar.prg
2   'ASICSとトヨタのイベント・スタディを行ったファイルを利用する
3   'ASICSのマーケットモデルの推定(推定ウィンドウ)
4   %est1 = evday(2, 2)
5   %est2 = evday(2, 3)
6   %ev1 = evday(2, 5)
7   %ev2 = evday(2, 6)
8   '状態空間モデルの初期値としてOLS推定量を利用する
9   smpl |%est1| |%est2|
10  equation eq06.ls r11 c r20
11  c(3) = eq06.@se^2
12  c(4) = 1
13  c(5) = 1
14  '状態空間モデルの推定
15  sspace ssa
16  ssa.append @signal r11 = c(1)+sv1*r20+[var = c(3)]
17  ssa.append @state sv1 = c(4)*sv1(-1)+[var = c(5)]
18  ssa.ml
19  ssa.makestates(t = smooth) *f
20  freeze(graph1) sv1f.line
21  show graph1
22  'イベントウィンドウでの異常収益の計算
23  smpl |%ev1| |%ev2|
24  ssa.forecast(m = s) @signal *f
25  series ar1= r11−r11f
```

図3.23　時変パラメータの推定結果

```
Included observations: 120
Convergence achieved after 96 iterations
Coefficient covariance computed using outer product of gradients
```

	Coefficient	Std. Error	z-Statistic	Prob.
C(1)	0.000135	0.001693	0.079615	0.9365
C(3)	0.000329	3.80E-05	8.659758	0.0000
C(4)	0.999870	0.000259	3860.008	0.0000
C(5)	0.000313	0.001180	0.264820	0.7911

	Final State	Root MSE	z-Statistic	Prob.
SV1	1.140750	0.132551	8.606140	0.0000

を吟味することに興味があるような場合に利用します。一方、OLSによるイベント・スタディ分析はパラメータを一定としてアブノーマルリターンを計算することを主眼とします。

図3.24 時変パラメータの推定

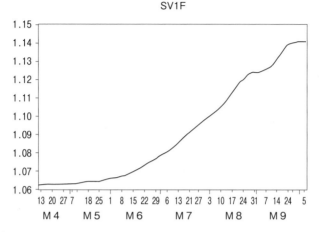

　参考までに、OLS版イベント・スタディのプログラム03_03_evstudy.prgと、グラフ作成プログラム03_04_abreturn.prgを一体化し、状態空間モデルで推定するプログラムを03_05_ssmevent.prgとしてサポートサイトに載せてありますので、両者のプログラムによる違いに興味のある読者はお試しください。

3.4 バリューアットリスク

　ここまでは金融資産の収益率をモデル化し、その変動要因を探るという角度から分析を行ってきました。ここからは、稀にしか起こらない悲劇的なイベントが発生したときに、保有している金融資産に対していったいどのくらいの損失が発生するのか、その最大損失を評価するためのバリューアットリスク（VaR）の推定について解説します。最初にVaRの定義を確認します。

　投資家が時点tにおいてある金融資産のロングポジションを保有しているとします（ショートポジションでも話は同じです）。時間がkだけ経過して原資産の価値が変化しているとき、その変化分を$\Delta V(k)$と記すことにします。この$\Delta V(k)$は損失関数$L(k)$に依存します。そして、$L(k)$の累積分布関数を

$F_k(x)$ とします。このような設定の下で、テール確率 p の VaR は (3.12) 式のように表現できます。

$$p = Pr\,[L(k) \geq \text{VaR}] = 1 - Pr\,[L(k) < \text{VaR}] \tag{3.12}$$

これは、確率 p で損失関数の値が VaR を超えることを示しています。別の言い方をすれば、$1-p$ の確率で損失関数は VaR を超えないと理解することもできます。念のために言えば、ここでは VaR を損失関数の累積分布関数 $F_k(x)$ の上側確率として表現しています。p と同じ意味の q (パーセンタイル) を使って損失関数と確率、そして分位点の関係を (3.13) 式のように示すこともできます。

$$x_q = \inf\{x\,|\,F_k(x) \geq q\} \tag{3.13}$$

x_q は $F_k(x)$ の q 分位点です。inf は $F_k(x) \geq q$ を満たす最小値 (実数) を目的の分位点 x_q とします。問題は、実際の分析において $F_k(x)$ がわからないということです。よって、VaR 分析を行うことは、損失関数の累積分布関数 $F_k(x)$ を推定することにほかなりません。

3.4.1 リターンの標準偏差を利用する VaR

VaR を推定するための代表的な手法として、単純にリターンの標本標準偏差を求めて VaR を計算する方法があります。例えば、リターンの標準偏差を σ、リスクを考える期間 (time horizon) を k 日、テール確率 1 % の場合、

$$\text{VaR } = \text{ポジション} \times 2.326\sqrt{k} \times \sigma \tag{3.14}$$

として計算できます。それでは、ワークファイル stocks.wf1 にあるグリーと三菱 UFJ 銀行の株価収益率を使って、10 日間の VaR をこの方法で求めてみましょう。

表 3.6 のプログラムを実行すると、VaR として GREE で最大 140 万円、MFUJ で最大 99 万円の損失が予想されます。ただし、この手法では収益率が正規分布に従うことを仮定していますが、ヒストグラムを確認すればわかるように、正規分布に比べ平均値の周辺に標本がより多く集まっている様子が見て

3.4 バリューアットリスク

表3.6 簡単なVaRの計算

```
1    '03_06_simplevar.prg
2    stocks.wf1を開いておく
3    smpl @all
4    series rgree = dlog(gree)
5    series rmufj = dlog(mufj)
6    !sig1 = @stdev(rgree)
7    !sig2 = @stdev(rmufj)
8    'time horizonを10日としたときのVaR
9    '1000万円のロングポジションの場合
10   'テール確率は5%とする
11   scalar varg =(10^7)*@sqrt(10)*(1.65*!sig1)
12   scalar varm =(10^7)*@sqrt(10)*(1.65*!sig2)
```

とれるはずです。

3.4.2 RiskMetrics

1995年にJ. P. Morgan社のLongerstaeyとMoreが提案したRiskMetricsは、GARCHモデルに制約をかけたIGARCH（Integrated GARCH）モデルを用いてボラティリティを推定します。IGARCHモデルの定義式を(3.15)式に示します。

$$r_t = \mu + u_t$$
$$u_t = \sigma_t \epsilon_t \qquad (3.15)$$
$$\sigma_t^2 = \alpha \sigma_{t-1}^2 + (1-\alpha) r_{t-1}^2$$

ここで、$\mu = 0$ で $0 < \alpha < 1$ とします。これは(3.16)式のGARCH(1,1)モデルの分散方程式で $\alpha + \beta = 1$ と $\omega = 0$ という制約を利用した形になっています。GARCHモデルではボラティリティの自己相関係数は $\alpha + \beta$ の速度で減衰しますが、ここでは自己相関係数は減衰することはありません。ある時点で与えられたショックが減衰せずに、持続することを示しています。

このIGARCHモデルで1期先予測のボラティリティを求め、1日先や10日先のVaRを求めます。(3.15)式で撹乱項 ϵ_t は正規分布に従うものと仮定して以下の操作を行います。

第3章 市場リスク分析

図3.25 IGARCHモデルの推定

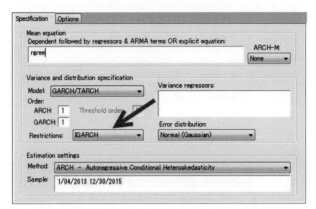

図3.26 IGARCHモデルの推定結果

GARCH = C(1)*RESID(-1)^2 + (1 - C(1))*GARCH(-1)

Variable	Coefficient	Std. Error	z-Statistic	Prob.
Variance Equation				
RESID(-1)^2	0.013438	0.001180	11.38684	0.0000
GARCH(-1)	0.986562	0.001180	835.9796	0.0000

R-squared	-0.002006	Mean dependent var		-0.001195
Adjusted R-squared	-0.000637	S.D. dependent var		0.026690
S.E. of regression	0.026698	Akaike info crite...		-4.463363
Sum squared resid	0.521773	Schwarz criterion		-4.457084
Log likelihood	1634.591	Hannan-Quinn criter.		-4.460941
Durbin-Watson stat	1.951359			

【Step 1：IGARCH モデルの推定】

EViews で、> Quick > Estimate Equation...と操作して、図3.25のダイアログを表示します。

変数名には GREE の収益率のシリーズ名 rgree を入力し、Restrictions の項目では IGARCH を選択して OK ボタンをクリックします。EViews は図3.26 の推定結果を表示します。

推定結果の上部を見ると、分散方程式に制約条件がかかっており、0.013438 ＋0.986562 ＝ 1 であることがわかります。推定式オブジェクトの名前は eqrm とします。

図3.27　期間の拡張

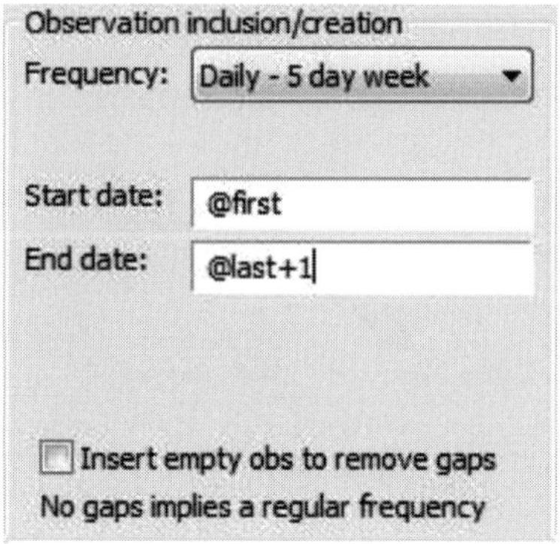

【Step 2：ワークファイルの拡張】

　eqrm で Forecast ボタンをクリックして、ボラティリティの１期先のスタティック予測を求めます。そのためには、ワークファイル自体を１日拡張しておく必要があります。データは2013年12月30日まで入っています。よって、ワークファイルの Range という文字の部分をダブルクリックして Workfile structure ダイアログを表示し（図3.27）、End date の情報を @last +1として OK ボタンをクリックします。これにより翌日のデータを格納できるようワークファイルが拡張されます。

【Step 3：ボラティリティのスタティック予測】

　Step 1で推定した IGARCH モデルの１期先予測を行います。eqrm で Forecast ボタンをクリックして図3.28のダイアログを表示します。収益率の予測値には rgree_f、ボラティリティは sigrm とします。日付は目的の12月31日だけに変更し、画面左下の実現値を代入するオプションのチェックは外します。さらに、画面右側にある Method の項目では Static を選択して OK ボタンをクリックします。

【Step 4：VaR の計算】

　VaR の計算に必要な情報はそろいましたので、表3.7のコマンドを利用して GREE の VaR を求めます。この結果、GREE の VaR(10)は105万円、MUFJ

図3.28 スタティック予測

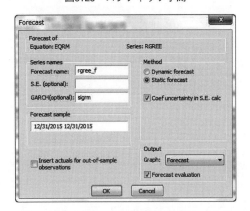

表3.7 RiskMetricsの方法によるVaRの推定

1	'03_07_rm.prg
2	'sigrm が1つしか入っていないことに注意して
3	'@meam コマンドで平均として値を取得する
4	smpl @all
5	!sig2 = @mean(sigrm)
6	'time horizon を10日としたときの VaR
7	'1000万円のロングポジションの場合
8	'テール確率は5％とする
9	scalar vargrm = (10^7)*@sqrt(10)*(1.65*@sqrt(!sig2))

のそれは81万円となり、単純に分位点を利用した方法に比べ、かなり小さくなっています。

3.4.3 GARCH モデルの利用

最後に一般的な GARCH モデルを利用したときの VaR の推定例を紹介します。まず GARCH モデルの定義を確認します。

$$
\begin{aligned}
r_t &= \mu + u_t \\
u_t &= \sigma_t \epsilon_t \\
\sigma_t^2 &= \omega + \alpha u_{t-1}^2 + \beta \sigma_{t-1}^2
\end{aligned}
\tag{3.16}
$$

3.4 バリューアットリスク

これは GARCH(1, 1) モデルと呼ばれるものです。r_t は株価から求める日次の収益率です。ここで、$\omega > 0,\ \alpha \geq 0,\ \beta \geq 0$ であり、さらに $\alpha + \beta < 1$ とします。誤差項 ϵ_t の分布としては正規分布や、やや裾の厚い t 分布を利用します。

ここで投資家はロングポジションの資産1,000万円を保有しているものとして話をはじめます。取引は売却からはじまりますので、収益率を次のように変換しておきます。

$$\text{series rt} = -\text{rgree}$$

【Step 1：GARCH(1, 1) モデルの推定】

GARCH モデルの当てはまりをよくするという文脈で、平均方程式で収益率の二次のラグを利用します。

$$r_t = \mu + \varphi r_{t-2} + u_t$$
$$u_t = \sigma_t \epsilon_t$$
$$\sigma_t^2 = \omega + \alpha u_{t-1}^2 + \beta \sigma_{t-1}^2$$

また、誤差項 ϵ_t の分布としては正規分布に比べ裾の厚い t 分布を選択します（図3.29）。

推定結果は図3.30のようになります。実際の場面では GARCH モデルの推定後、残差に関する診断など推定結果に対する丁寧な考察が必要になりますが、ここでは割愛します。推定したオブジェクトには eqrt という名前を付けます。誤差項に t 分布を利用したので、Eviews は推定結果の中央に t 分布の自由度に関する情報（T-DIST.DOF）を表示しています。

【Step 2：ワークファイルの拡張】

IGARCH の項では10日の time horizon でも 1 日分の予測値しか利用しませんでしたが、ここでは10日分の収益率とボラティリティの予測値が必要になります。したがって、ワークファイルを IGARCH の Step 2 と同じ方法で10日分拡張します。

【Step 3：収益率とボラティリティの予測】

このステップは IGARCH モデルのそれと比べて大きく異なる部分です。こ

図3.29 GARCH(1, 1)モデルの推定ダイアログ

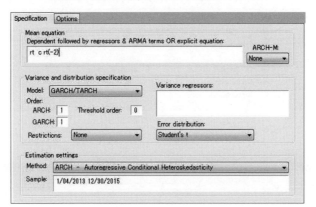

図3.30 GARCH(1, 1)モデルの推定結果

```
Variable         Coefficient   Std. Error    z-Statistic    Prob.

C                0.002174      0.000715      3.039592       0.0024
RT(-2)          -0.079125      0.034785     -2.274659       0.0229

                    Variance Equation

C                0.000208      7.60E-05      2.733453       0.0063
RESID(-1)^2      0.304289      0.108138      2.813892       0.0049
GARCH(-1)        0.523611      0.119384      4.385922       0.0000

T-DIST. DOF      3.094922      0.442190      6.999076       0.0000

R-squared            0.004084    Mean dependent var     0.001232
Adjusted R-squared   0.002716    S.D. dependent var     0.026682
S.E. of regression   0.026646    Akaike info crite...  -4.690971
Sum squared resid    0.516896    Schwarz criterion     -4.653220
Log likelihood       1718.204    Hannan-Quinn criter.  -4.676406
Durbin-Watson stat   1.941516
```

こから先の計算方法を解説するために、time horizon を k 日としたときの収益率の条件付き期待値の定義を(3.17)式のように示しておきます。

$$\hat{r}_h[k] = r_h(1) + \cdots + r_h(k) \tag{3.17}$$

h は現在時点のことで、ここでは2015年12月30日です。10日間継続的に取引を行うことを考えて VaR を計算します。一方の条件付き分散 $\hat{\sigma}_t^2(k)$ はやや式が複雑になりますので、計算式は割愛します。

EViews の予測機能を使って、まずは $\hat{r}_h(k)$ と $\hat{\sigma}_t^2(k)$ を求めます。収益率の予

3.4 バリューアットリスク

図3.31 条件付き平均と条件付き分散の計算

測値には rt_f、分散には sig2g という名前を付け、予測の手法は Dynamic forecast にします（図3.31）。

【Step 4：VaR の計算】

撹乱項に t 分布を利用しているので、VaR の計算方法が若干異なりますので注意しましょう。

正規分布に従う小標本を使って仮説検定を行う際に、われわれは t 分布を利用して仮説検定を行います。しかし、ここでは撹乱項は正規分布ではなく t 分布に従うと考えましたので、仮説検定には標準化 t 分布というものを利用することになります。

自由度 v の t 分布における分位点と、標準化 t^* 分布の関係は(3.18)式のようになっています。

$$p = Pr(t_v \leq q) = Pr\left(\frac{t_v}{\sqrt{v/(v-2)}} \leq \frac{q}{\sqrt{v/(v-2)}}\right)$$
$$= Pr\left[t_v^* \leq \frac{q}{\sqrt{v/(v-2)}}\right] \quad (3.18)$$

ここで自由度については $v > 2$ となっています。$q/\sqrt{v/(v-2)}$ は t 分布の p パーセンタイルに対応する標準化 t 分布の分位点です。結局、1日という time

表3.8 　GARCHモデルを利用したVaRの推定

```
1   '03_08_garch_rv.prg
2   'グリーの株価収益率を利用した GARCH モデルを eqrt とする
3   smpl @last－9 @last
4   '計算済みの予測値を利用する
5   !mu = @sum(rt_f)
6   smpl @last @last
7   !sig2 = @mean(sig2g)
8   smpl @all
9   'テール確率 p
10  !p = 0.05
11  '自由度の取得
12  !df = eqrt.@coefs(6)
13  '収益率の10期先予測の95パーセンタイル点
14  !t = @qtdist(1－!p, !df)
15  '10期先の VaR
16  !var = !mu +!t*@sqrt(!sig2)/@sqrt(!df/(!df－2))
17  show(10^7)*!var
```

horizon の場合、上側のテール確率 p に相当する $(1-p)$ 分位点は (3.19) 式を用いて求めます。

$$\hat{r}_t(1) + \frac{t_v(1-p)\hat{\sigma}_t(1)}{\sqrt{v/(v-2)}} \qquad (3.19)$$

もちろん、$t_v(1-p)$ は自由度 v の t 分布における $(1-p)$ 分位点です。そして、このときの自由度は推定結果の画面に T-DIST.DOF として与えられています。

表3.8のプログラムを実行すると、10日の VaR は67万円程度であることがわかります。

VaR を計算するにあたっては、ボラティリティをどのようにモデル化するかによって VaR の値が大きく変わることがわかりました。GREE についてはボラティリティが一定であるという仮定からはじまって、日々変動するという考え方を採用することによって140万円から105万円、そして67万円となりました。シンプルな方法で VaR を推定するほど、リスクを過大評価している可能性のあることが考えられます。

【参考文献】

キャンベル, J. Y.・A. W. ロー・A. C. マッキンレー（2003）『ファイナンスのための計量分析』祝迫得夫ほか訳、共立出版

ダービン, J.・S. J. クープマン（2004）『状態空間モデルリングによる時系列分析入門』和合肇・松田安昌訳、CAP出版

ボディー, Z・A. ケイン・A. マーカス（2010）『インベストメント　上・下（第8版）』平木多賀人ほか訳、日本経済新聞出版社

渡部敏明（2000）『ボラティリティ変動モデル（シリーズ現代金融工学）』朝倉書店

Dubcovsky, G. and F. Venegas-Martínez (2003) "The Kalman Filter in the Event-Study Methodology," *Revista Mexicana de Economía y Finanzas*, 2(1), pp.81-93.

Fama, E. and K. R. French (1996) "Multifactor Explanations of Asset Pricing Anomalies," *Journal of Finance*, 51(1), pp.55-84.

Ghysels, E., P. Santa-Clara and R. Valkanov (2004) "The MIDAS Touch: Mixed Data Sampling Regression Models," UCLA: Finance.

Ghysels, E., A. Sinko and R. Valkanov (2007) "MIDAS Regressions:Further Results and New Directions," *Economic Reviews*, 26(1), pp.53-90.

Tsay, R. S. (2010) *Analysis of Financial Time Series*, 3rd ed., John Wiley & Sons.

第4章 確率微分方程式とブラック=ショールズモデル

4.1 はじめに

　アセットプライシング（資産価格決定）理論は、ファイナンス理論の中核をなす重要な理論です。アセットプライシング理論では、株や債券といった金融資産に限らず、土地や不動産、保険や年金といった資産の価格がいくらで ある・べきかも検討します。株や債券の価格についての理論とそれに対応した数式モデルを作ることができれば、①モデルから計算した理論価格を基準にして、実際の価格が割安なのか割高なのかを判定でき、②株価変動リスクを測定し、それをコントロールでき、③価格決定モデルと実際の価格を用いて、例えば、将来の価格変動（ボラティリティ）の大きさ、投資家のリスク回避度、将来の株価の分布といった一般には観測できないものを推定でき、④理論をもとにして新しい金融商品を設計でき、⑤価格決定モデルが正しいかどうかの実証研究など、さまざまなことを行えます。

　第3章では、上の②を、第6章では⑤を議論しています。本章では、資産価格決定理論の中の「オプション価格理論」、とりわけ有名な「ブラック=ショールズモデル」を中心に③について検討します。第5章ではブラック=ショールズモデルがどのように応用できるか、つまり上の④の具体例を検討します。

　以下では、ブラック=ショールズモデルについて、その基礎となる確率微分方程式についてEViewsに基づくモンテカルロ・シミュレーションによってそ

の直観的な解説を行い、さらにブラック＝ショールズモデルがどのようにして計算できるのかを考えてみます。

4.2 確率差分方程式から確率微分方程式へ

4.2.1 確率差分方程式（Stochastic Difference Equation）

　確率微分方程式というと、きわめて難しいように思えますが、高校の数学で習った等差数列と等比数列、そして大学の統計学の授業で習う単回帰分析がわかれば、その直観的な理解はそれほど難しくありません。

　いま、$t=0$、つまり現在時点で100万円（$S_0 = 100$）もっているとします。これを金融用語では元本や元金と呼びます。これを年あたり金利 1 ％（$r=0.01$）で、銀行に 1 年間お金を預けるとしましょう。 1 年後に戻ってくる金額 S_1 は、①預けたお金100万円と、② 利息 ＝ 金利(r)×元金(S_0) ＝ 0.01×100 ＝ 1 万円の合計で、101万円です。このことを式で書くと(4.1)式のようになります。

$$S_1 = S_0 + rS_0 \tag{4.1}$$

この式を水準でなく、変化分 $\Delta S_1 \equiv S_1 - S_0$ で表現すると(4.2)式のようになります[1]。

$$\Delta S_1 = rS_0 \tag{4.2}$$

1 年後に戻ってきたお金をさらにもう 1 年預けると、 2 年後に戻ってくるお金 S_2 は、

$$S_2 = S_1 + rS_1 \quad \rightarrow \quad \Delta S_2 = rS_1 \tag{4.3}$$

と表現できます。いま、時間 t の刻みは年単位であったので、時間増分は $\Delta t = 2-1 = 1$ でしたが、(4.1)式と(4.2)式を一般化して表現すると、

---

[1] Δ は増分であることを表しています。

$$\Delta S_{t+\Delta t} = rS_t \Delta t \tag{4.4}$$

と書くことができます。時間の進行が半年単位であれば $\Delta t = 1/2$、月単位であれば $\Delta t = 1/12$ となります。2や12が時間刻み数 (N) を表しています。

ここまで資産価格 S について、銀行預金や国債投資のように元利払いに不確実性がない場合を考えました。では、株式投資のように不確実性がある場合はどう考えたらよいでしょうか？

(4.4)式の右辺の第2項に、不確実性を表す項 $\sigma S_t\sqrt{\Delta t}\,\tilde{\varepsilon}_t$ を付け加えると

$$\Delta \tilde{S}_{t+\Delta t} = rS_t \Delta t + \sigma S_t\sqrt{\Delta t}\,\tilde{\varepsilon}_t \tag{4.5}$$

となります[2]。ここで右辺第2項の $\tilde{\varepsilon}_t$ は平均が0、分散（標準偏差）が1の標準正規分布に従う確率変数であり、不確実性の基本単位を示しています。この項にかかる $\sigma S_t\sqrt{\Delta t}$ によって、右辺の株価の確率的な性質（分布）がどのようになるかが決まります。両辺を現在の株価水準で割ると、(4.5)式は、

$$\underbrace{\frac{\Delta \tilde{S}_{t+\Delta t}}{S_t}}_{\text{株価の変化率}} = \underbrace{r\Delta t}_{\text{傾向}} + \underbrace{\sigma\sqrt{\Delta t}\,\tilde{\varepsilon}_t}_{\text{変動性}} \tag{4.6}$$

と表すことができます。左辺は株価でなく株価の変化率（投資収益率）を表しています。この式の右辺の2つの項が何を意味しているか考えてみましょう。

右辺第1項 ($r\Delta t$)：(4.6)式の両辺の期待値をとってみましょう。

$$\begin{aligned} E\left(\frac{\Delta \tilde{S}_{t+\Delta t}}{S_t}\right) &= E(r\Delta t) + E(\sigma\sqrt{\Delta t}\,\tilde{\varepsilon}_t) = r\Delta t + \sigma\sqrt{\Delta t}\cdot E(\tilde{\varepsilon}_t) \\ &= r\Delta t + 0 = r\Delta t \end{aligned} \tag{4.7}$$

r は、銀行預金の場合では金利を表していました。株の場合では、株式投資収益率の平均的な変化、いわゆる傾向（ドリフト）項を表します。収益率は年率 r％で増加 ($r > 0$)、あるいは減少 ($r < 0$) していくことになります。

右辺第2項 ($\sigma\sqrt{\Delta t}\,\tilde{\varepsilon}_t$)：(4.6)式の両辺の分散を計算すると、

---

2) 変数の上の ~（チルダ）は、それが確率変数であることを表しています。

$$Var\left(\frac{\Delta \tilde{S}_{t+\Delta t}}{S_t}\right) = Var(r\Delta t) + Var(\sigma\sqrt{\Delta t}\tilde{\varepsilon}_t) = 0 + \sigma^2 \Delta t \cdot Var(\tilde{\varepsilon}_t)$$
$$= 0 + \sigma^2 \Delta t \cdot 1 = \sigma^2 \Delta t \tag{4.8}$$

となります。したがって収益率の標準偏差(ボラティリティ)は $\sqrt{\sigma^2 \Delta t} = \sigma\sqrt{\Delta t}$ となります。時間刻みが年単位のときのボラティリティは σ であり、時間刻み数 N が小さくなればボラティリティは $\sqrt{\sigma^2 \cdot (1/N)} = \sigma\sqrt{1/N} = \sigma/\sqrt{N}$ になることがわかります。N が大きくなると時間刻み幅が小さくなり、単位時間あたりの収益率のボラティリティは小さくなります。ボラティリティの変化は時間刻み $1/N$ に比例するのでなく $1/\sqrt{N}$ に比例していることが重要です。いずれにせよ、この結果から σ^2 は株式投資収益率の(年率($\Delta t = 1$)での)分散を、σ はボラティリティを表していることがわかりました。

4.2.2 確率微分方程式(SDE:Stochastic Differential Equation)

(4.5)式あるいは(4.6)式で時間刻み Δt を限りなくゼロに近づけたときの表現を考えてみましょう。言い換えると、時間刻みをゼロの一歩手前まで小さくします。「もう一歩時間刻みを小さくすると、ゼロとみなしてよいところまで小さくする」というのが背後にある直観的な考え方です。そのときの時間刻みを dt とし、そのときの株価変化を $\Delta S_{t+\Delta t} \to dS_t$ としましょう。そうすると(4.5)式は

$$d\tilde{S}_t = rS_t dt + \sigma S_t d\widetilde{W}_t, \quad d\widetilde{W}_t = \sqrt{dt}\tilde{\varepsilon}_t, \quad \tilde{\varepsilon}_t \sim N(0,1) \tag{4.9}$$

と書くことができます。右辺第2項の $d\widetilde{W}_t$ は増分ウィナー過程とよばれていますが、それは $d\widetilde{W}_t = \sqrt{dt}\tilde{\varepsilon}_t \approx \sqrt{\Delta t}\tilde{\varepsilon}_t$ と表現できます。$\tilde{\varepsilon}_t$ は離散時間の場合と同様、平均0、分散1の正規分布に従う確率変数です。

4.2.3 その他の確率微分方程式

ファイナンスや経済学でよく使われる確率微分方程式と、それに対応する確率差分方程式を表4.1に示しました。

モデル①は、CEV(Constant Elasticity of Volatility)モデルと呼ばれ、ボラ

表4.1　よく使われる確率微分方程式と、それに対応する確率差分方程式

番号	確率微分方程式	確率差分方程式	参考
①	$d\widetilde{S}_t = \mu S_t dt + \sigma S_t^\gamma d\widetilde{W}_t$	$\Delta \widetilde{S}_t = \mu S_t \Delta t + \sigma S_t^\gamma \Delta \widetilde{W}_t$	$\gamma \geq 0$
②	$d\widetilde{S}_t = \mu S_t dt + \sigma S_t d\widetilde{W}_t$	$\Delta \widetilde{S}_t = \mu S_t \Delta t + \sigma S_t \Delta \widetilde{W}_t$	$\gamma = 1$
③	$d\widetilde{S}_t = \mu S_t dt + \sigma \sqrt{S_t} d\widetilde{W}_t$	$\Delta \widetilde{S}_t = \mu S_t \Delta t + \sigma \sqrt{S_t} \Delta \widetilde{W}_t$	$\gamma = 1/2$
④	$d\widetilde{S}_t = \mu dt + \sigma d\widetilde{W}_t$	$\Delta \widetilde{S}_t = \mu \Delta t + \sigma \Delta \widetilde{W}_t$	$\gamma = 0$
⑤	$d\widetilde{S}_t = a(\mu - S_t)dt + \sigma d\widetilde{W}_t$	$\Delta \widetilde{S}_t = a(\mu - S_t)\Delta t + \sigma \Delta \widetilde{W}_t$	平均回帰、Vasicek(1977)
⑥	$d \ln \widetilde{S}_t = a(\mu - \ln S_t)dt + \sigma d\widetilde{W}_t$	$\Delta \ln \widetilde{S}_t = a(\mu - \ln S_t)\Delta t + \sigma \Delta \widetilde{W}_t$	平均回帰、Ross(1997)

注）$\Delta \widetilde{W}_t = \sqrt{\Delta t} \tilde{\varepsilon}_t \approx d\widetilde{W}_t = \sqrt{dt} \tilde{\varepsilon}_t$ は増分ウィナー過程、$\tilde{\varepsilon}_t$ は標準正規分布に従う確率変数、Δt は時間刻み（$\Delta t = 1$ は1年刻み、$\Delta t = 3/12 = 1/4$ は四半期刻み、$\Delta t = 1/12$ は1カ月刻み、$\Delta t = 1/250$ は1日刻み）を意味します。

ティリティが現在時点の資産価格のγ乗S_t^γに比例すると考えます。CEVモデルで$\gamma = 1$のとき（モデル②）が(4.5)式、あるいは(4.9)式に相当します。この場合、資産価格は対数正規分布に従い、資産価格は必ず正の値をとることになります。CEVモデルで$\gamma = 1/2$のとき（モデル③）は、資産価格は非心カイ二乗分布に従うことが知られています。この式は短期金利の確率変動を表すためにCox, Ingersoll and Ross（1985）によって提唱され、名前の頭文字をとってCIRモデルと呼ばれています。$\gamma = 0$の場合（モデル④）、資産価格は正規分布に従います。このモデルで$\mu = 0$の場合のモデルが、Bachelier（1900）によって最初のオプション価格決定モデルの導出のために用いられました。資産価格が正規分布に従うことは資産価格が負になることを意味するため、その後ファイナンスや経済学では用いられてきませんでしたが、最近このモデルを再考する動きがあります。

モデル⑤の確率微分方程式は、資産価格や金利の平均回帰傾向を表すために用いられています。資産価格はその長期平均μに向かって、強さ（速さ）aで回帰する傾向をもちます。コモディティ（農産物、石油、貴金属などの商品）価格は、無限に大きくなる可能性は小さく、また金利や物価などは中央銀行や財務省などの政策当局が目標水準を設定するため、こうしたモデルによって商品価格や金利水準の変動を表現します。ただしこのモデルは正規分布に従うため、価格が負になる可能性があります。そのため、モデル⑥のような対数価格

4.2 確率差分方程式から確率微分方程式へ

が平均回帰するようにして、資産価格が負にならない平均回帰モデルも考えられています。

4.2.4 EViews による対数正規分布に従う株価のモンテカルロ・シミュレーション

確率微分方程式を EViews で数値的に解くことを考えてみましょう。表4.1 のモデル①の確率微分方程式に対応する確率差分方程式において、資産価格を変化分 $\Delta \tilde{S}_t = \tilde{S}_{t+\Delta t} - S_t$ でなく、その水準 $\tilde{S}_{t+\Delta t} = S_t + \Delta \tilde{S}_t$ で表すと(4.10)式のようになります。

$$\tilde{S}_{t+\Delta t} = S_t + \mu S_t \Delta t + \sigma S_t^\gamma \sqrt{\Delta t}\, \tilde{\varepsilon}_t \tag{4.10}$$

この式に基づいて、次のようにしてこの確率差分方程式を逐次的に解きます。

【Step 1】

資産の期待変化率 μ、資産変化率のボラティリティ σ、弾力性 γ、時間刻み Δt についてその具体的な値を与えます。また、シミュレーション期間 $1/\Delta t \times T$(年数)、シミュレーション回数 N を与えます。

【Step 2】

資産価格の初期値 S_0 を与えます。

【Step 3】

毎期異なる標準正規乱数 $\tilde{\varepsilon}_{\Delta t}$ を与え、(4.10)式に基づいて資産価格のパス(経路)を発生させます。最初の3期間を示すと次のようになります。

$$
\begin{array}{rll}
1\Delta t: & \tilde{S}_{1\Delta t} \leftarrow & S_0 + \mu S_0 \Delta t + \sigma S_0^\gamma \sqrt{\Delta t}\, \tilde{\varepsilon}_0 \\
2\Delta t: & \tilde{S}_{2\Delta t} \leftarrow & S_{1\Delta t} + \mu S_{1\Delta t} \Delta t + \sigma S_{1\Delta t}^\gamma \sqrt{\Delta t}\, \tilde{\varepsilon}_{1\Delta t} \\
3\Delta t: & \tilde{S}_{3\Delta t} \leftarrow & S_{2\Delta t} + \mu S_{2\Delta t} \Delta t + \sigma S_{2\Delta t}^\gamma \sqrt{\Delta t}\, \tilde{\varepsilon}_{2\Delta t} \\
& \vdots &
\end{array}
$$

この計算を $t = 1/\Delta t \times T$ 期まで繰り返します。

【Step 4】

Step 2 と Step 3 をあらかじめ決めたシミュレーション回数 N だけ繰り返します。

【Step 5】

N 本の資産価格の経路（パス）の時系列グラフ、満期（最終時点）$1/\Delta t \times T$ の資産価格のヒストグラムを描きます。

表4.2に上記の EViews プログラムを示しています。以下で、表4.2の１列目に示した行番号に従ってどのような計算が行われているのかを説明しましょう。

１行目では、montesim と名付けた EViews ワークフィル（workfile）を利用することを示しています。このワークファイルは、データの最大の長さが1,000の、unstructual な系列からなるワークファイルです。３行目で、シミュレーション回数 N = !norun = 10,000 回とし、４行目では、時間刻みの数（時間刻み数）を $1/\Delta t \times T = 1/(1/12) \times 10 = 12 \times 10 = 120$ としています。

５行目では、資産価格の初期値 S_0 = S0 = 100 円を与えています。６行目から12行目で、利用するパラメータ（scalar）の具体的な値を与えています。μ = mu = 0.02 = 2％、σ = singma = 0.2 = 20％、T = T = 10 年、時間刻みを $\Delta t = 1/12$ として月次データであることを示しています。弾力性 γ = gamma = 1 とし、表4.1のモデル②に対応させています。つまり、資産価格は対数正規分布に従うことを仮定しています。13行目は $\sqrt{\Delta t}$ を計算し、それを定数としています。平方根の計算は毎期計算すると計算時間を要するため、それを定数として計算負荷を減らすようにしています。

14行目は、シミュレーション結果を格納する行列を matrix コマンドで定義しています。行列 result は時間刻み数（この場合120）×シミュレーション回数（この場合10,000回）の次元を持ちます。つまり、行列の各列が毎回のシミュレーション結果を与えています。行列の最後の行はオプション満期の資産価格を示しています。

15行目では、vector コマンドで長さが時間刻み数120の作業用のベクトル tempvector を定義しています。

17行目から25行目までの For ループは、上の Step 2 から Step 4 までに示

4.2 確率差分方程式から確率微分方程式へ

表4.2 モンテカルロ法による資産価格パスの発生とオプション価格の計算

1	workfile montesim_SDE u 10000	ワークフィルを定義
2	'初期値の設定	
3	!norun = 10000	シミュレーション回数
4	!time = 120	満期までの時点120カ月
5	scalar S0 = 100	資産価格の時点ゼロの初期値
6	scalar mu = 0.02	年あたり期待収益率
7	scalar sigma = 0.2	年あたり収益率のボラティリティ
8	scalar K = 100	行使価格
9	scalar T = 10	満期までの年数
10	scalar r = 0.02	リスクフリーレート
11	scalar dt = 1/12	時間刻み
12	scalar gamma = 1	ガンマ（CEV係数）
13	scalar sqrtdt = @sqrt(dt)	$\sqrt{dt}$
14	matrix(!time, !norun) result = 0	シミュレーション結果を格納する行列
15	vector(!time) tempvector = 0	作業用ベクトル
16	'モンテカルロ・シミュレーション	
17	for !j = 1 to !norun	シミュレーションの繰り返し回数
18	smpl 1 1	
19	series S = S0	資産価格の初期値を設定
20	smpl 2 !time	時点2から満期時点までの繰り返しを指定
21	series S = S(-1)+mu*S(-1)*dt+ sigma*S(-1)^gamma*sqrtdt*nrnd	確率差分方程式の数値解を求める
22	smpl 1 !time	
23	stom(S, tempvector)	資産価格系列データをベクトルに変換
24	colplace(result,tempvector, !j)	列ベクトルを結果行列に格納
25	next	
26	'価格経路と満期の価格分布を描く	
27	result.line	結果の線グラフを描く
28	smpl 1 !norun	
29	series terminal_value = 0	満期の損益系列値を初期化
30	rowvector workvector = @rowextract(result,!time)	結果行列resultの最後の行を作業行ベクトルに代入する
31	mtos(workvector, terminal_value)	作業ベクトルを系列データに変換
32	terminal_value.hist	満期時点の原資産価格のヒストグラムを描く
33	'コールオプション価値の計算	
34	series C_T = @recode(terminal_value>K, terminal_value-K, NA)	オプションの満期損益 $\mathrm{Max}[S_T-K, 0]$ を計算、ゼロになるデータをNA（欠損値）とする
35	C_T.hist	満期損益のヒストグラムを描く
36	scalar C_0 = exp(-r*T)*@mean(C_T)	コールオプションの現在価値を計算

第4章　確率微分方程式とブラック=ショールズモデル

図4.1　モンテカルロ法による10,000回の資産価格パス

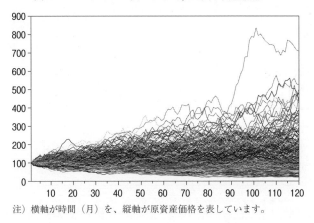

注）横軸が時間（月）を、縦軸が原資産価格を表しています。

された計算を実行するためのものです。23行目は計算された資産価格です。系列 S をベクトル tempvector に変換するために、系列を行列（列ベクトル）に変化するための stom（series to matrix）コマンドを用いています。列ベクトルに変換された n 回目のモンテカルロ・シミュレーション結果（資産価格）を、colplace（column place）コマンドで結果を示す行列 result としています。こうした操作は、系列属性をもつデータと行列属性をもつデータを同時に処理することができないことを回避するために行います。

27行目で、シミュレーション回数に対応する N 本の資産価格系列を N 本の多重線グラフとしてプロットします。28行目から32行目は、結果行列 result の最後の行（120行目）に格納された満期の資産価格 S_T のヒストグラムを描くためのものです。やや面倒なプログラムになっているのは、結果行列 result の最後の行を行ベクトルとして取り出し（30行目）、それを行列から系列データに変換（31行目）して、系列属性をもつデータのヒストグラムを描くコマンド hist（32行目）を利用するためです。

図4.1に資産価格の経路計算結果（result.line）を示しています。10,000回のシミュレーションを行っているので、10,000本のパスを描いています。資産価格の分布に対数正規分布を仮定しているので価格は負になりませんが、飛び抜けて高い価格が発生する場合、つまりバブルの発生もあることもわかります。

図4.2　10,000個の満期（120カ月後）の資産価格のヒストグラム

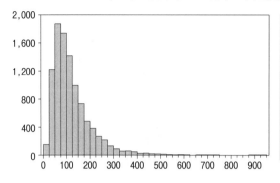

図4.2に、図4.1の一番右側（120カ月後）の資産価格のみを取り出し、それをヒストグラムにしたものと、さまざまな記述統計表を示してあります。対数正規分布を仮定したので、分布は右に歪んでいる（skewness ＝ 2.1814）ことがわかります。

4.3 オプション価格の計算

4.3.1　オプションとは？

　オプション[3]価格とは、オプション契約の価値に他なりません。オプション契約では、①契約の対象になる物やサービス（原資産）を、②決められた期限に（あるいは期限までに）、③前もって決めた価格（行使価格）で、④買い取る（コール）、あるいは売る（プット）ことができます。この「権利」を、オプション契約の「売り」を行った人から、オプション契約の「買い」を行った人に与えます。この②において、「決められた期限に」とある場合をヨーロピアン・オプションと呼び、「決められた期限までに」とある場合をアメリカン・オプションと呼びます。

　オプションは「権利」に関する契約で、「義務」に関するものではありませ

3）オプション契約の考え方とオプション価格決定モデルに関する直観的な説明については、森平（2007）の第3章を参照してください。

表4.3 東日本大震災の前日と週明けのオプション価格と、それに影響する要因

	オプションのタイプ	日経平均オプション価格	日経平均株価指数価格 S	行使価格 K	満期までの年数 T	金利 r	インプライド・ボラティリティ σ
2011年3月10日(木)	コール：C	270円	10,434円	10,500円	0.252055	0.001925	0.179
	プット：P	635円	10,434円	10,500円	0.252055	0.001925	0.210
2011年3月14日(月)	コール：C	12円	9,620円	10,500円	0.241096	0.002000	0.199
	プット：P	1,140円	9,620円	10,500円	0.241096	0.002000	0.307

注）最後の列のボラティリティは、ブラック＝ショールズモデルの左辺に実際のオプション価格を与え、逆算したボラティリティです。

ん。オプション契約の「買い」を行った人にとっては、契約内容が自分にとって有利なときに限りオプション契約を実行すればよいのです。例えば、小学校と中学校での勉強は「義務」であって「権利」ではありません。勉強の好き嫌いにかかわらず、小学校と中学校には行かなければなりません。一方、高校や大学への進学は権利です。一定の能力や経済力（これらは行使価格にあたります）のある人は、大学で勉強する「権利」をもっています。「先物」や「先渡し」契約は義務であるのに対し、オプション契約は「権利」であることを認識することが重要です。

　日経平均オプションを例にとって考えてみましょう。表4.3は2011年3月10日木曜日（東日本大震災の前日）と3月14日月曜日のオプション価格、およびそれに影響する5つの要因（変数）の値を示しています。ここで示したオプションは、すべて行使価格（K）が10,500円、満期日が2011年6月10日金曜日のものです。満期までの日数も1日違いで、金利もほとんど同じです。異なっているのは、オプション契約の対象になる日経平均株価指数の価格が6月10日（木曜日）には10,434円であったのが、翌週月曜日には9,620円と、814円も暴落したことだけです。

　行使価格10,500円のコールオプションを2011日3月10日の終値（午後3時）270円で1株買ったことは、オプション満期日である3カ月後の6月10日の日経平均株価指数がいくらであっても、それを1株10,500円で買う「権利」をもっていることを意味します。3カ月後に日経平均が10,500円以上、例えば

11,000円になった場合、それを（行使価格である）安い値段10,500円で、このオプションの売手から無理やり買い取る、つまり「押し買い（強奪）」できることになります。逆にオプション満期日の日経平均が10,500円以下になれば、買う権利を放棄すればよいのです。このとき、損失はこのオプションの最初の購入費用（価格）270円に限定されます。このコールオプションは週明け月曜日には12円に暴落しています。このことは、東日本大震災とそれに伴う福島第一原発事故により、3カ月後の日経平均が値下がりするだろうという市場の期待を反映しています。

このようにオプション価格を分析することにより、市場参加者が原資産、この場合は将来の日経平均に関してどのような期待や予想をもっているかがわかります。

これに対し、プットオプションを買った投資家は10,500円の行使価格で、3カ月後に日経平均1株を、プットオプションを売った人に「押し売り」する「権利」をもっていることになります。プットオプションの価格は震災直前には635円であったのが、週明け月曜日には2倍近くの1,140円に急激な値上がりをしています。つまり、プットオプションの買いを行った投資家は、値下がりリスクに対する保険をもっていることになります。保険会社は株の値下がりリスクに対する「保険」を販売してはいませんが、オプション市場はプットオプションという「値下がり保険」を提供していることになります。

4.3.2　オプション価格の計算

資産価格は、その資産がもたらす将来の損益の期待現在価値として求めることができます。わかりやすく言えば、資産の現在時点のあるべき価格は次のようにして決めることができるでしょう。

人は、株や不動産、保険といった資産をもっていたときに、それが将来いくらになるのか、あるいは同じことですが、いくら得をし、損をするのかを考えます。その平均的な値を現在時点の価値に割り引いたものが、現在時点の資産価格になるはずです。オプションを購入した人にとっての将来の利益は、将来の原資産価格 S_t が行使価格 K を上回った場合ですので、その平均的な値の現在時点の価値 C_0 を(4.11)式のような式で表現します。

$$C_0 = e^{-rT}E_0(\max[\tilde{S}_T - K, 0]) = e^{-rT}\int_K^\infty (s-K)f_{S_T}(s)ds \quad (4.11)$$

この式は一見すると難しいように思えますが、その意味するところは簡単です。$\max[x,y]$ は x と y の大きいほうをとることを示す演算子です。例えば $\max[5-4,0] = \max[1,0] = 1$ です。つまり、$\max[S_T-K, 0]$ によってオプション満期時点の株価 S_T が行使価格 K を上回ったときの利益を計算しています。満期時点の株価は現在時点 ($t=0$) からみて不確実ですので、①満期の利益 S_T-K に満期の株価が S_T 円である確率 $f_{S_T}(s)$ を掛けて、②S_T-K が利益を生むときだけの期待値（平均値）を計算します。積分を計算することが平均値の計算にあたります。積分の下限を行使価格 K にしているのは、オプションが権利であることを反映したものです。コールオプションを保有していたときの平均的な利益が計算できたので、その平均値を $\exp\{-rT\} \approx 1/(1+r)^T$ で割り引いて、コールオプションの現在時点の価値 C_0 としています。

閉じた解（closed solution）

(4.11)式は、将来株価の分布が複雑でない場合には閉じた解、つまり式の右辺の値がわかれば左辺の値であるコールオプション価値 C_0 を計算できるようになります。その最も有名なものが、4.4節で説明するブラック＝ショールズモデルです。

EViews を用いたブラック＝ショールズモデルの計算方法は4.4節で説明しますが、それに先立って、オプション価格の数値解法の一つであるモンテカルロ法を EViews でどう実装するか説明することにしましょう。

モンテカルロ法による数値解（numerical solution）

図4.2に示したように、オプション満期時点（120カ月、10年後）の資産価格を求めました。行使価格 $K = 100$ 円のコールオプションをもっている投資家は、この図で資産価格が100円以上（$\max[S_T-K, 0] = \max[S_{120}-100, 0]$）になったとき、そのときの資産価格 S_{120} から行使価格 $K = 100$ 円を差し引いた金額が利益になります。この値である $\max[S_{120}-100, 0]$ のヒストグラムが図4.3に示されています。分布の平均はこの図の右側に示されているように77.64

4.3 オプション価格の計算

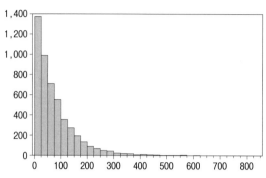

図4.3 $\max[\tilde{S}_T - K, 0] = \max[\tilde{S}_{120} - 100, 0]$ のヒストグラム

円で、100円以上の満期資産価格は10,000回のシミュレーションのうちで4,945回、おおよそ半分弱であったことがわかります。

図4.3から現在のオプション価値は

$$C_0 = e^{-rT} E_0(\max[\tilde{S}_T - K, 0]) = e^{-0.02 \times 10} \times 77.64 = 63.57 \text{ (円)} \quad (4.12)$$

になることがわかります。

EViews プログラムによる計算

以上の計算は、表4.2で説明しなかった部分で行うことができます。表4.2の8行目では、行使価格を $K = 100$ 円とし、10行目で無リスク金利を $r = 0.02 = 2(\%)$ と与えています。34行目から36行目で、コールオプション価値を計算しています。34行目では $\max[S_T - K, 0] = \max[S_{120} - 100, 0]$ の計算を行っています。EViews における max と min 関数はこれに対応していませんので、Excel の IF 関数によく似ている @recode 関数を用いて $\max[S_{120} - 100, 0]$ の計算を行っています。@recode(terminal_value > K, terminal_value−K, NA) は、もし満期の資産価値 $S_{120} =$ terminal_value が行使価格 K 円以上であれば、$\tilde{S}_{120} - 100 =$ terminal_value$-K$ 円をコールオプションの満期損益とし、そうでないときには欠損値 NA としています。このようにした理由は、利益が出たときに限ってその平均を36行目における @mean 関数によって計算するためです。36行目ではそうして計算したコールオプションからの平均利益を

exp($-r^*T$) によって現在価値に引き戻し、現在のオプション価値を計算しています。

4.4 ブラック＝ショールズモデル

4.4.1 ブラック＝ショールズモデルとは？

ブラック＝ショールズモデル（Black and Scholes 1973）とはオプション価格に関する(4.13)式〜(4.15)式のような閉じた解を意味します。

〈ブラック＝ショールズ式〉

コールオプション価値 $\quad C_0 = S_0 N(d_1) - K e^{-rT} N(d_2)$ (4.13)

プットオプション価値 $\quad P_0 = -S_0 N(-d_1) + K e^{-rT} N(-d_2)$ (4.14)

ただし、$d_1 \equiv (1/\sigma\sqrt{T})(\ln(S_0/K) + (r+\sigma^2/2)T),\ d_2 \equiv d_1 - \sigma\sqrt{T}$ (4.15)

ここで、C_0 は現在（$t=0$）時点のコールオプション価格（日経平均コールオプション価格）、S_0 は現在（$t=0$）時点の原資産価格（日経平均株価指数値）、K は権利行使価格、T はオプション契約の満期日までの年単位で測った期間、r は年あたりリスクフリーレート（無リスク金利）、σ は原資産の投資収益率の標準偏差（ボラティリティ）を示しています。また、d_1 の計算式右辺 $\ln(\cdot)$ は、カッコ内の自然対数を計算することを意味しています。$N(d_1)$ は平均 0、分散 1 の標準正規分布に従う確率変数が d_1 以下である確率（分布関数）を表しています。つまり、$N(d_1) = Pr(X \leq d_1)$ です。

4.4.2 ブラック＝ショールズモデルの直観的な理解

(4.13)式の右辺は、経済的な意味も単位も異なる 5 つの変数から構成され、さらにそれらの変数が、指数関数 $e^{(\cdot)}$ や対数関数 $\ln(\cdot)$、平方根 $\sqrt{}$、それに標準正規分布の分布関数 $N(\cdot)$ などによって変換されているため、一見すると理解が非常に難しいように思われますが、その直観的な理解はそれほど難しいものではありません。以下ではその直観的な解釈を示すことにしましょう。

4.4 ブラック=ショールズモデル

オプションは危険資産 S と安全資産 K で合成できる

オプションはデリバティブ（派生資産）です。(4.13)式の右辺は、①S_0 円の危険資産（例えば株）を $N(d_1)$ 単位買い（右辺第1項にはプラス記号が付いていると考えます）、②いまから T 年後に K 円を確実に払ってくれる割引債（その現在時点の理論価格は Ke^{-rT} 円です）を $N(d_2)$ 単位売った（発行してそれだけのお金を得た、第2項の前にはマイナス記号が付いています）、ことを意味しています。言い換えれば、コールオプションの価値はそうした危険資産（株）の買いと、安全資産の売りから構成されるポートフォリオの価値に等しいことを意味しています。

オプションは派生証券と言われます。なぜならば、それは危険資産と安全資産の組み合わせから成り立っている（derive）からです。したがってオプションの価値も、危険資産と安全資産の価値を合計したものになります。マクドナルドで売られているチーズバーガーの価値は、①パン1個と、②ハンバーグ1個と、③チーズ1切れ、④ピクルス少々の価値の合計であるはずです。言い換えれば、チーズバーガーの価値はパン、ハンバーグ、チーズ、ピクルスのポートフォリオであり、その価値はそれぞれの価値の合計だということと、ブラック=ショールズモデルの意味は変わりありません。

$N(d_1)$ と $N(d_2)$ の意味

(4.13)式で示されるコールオプション価格を原資産価格 S_0 で偏微分する、つまり原資産価格が少し増加（減少）したときにコールオプション価格がどのくらい増加（減少）するかは $N(d_1)$ で示されます。$N(d_1)$ は、オプション価格の変動リスクをヘッジするためにどのくらい原資産の売買が必要になるかを示すヘッジ比率でもあります。

$N(d_2)$ は（あたかもリスク中立的であるかのように振る舞う）投資家が考えている、いまから T 年後の原資産価格 S_T が K 円を上回るリスク中立「確率」を表しています[4]。つまり、

4）(4.16)式と(4.17)式の証明については、本書のサポートサイトを参照してください。

$$Pr^Q(S_T > K) = N(d_2) \tag{4.16}$$

です。言い換えれば、K 円を下回るリスク中立「確率」、つまりリスク中立値下がり確率は、

$$Pr^Q(S_T \leq K) = 1 - N(d_2) = N(-d_2) \tag{4.17}$$

となります。

その他、ブラック＝ショールズのオプション公式から言えることはさまざまありますが、ここでは、次に示す EViews によるブラック＝ショールズ式の計算から得られる結果を理解するのに必要なことだけに限定します。

4.4.3 ブラック＝ショールズモデルの計算：
グラフィカルユーザーインターフェースの利用

EViews を用いたブラック＝ショールズモデルの計算はそれほど難しくありません。表4.4が EViews によるブラック＝ショールズモデルの計算プログラムです。やや長いプログラムですが、重要な計算は18行目から23行目までの6行で行われています。2行目から16行目までは、グラフィカルユーザーインターフェースによる5つの入力データを得るための部分であり、24行目から51行目までは入力結果とそれに基づく計算結果を表（テーブル）形式で示すための操作を示しています[5]。

このプログラムを実行すると、図4.4のようなウィンドウが出現します。「現在の原資産価格の値を入力しなさい」（Enter current Underlying Asset Price: S_0）とあるので、$S_0 = $ S0 $= 100$ 円を入力します。同様のウィンドウが残りの4つの変数について現れるので、行使価格 $K = 100$、満期までの年数 $T = 1$、リスクフリーレート $r = 0.03$、原資産収益率のボラティリティ $\sigma = $ sigma $= 0.2$ をそれぞれ入力します。

この結果、ブラック＝ショールズ式によるコールとプットのオプション価格

---

5) 表4.4における入力部分と出力（表作成）部分の詳細に関しては、それぞれ EViews コマンド・レファレンス（日本語版）第6章の6.10節「ユーザー定義ダイアログ」と第3章「テーブル操作」を参照してください。

4.4 ブラック＝ショールズモデル

表4.4 ブラック＝ショールズモデルの計算

```
1   workfile 01_BSmodel u 10000
2   'ユーザーに入力を促す
3   @uiedit(%input, "Enter current Underlying Asset Price:S_0")
4   scalar s0 = @val(%input)
5   @uiedit(%input, "Enter Excercise Price:K")
6   scalar K = @val(%input)
7   %input = ""
8   @uiedit(%input, "Enter Maturity in year:T")
9   scalar T = @val(%input)
10  %input = ""
11  @uiedit(%input,"Enter the Risk Free Rate in decimal:r")
12  scalar r = @val(%input)
13  %input = ""
14  @uiedit(%input,"Enter Volatility in decimal:sigma")
15  scalar sigma = @val(%input)
16  scalar work = sqr(T)
17  'ブラック＝ショールズ式を計算
18  scalar d1 = (log(S0/K)+(r+sigma^2/2)*T)/(sigma*sqr(T))
19  scalar Nd1 = @cnorm(d1)
20  scalar d2 = d1-sigma*sqr(T)
21  scalar Nd2 = @cnorm(d2)
22  scalar C0 = S0*@cnorm(d1)-K*@exp(-r*T)*@cnorm(d2)
23  scalar P0 = K*@exp(-r*T)*@cnorm(-d2)-S0*@cnorm(-d1)
24  '入力結果と計算結果をテーブルtabBSに書き込む
25  table(9,2)tabBS
26  setcell(tabBS, 1, 1, "S")
27  setcell(tabBS, 1, 2, S0)
28  setcell(tabBS, 2, 1, "K")
29  setcell(tabBS, 2, 2, K)
30  setcell(tabBS, 3, 1, "T")
31  setcell(tabBS, 3, 2, T)
32  setcell(tabBS, 4, 1, "r")
33  setcell(tabBS, 4, 2, r)
34  setcell(tabBS, 5, 1, "sigma")
35  setcell(tabBS, 5, 2, sigma)
36  setline(tabBS, 6)
37  setcell(tabBS, 7, 1, "d1")
38  setcell(tabBS, 7, 2, d1)
39  setcell(tabBS, 8, 1, "N(d1)")
40  setcell(tabBS, 8, 2, Nd1)
41  setcell(tabBS, 9, 1, "d2")
42  setcell(tabBS, 9, 2, d2)
43  setcell(tabBS, 10, 1, "N(d2)")
```

```
44    setcell(tabBS, 10, 2, Nd2)
45    setline(tabBS, 11)
46    setcell(tabBS, 12, 1, "Call")
47    setcell(tabBS, 12, 2, C0)
48    setcell(tabBS, 13, 1, "Put")
49    setcell(tabBS, 13, 2, P0)
50    'テーブルをセーブする
51    show tabBS
```

図4.4 現在の資産価格を入力するダイアログ

の計算が行われ、図4.5の EViews のテーブルが現れます。表の1行目から5行目が入力データの確認のための出力であり、12行目にコールオプション価格が、13行目にプットオプション価格が計算されています。また、コールオプション価格の計算式である(4.13)式の右辺の $N(d_1)$ と $N(d_2)$ の計算結果が別途、8行目と10行目に示されています。

したがって、①コールオプションは現在100円している危険資産（株式）を $N(d_1)=0.5987$ 単位だけ買い、現在 $K \cdot \exp\{-r_F T\} = 100 \cdot \exp\{-0.03 \times 1\} = 97.05$ 円している安全資産（割引債）を $N(d_2)=0.52$ 単位売ったときの差額に等しいと言えます。また、②ヘッジ比率 $N(d_1)$ は0.6で、③現在100円している危険資産が $T=1$ 年に100円を上回るリスク中立確率 $N(d_2)$ は約52％、言い換えれば下回る確率は約48％である、ということが計算結果から言えます。

4.4.4 インプライド・ボラティリティの計算：サブルーチンの利用

インプライド・ボラティリティ（IV）とは

資産価格モデルの一つの役割は、それをもとに市場では観察できない未知の変数やパラメータの値を推定できることでした。ブラック＝ショールズモデルは6つの変数（オプション価格 C_0、原資産価格 S_0、残存期間 T、行使価格

4.4 ブラック=ショールズモデル

図4.5 コールとプットのオプション価格の計算結果

	A	B
1	S	100.0000
2	K	100.0000
3	T	1.000000
4	r	0.030000
5	sigma	0.200000
6		
7	d1	0.250000
8	N(d1)	0.598706
9	d2	0.050000
10	N(d2)	0.519939
11		
12	Call	9.413403
13	Put	6.457957

K、無リスク金利 r、資産収益率のボラティリティ σ）から成り立っています。通常は、ブラック=ショールズモデルを用いて、右辺の5つの変数（原資産価格、残存期間、行使価格、無リスク金利、資産収益率のボラティリティ）の値を与えたときの左辺のオプションの理論価格 C_0 を計算します。しかし、右辺の変数の中でわかっていないものは、資産収益率のボラティリティ σ だけです。この変数に対しては、過去の資産収益率データから計算した標準偏差を用いるのが普通です。しかし、オプションの売買にかかわる投資家にとっては、過去の標準偏差（HV：ヒストリカル・ボラティリティ）は一つの情報ですが、それがすべてではありません。例えばヨーロピアン・コールオプションの買い（売り）ポジションをとる投資家にとっては、オプション満期の原資産が行使価格以上になれば利益が得られ、行使価格以下になれば何も得られません。その意味で、オプション投資においては、オプション満期、すなわち過去でなく、将来における原資産収益率のボラティリティが重要な役割を果たしています。言い換えれば、オプションの「市場」価格は将来のボラティリティを

図4.6 オプション価格 C とボラティリティ σ との関係

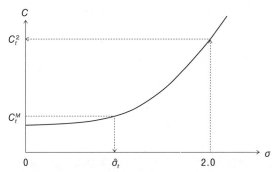

注) オプション公式におけるその他の変数は一定としたときの、ボラティリティ（横軸）とオプション価格（縦軸）との関係を表しています。

考慮して決まっているはずです。

したがってブラック＝ショールズ式の左辺にオプションの市場価格 C_0^M を代入し、多くの場合、その値がよくわかっている原資産価格、残存期間、行使価格、無リスク金利の値を右辺に代入すれば、未知の変数である「原資産収益率の将来ボラティリティ」を推定できます。これをオプション市場価格（と特定のオプション価格モデル）が意味するインプライド・ボラティリティ（IV: Implied Volatilit）と呼びます。

インプライド・ボラティリティの数値計算は簡単ではありません。なぜならば、ブラック＝ショールズモデルを例にとれば、ボラティリティに関して「閉じた解」(closed form solution) ではないので、数値計算に特別な配慮が必要になります。具体的には非線形方程式の根を求める問題になります。EViewsではそのためのニュートン法コマンドがありますが、ここではその特別な場合である「挟み撃ち法」について説明し、どのようにしてインプライド・ボラティリティを計算できるか示すことにしましょう。

インプライド・ボラティリティの計算

ブラック＝ショールズモデルにおいて、ボラティリティとオプション価格との間の関係は、図4.6に示すような単調増加関数（右上がりの曲線）で示すこ

4.4 ブラック＝ショールズモデル

とができます。これは、コールオプション、プットオプション、あるいはヨーロピアン・オプション、アメリカン・オプションでも成立する重要な性質です。つまり、原資産の収益率のボラティリティが増加（減少）すれば、オプション価格は必ず「単調」に増加（減少）します。

ブラック＝ショールズモデルでオプション価格 C_0 を求める場合は、図4.6の横軸の特定のボラティリティの値（σ）を与え、この右上がりの曲線が示す縦軸のオプションの理論価格を求めます。これに対し、インプライド・ボラティリティの計算にあたっては、逆に、縦軸で示される特定のオプションの市場価格 C_0^M が意味する横軸のボラティリティの値 $\hat{\sigma}_t$ を求めます。

「挟み撃ち法」によるインプライド・ボラティリティ $\hat{\sigma}_t$ の推定は、次のようにして行います。

【Step 1】
まず、初期値を与えます。①ボラティリティの上限（High）と下限（Low）の初期値、後に示す表4.6では High = 2, Low = 0 を与えます。②オプションの「市場」価格 C_0^M を与えます。③上限と下限の最小値 Diff = High−Low の値、例えば Diff = 0.00001 を決めます。

【Step 2】
上限ボラティリティと下限ボラティリティの平均ボラティリティ（(High+Low)/2）を計算します。

【Step 3】
図4.6から、平均ボラティリティ（横軸）に対応するオプションの「理論」価格（縦軸）を計算します。

【Step 4】
ここで、もし縦軸のオプションの理論価格がその市場価格より大きければ、ボラティリティの推定値（平均ボラティリティ）が大きすぎるので、上限ボラティリティを平均ボラティリティで置き換えます。逆に、オプションの理論価格が市場価格より小さければ、下限ボラティリティを平均ボラティリティで置き換えます。

第4章 確率微分方程式とブラック＝ショールズモデル

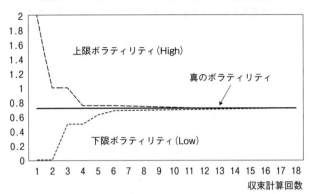

図4.7 インプライド・ボラティリティの収束過程

【Step 5】
　上限ボラティリティと下限ボラティリティの差 Diff があらかじめ決めた一定値より小さくなるまで、上の Step 2 から Step 4 までを繰り返します。
　このようにして計算されたインプライド・ボラティリティの収束過程が、図4.7に示されています。

インプライド・ボラティリティ推定の実際例：日経225オプションからの計算
　上で示したようなアルゴリズム（計算方法）によって、実際の原資産価格とオプション価格を用いたインプライド・ボラティリティを推定し、そこから何が言えるかを議論しましょう。用いたデータは、2011年1月4日から6月30日までの、①原資産価格として日経225指数、②オプション価格として、同じ時期の、行使価格が10,000円、2011年6月満期の日経225株価指数コールとプットオプション価格、③リスクフリーレートとして日本国債の1年物利回りを用いました。
　ただし、実際の日経平均225株価指数を構成する225銘柄の株式はかなりの配当を支払っています。(4.13)式と(4.14)式で示したブラック＝ショールズモデルは、原資産が配当を支払わない場合のオプション価格式であったので、原資産の配当利回り q を含む(4.18)式、(4.19)式の、より一般的なモデルを用いる必要があります。なお、ここで配当利回り q は連続的な配当金額を原資産価格で割ったものとして定義されています。

4.4 ブラック=ショールズモデル

表4.5 原資産が配当を支払う場合のブラック=ショールズモデル

1	'Black, Scholes and Merton モデル	
2	subroutine local BS_Model(scalar sigma, scalar out, scalar S0, scalar K, scalar r, scalar T, scalar q, string %type)	
3	scalar d1 = (log(S0/K)+((r-q)+sigma^2/2)*T)/(sigma*sqr(T))	d1の計算
4	scalar Nd1 = @cnorm(d1)	N(d1)の計算
5	scalar d2 = d1-sigma*sqr(T)	d2の計算
6	scalar Nd2 = @cnorm(d2)	N(d2)の計算
7	if %type = "Call"then	
8	scalar out = S0*exp(-q*T)*Nd1-K*@exp(-r*T)*Nd2	コールオプション価格の計算
9	else	
10	scalar out = K*@exp(-r*T)*(1-Nd2)-S0*exp(-q*T)*(1-Nd1)	プットオプション価格の計算
11	endif	
12	endsub	

表4.6 ブラック=ショールズモデルを用いたインプライド・ボラティリティ（IV）の計算（挟み撃ち法）

1	subroutine local BS_ImpVol(scalar ImpVol, scalar MktPrice, scalar S0, scalar K, scalar r, scalar T, scalar q, string %type)	
2	scalar High = 2.0	IVの最高値を決める
3	scalar Low = 0.0	IVの最低値を決める
4	scalar tempvol	数値（スカラー）とその名前を定義
5	scalar temp_price	
6	scalar MktPrice	
7	scalar diff = High-Low	IVの最高値と最低値の差を計算
8	while diff > 0.00001	最高値と最低値の差が「微小」になるまで繰り返し計算する
9	scalar tempvol = (High+Low)/2	
10	call BS_Model(tempvol, temp_price, S0, K, r, T, q, %type)	最高値と最低値の平均を計算 BSモデルによるオプション価格の計算
11	If temp_price > MktPrice then	もし理論価格が市場価格より大きければ
12	scalar High = (High+Low)/2	IVの最高値を平均値に置き換える
13	else	そうでなければ
14	scalar Low = (High+Low)/2	IVの最低値を平均値に置き換える
15	EndIf	
16	scalar diff = High-Low	IVの最高値と最低値の差（誤差）を更新
17	wend	
18	scalar ImpVol = (High + Low)/2	最終的なIVを得る
19	endsub	

表4.7　インプライド・ボラティリティ計算のメインプログラム

1	'日経225オプション価格からインプライド・ボラティリティIVの時系列データを作成する	
2	include BS_ImpVol	サブルーチンBS_ImpVolの組み込み
3	include BS_Model	サブルーチンBS_modelの組み込み
4	scalar K = 10000	行使価格を10,000円とする
5	!Nosmpl = 106	サンプル数を決める
6	vector vec 0 = N225_cash	時系列N225_cashデータをベクトルvec 0とする
7	vector vec 1 = N225_Call_201106_10K	
8	vector vec 2 = N225_PUT_201106_10K	以下同様
9	vector vecq = N225_divYield /100	
10	vector vecr = r_ 1 /100	
11	vector vect = TTY	
12	scalar impvol	スカラー変数impvolを定義
13	for !i = 1to !Nosmpl	標本期間にわたるIVを計算する
14	scalar S0 = vec0(!i)	ベクトル vec0の i 番目の要素を取り出す
15	scalar q = vecq(!i)	以下同様
16	scalar r = vecr(!i)	
17	scalar T = vect(!i)	
18	scalar OptionPrice = vec1(!i)	コールオプション価格を取り出す
19	if OptionPrice > 0 then call BS_ImpVol(Impvol, OptionPrice, S0, K, r, T, q, "Call")	コールの市場価格が利用可能であれば IV計算のためのサブルーチンを呼ぶ
20	matvol(!i, 1) = Impvol	計算されたIVを行列の1列目に格納する
21	else	そうでないときは"NA"とする
22	matvol(!i, 1) = "NA"	
23	endif	
24	scalar OptionPrice = vec2(!i)	コールオプション価格を取り出す
25	if OptionPrice > 0 then call BS_ImpVol(Impvol, OptionPrice, S0, K, r, T, q, "Put")	コールの市場価格が利用可能であれば IV計算のためのサブルーチンを呼ぶ
26	matvol(!i, 2) = Impvol	計算されたIVを行列の2列目に格納する
27	else	そうでないときは"NA"とする
28	matvol(!i, 2) = "NA"	
29	endif	
30	next	
31	smpl1 !Nosmpl	
32	mtos(matvol, impvol_cp)	行列matvolを時系列impvol_cに変換
33	impvol_cp.line	コールとプットのIVの線グラフを書く

4.4 ブラック=ショールズモデル

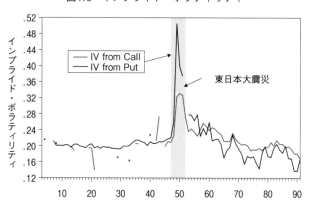

図4.8 インプライド・ボラティリティ

〈原資産が配当を支払う場合のブラック=ショールズ式〉

コールオプション価値　　$C_0 = S_0 e^{-q} N(d_1) - K e^{-rT} N(d_2)$　　(4.18)

プットオプション価値　　$P_0 = -S_0 e^{-q} N(-d_1) + K e^{-rT} N(-d_2)$　　(4.19)

ただし、$d_1 \equiv (1/\sigma\sqrt{T})(\ln(S_0/K) + ((r-q) + \sigma^2/2)T)$, $d_2 \equiv d_1 - \sigma\sqrt{T}$

　(4.18)式と(4.19)式で現在時点の原資産価格 S_0 に $0 < \exp(-q) < 1$ がかかっているのは、オプションの保有者はオプション満期日に原資産を買う権利をもっていますが、満期日までの配当をもらう権利をもっている訳ではないので、原資産の価値が $\exp(-q)$ だけ減っていることと解釈できます。

　(4.18)式と(4.19)式を計算するためのEViewsローカル・サブルーチンを表4.5に、それを用いたインプライド・ボラティリティ計算のためのEViewsローカル・サブルーチンを表4.6に示しました。また、この2つのサブルーチンを用いた上記の期間のインプライド・ボラティリティを計算し、その時系列グラフを作成するためのEViewsメインプログラムを表4.7に示しました。

　図4.8で中央の網掛けをした部分が、2011年3月10からの1週間を示しています。その間に大きなジャンプを示しているのが、コールオプション価格から計算されたインプライド・ボラティリティです。プットのそれと比較するとそれほど大きなジャンプではありませんが、それでも通常の場合（20％）と比較すると大きなジャンプを示しています。この図4.8からは、次のようなことが

第4章 確率微分方程式とブラック＝ショールズモデル

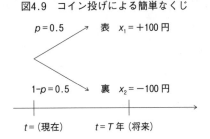

図4.9 コイン投げによる簡単なくじ

わかります。

① 原資産のボラティリティはただ一つしかないはずです。しかし実際には、コールとプットオプションの市場価格から計算されたインプライド・ボラティリティは、ここで示したように異なった動きを示します。
② プットから計算されたインプライド・ボラティリティは、大震災以降、その上下変動がコールから計算されたそれと比べてはるかに大きいことに注意すべきでしょう。また変動幅が大きな時に何が起きているか注目すべきです。例えば、大きな余震が起きるとインプライド・ボラティリティが大きく変化しています。福島第一原発事故の影響もみることができます。

4.5 リスク中立確率とその推定

これまで「リスク中立的」という言葉を何回か使ってきました。ここで、それが何を意味しているかをもう少し厳密に議論するとともに、実際の市場価格からそれをどのように推定できるか考えてみましょう。

4.5.1 リスク中立確率とは？

図4.9で示されるような「くじ」の価値の決定問題を考えてみましょう。このくじは現在を時点ゼロ ($t=0$) としたときに、将来時点 ($t=T$) でイカサマでない公正なコインを投げ、もし表が出れば100円がもらえ ($x_1 = 100$ 円)、裏が出たら100円を払わなければならない ($x_2 = -100$ 円) という、やや特殊なくじです。

4.5 リスク中立確率とその推定

公正なコインを用いるので、コインの表あるいは裏が出る確率はそれぞれ $p_1 = p_2 = 1/2$ であることがわかっています。問題は、このくじの値段をどのように決定すべきか、ということです。いろいろな値決めをする人がいるかと思われますが、大別すると次の3つのタイプの人がいるはずです。

- タイプI（**リスク愛好型**）：お金を出してもよいからこのくじを買いたい。くじの価格はプラスになります。
- タイプII（**リスク中立型**）：ただであればこのくじに参加します。くじの価格はゼロです。
- タイプIII（**リスク回避型**）：お金をもらわなければこのくじに参加しません。くじの価格はマイナスになります。

タイプIIの人は、このくじからの平均的な収入だけを考えている人です。なぜならこのくじの期待収入は数式で書くと、

$$E_0^p(X) = p_1 x_1 + (1-p_1) x_2 \\
= 0.5 \times 100 + (1-0.5) \times (-100) = 0 \qquad (4.20)$$

となります。つまり期待利益はゼロです。リスク中立型の人はこれに見合うくじの購入価格をゼロ円と考えます。リスク中立型の人は、不確実な投資において期待リターンだけを考えて、それからの散らばり（分散など）のリスクを考えません。ゼロ円でくじを買った人にとって、生じる結果は100円得するか、100円損するかですが、そんなことは考えません。あくまでも平均（期待）値だけです。

これに対し、タイプIの人は100円儲かる可能性を重視して、お金を払ってこのくじに参加します。タイプIIIの人は100円損する可能性を考えて、このくじに参加するためにいくばくかのお金を要求します。ただし、100円以上を要求することはできません。なぜならば、そうしたときはコインの裏表のどちらが出ても必ずもうかるからです。リスクのある状況のときに確定的なリターンを得ることはできません。

市場には多様な参加者がいます。そうした人が自分の思惑と自分のリスク回避度に応じてこのくじを売ったり買ったりすることで、唯一の市場価格が成立

します。例えば、このくじの市場価格が40円だったとしましょう。40円という市場価格が「意味する」（implied）コインの表の出る確率はいくらになるでしょうか？　価格は(4.20)式のようにして決まるので、(4.20)式の左辺の値を市場価格の40円と置き、その結果が意味するコインの表が出る確率 q を求めてみましょう。

$$
\begin{aligned}
& 40 = qx_1 + (1-q)x_2 \\
\Rightarrow\ & 40 = q \times 100 + (1-q) \times (-100) = 0 \\
\Leftrightarrow\ & 200q = 140 \quad \Leftrightarrow \quad q = 7/10
\end{aligned}
\qquad (4.21)
$$

ここで q を「リスク中立確率」（risk neutral probability）と呼び、これに対応する(4.20)式の確率 p を実（real）確率、物理（physical）確率、自然（natural）確率などと呼びます。

(4.21)式における q をリスク中立確率と呼ぶのは、「あたかも」（as if）リスク中立的に振る舞う人が付けた市場価格40円に対応する確率だからです。リスク中立的な投資家は(4.21)式の最初の式で示されるように、リスク中立確率 q を用いて計算した期待損益だけによって資産価格の決定を行っています。損益の分散などリスクを表す尺度はこの価格決定式に現れていません。その意味で、(4.21)式で決まる確率を「リスク中立」確率と呼ぶわけです。

重要なことは、リスク中立的な価格決定にあたって、あたかもリスク中立的な人を想定し、そういう人が付ける資産価格を議論していることです。実際の世界では投資結果のバラツキを考えます。リスクはどこに行ってしまったのでしょうか？　それは、実確率 $p = 1/2 = 5/10$ からリスク中立確率 $q = 7/10$ への変換によって、リスク中立確率の中に内包されているのです。これを確率測度変換（change of probability measure）と呼びます。

4.5.2　アメリカ大統領選挙の（リスク中立的な）勝利確率の推定

米国のアイオワ大学の Tipper 経営大学院は、大統領選挙市場（Presidential Election Market）と呼ばれる取引所を開設しています。この電子取引所は米国の商品先物取引委員会（CFTC：Commodity Futures Trading Commission）より正式な認可を得ている取引市場です。図4.10は2012年度の米国大統領選挙

4.5 リスク中立確率とその推定

図4.10 2012年の米国大統領選挙先物PRE12_WTAの毎日の市場価格

を対象にしたPRE12_WTA銘柄の毎日の終値を示しています。データは2011年7月1日より2011年11月8日の選挙当日までをカバーしています。

データの単位は価格（ドル表示）ですが、実は当選確率を表しています。なぜならば、この金融商品からの損益は、民主党（オバマ候補）が2012年11月8日の選挙で勝てば $x_1 = 1$ ドルがもらえ、負ければ何も得られない、いわゆる「勝者総取り」（WTA：Winner Take it All）と呼ばれる仕組みで決まるからです。この場合の毎日の理論価格 V_t は、(4.21)式の特別な場合として、(4.22)式のように決定されます。

$$V_t = q_t \times 1 + (1-q_t) \times 0 = q_t \tag{4.22}$$

ここで右辺の q_t は毎日の「リスク中立」的な当選確率です。この結果は毎日の市場価格 V_t がリスク中立的な当選確率 q_t に等しいことを示しています。

図4.10の中央の縦線は、2012年10月13日のPRE12_WTA銘柄の価格 $V_t = 0.575$、言い換えるならオバマ候補の当選確率57.5％を示しています。当日発表されたロイターとシースパン、およびゾグビーが行った世論調査によると、オバマ民主党候補の支持率が、投票所に行こうとしている有権者の間で48％となり、マケイン共和党候補の44％を4ポイント上回っていました。しか

表4.8　インプライド・リスク中立確率のグラフを描くためのEViewsプログラム

1	'workfile 03_N225_RNP u 10000
2	scalar r = 0.01
3	scalar T = 4 /12
4	scalar K = 10434.38
5	smpl 2209 2453
6	'ブラック＝ショールズ式
7	series d1 = (log(S/K)+(r+sigma^2/2)*T)/(sigma*sqr(T))
8	series Nd1 = @cnorm(d1)
9	series d2 = d1-sigma*sqr(T)
10	series Nd2 = @cnorm(d2)
11	series C0 = S*@cnorm(d1)-K*@exp(-r*T)*@cnorm(d2)
12	series P0 = K*@exp(-r*T)*@cnorm(-d2)-S*@cnorm(-d1)
13	'N(d1)とN(d2)のグラフを描く
14	graph RNP_N225_nd1.line Nd1

図4.11　2011年の日経平均株価が3カ月後に $K = 10,434$ 円を超えるリスク中立確率

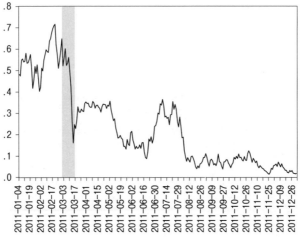

注）影を付けた部分は、2011年3月の東日本大震災が起きた月を示しています。

し図4.10に示されているように、金融商品であるPRE12_WTA銘柄のほうが将来を正しく予想していることがわかります。

　図4.10の横軸に平行な点線は、確率 q が0.5である点をつないだものです。2011年7月1日から2011年11月8日のほとんどの日で、オバマ候補の当選確率はマケイン候補の当選確率を上回っていたことがわかります。

4.5.3 リスク中立確率の推定：ブラック＝ショールズモデルによるリスク中立値上がり確率 $N(d_2)$ の推定

　表4.8は、図4.11のリスク中立確率を描くためのブラック＝ショールズモデルのEViews計算プログラムを示しています。プログラムは表4.5で示したものと基本的には同じですが、毎日のリスク中立確率を計算するために、原資産価格である日経平均 S とそのボラティリティ σ を定数でなく、毎日の変わりうる時系列属性を有する変数としたため、多少の違いがあります。

【参考文献】

石村貞夫・石村園子（2008）『増補版　金融・証券のためのブラック・ショールズ微分方程式：微分の初歩からやさしく学べてよくわかる』東京図書

蓑谷千凰彦（2000）『よくわかるブラック・ショールズモデル』東洋経済新報社

森平爽一郎（2007）『物語で読み解くデリバティブ入門』日本経済新聞出版

Bachelier, L. (1900) "Théorie de la spéculation," *Annales scientifiques de l' É. N. S.*, 3(17), pp.21-86.

Black, F. and M. Scholes (1973) "The Pricing of Options and Corporate Liabilities," *Journal of Political Economy*, 81(3), pp.637-654.（この論文の前半部分の日本語訳が、石村・石村 2008にあります）

Cox, J. C., J. E. Ingersoll, Jr. and S. A. Ross (1985) "A Theory of the Term Structure of Interest Rates," *Econometrica*, 53(2), pp.385-407.

Hull, J. C. (2014) *Options, Futures, and Other Derivatives*, Pearson.（『フィナンシャルエンジニアリング（第9版）：デリバティブ取引とリスク管理の総体系』三菱UFJモルガン・スタンレー証券市場商品本部訳、金融財政事情研究会、2016年）

Ross, S. A. (1997) "Hedging Long-Run Commitments: Exercises in Incomplete Market Pricing," *Economic Notes*, 26(2), pp.385-420.

Vasicek, O. (1977) "An Equilibrium Characterization of the Term Structure," *Journal of Financial Economics*, 5(2), pp.177-188.

第5章 金融商品の設計：仕組債とポートフォリオ保険

5.1 はじめに

　第4章では、確率微分方程式とそれに基づくブラック＝ショールズモデルについて学びました。この章では、ブラック＝ショールズモデルを用いて何ができるのかについて、①仕組債と呼ばれる金融商品の設計、②ポートフォリオ保険、の2つを例にあげて考えてみます。また、実際のデータをEViewsを用いて分析し、その有効性や問題点を探ることにします。

5.2 危ない金融商品：日経平均リンク債の設計

　マクドナルドのハンバーガーは、牛肉とパンと野菜（レタスとピクルス）を調理して作ったものです。金融商品も同じことです。例えば株式投資信託（株式投信）は、さまざまな株式を組み合わせたポートフォリオです。日経平均指数投信は、その価値や分配金が日経平均株価指数を構成する225の株式からの配当や値上がり（値下がり）と連動します。日経平均をもっているのとほとんど同じことです。多くの投資家にとっては、指数を構成する225社の株をすべて購入することは難しいのですが、こうした指数投信であれば、少ない金額で分散投資をしてリスクを減らすことができます。

　投資信託を構成する資産は、上場株式にとどまらず、さまざまなものがあり

ます。日本国債や企業が発行する債券（社債）、外国の国債や社債や株式、さまざまな商品（農産物、貴金属、石油やガスなど）が典型的なものです。そのほか、地震、台風、人の生死（死亡率）、CO2排出権、ボラティリティなどに投資している投資信託やファンドもあります。

ここでは、満期時の額面支払いが日経平均株価指数に連動しますが、利子（クーポン）が国債に比べて高い「日経平均リンク（連動）債券」について、その設計と実際のデータを用いた分析を通じて、なぜ高いリターンの背後に高いリスクが潜んでいるかを明らかにします。

5.2.1 日経平均リンク（連動）債を設計する

1993年、関東地方のある農業共同組合は、日経平均リンク債投資の失敗により130億円の経常損失を計上しました。組合員が貯めた150億円の積立金（株式会社でいう資本金）を取り崩して損失を補塡したとのことです（日本経済新聞、1993年夕刊）。2010年、西日本のある大学が日経平均リンク債投資に失敗をし、少なくも58億円の含み損を抱えていることが報じられました（日本経済新聞、2010年12月8日夕刊）。このように、「日経平均リンク債」という金融商品への投資問題が繰り返し生じています。

日経平均リンク債は国債などに比べ高い利子（クーポン）を約束しますが、満期時の額面償還額がその時の日経平均にリンク（連動）して減少する可能性のある金融商品です。日経平均リンク債は、①毎期一定の利子を確実に支払う国債（の買い）と、②日経平均を原資産とする日経平均プットオプションの売りからなるポートフォリオです。そのことがわかればこうした仕組債のカラクリも容易に解明できます。リスクをよく理解できない投資家にとって、なぜリンク債が魅力的であるのか、高い利子の受け取りは結局自分の財布から出したものであるというカラクリを、日経平均リンク債を自分で作成して解き明かすことにします。

日経平均リンク債の満期損益

次のような簡単な日経平均リンク債を考えてみましょう。①発行価格は1株100円、②運用期間は $T=2$ 年、③年1回、額面100円に対し3％（！）もの

図5.1 日経平均リンク債の額面償還額

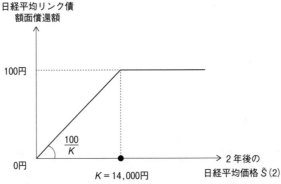

注）満期2年の日経平均リンク債の額面償還額（行使価格が14,000円の日経平均プットオプションの $100/K$ 単位の「売り」からの満期損益）を示しています。ただし、現在の日経平均価格は15,000円としています。

高い利子を2年間払います。現在の日経平均は $S_0 = 15,000$ 円ですが、④ 2年後の額面償還は、2年後の日経平均が14,000円以上であれば満額100円ですが、14,000円を下回るとそれに連動（link）して値下がりします。最悪、日経平均がゼロ（日本が破綻する！こと）になれば、100円の償還額もゼロになります。

このような日経平均リンク債の2年後の額面償還額が図5.1に示されています。この図から、日経平均リンク債の額面償還額を示す折れ線は、①「2年目に100円を支払う割引債の買い」と、「行使価格 $K = 14,000$ 円の日経平均プットオプションの100円/K円＝100円/14,000円（単位）の売り」からなるポートフォリオの、2年後のキャッシュフローとして表現できます。

この説明は一見すると難しいように思えますが、2つの変数の最大値と最小値を求める演算子 $\max[\cdot,\cdot]$ と $\min[\cdot,\cdot]$ を用いれば簡単です。これらの演算子の意味をまず理解することにしましょう。

2つの変数 x と y（確率変数でも定数でもよい）があったとき、$\max[x, y]$ は x と y の大きいほうをとることを示す演算子です。例えば、$x = 5$, $y = 2$ であれば $\max[5, 2] = 5$ です。同様にして $\min[x, y]$ は x と y の小さいほうをとることを示す演算子なので、$\min[5, 2] = 2$ となります。この $\max$ と $\min$ に関して次の2つの公式が成立します。

5.2 危ない金融商品：日経平均リンク債の設計

〈公式1〉

$$\max[x,y] = x + \max[0, y-x], \quad \min[x,y] = x + \min[0, y-x]$$

〈公式2〉

正の定数 $k > 0$ に対して、

$$k \cdot \max[x,y] = \max[kx, ky], \quad k \cdot \min[x,y] = \min[kx, ky]$$

負の定数 $k < 0$ に対して、

$$k \cdot \max[x,y] = \min[kx, ky], \quad k \cdot \min[x,y] = \max[kx, ky]$$

例えば、公式1より $\min[5,2] = 2 + \min[5-2, 0] = 2 + 0 = 2$ となり、公式2より $k = -1$ としたときに、$-1 \times \min[5,2] = \max[-5, -2] = -2$ となることを確かめることができます。

他方で、図5.1の折れ線を(5.1)式のような数式で表すことができます。

$$\widetilde{P}_T = \begin{cases} 100 & \text{if } \tilde{S}_T \geq K \\ (100/K)\tilde{S}_T & \text{if } \tilde{S}_T < K \end{cases} \tag{5.1}$$

ここで、S_T は不確実な $T = 2$ 年後の日経平均株価指数の値を示し、この仕組債の額面償還額が100円を下回る点である「トリガー価格」は $K = 14{,}000$ 円です。2年後の日経平均株価指数が、14,000円以上であれば、この日経平均リンク債は額面100円を、通常の国債と同様、額面金額だけ償還（返済）します。しかし2年後の日経平均株価指数が14,000円以下になったときの額面償還額は、その時の日経平均 S_2 に連動（link）した金額になります。日経平均に連動する度合い（直線の傾き）は $100/K$ です。連動係数 $100/K$ は、図5.1の中の直角三角形の底辺が K、高さが100ですから、その傾き（$100/K$）として計算できます。

さらに、(5.1)式を1つの式で表すことができれば便利です。公式1と公式2を用いると、(5.2)式のようになります。

$$\begin{aligned}\widetilde{P}_T &= \min\left[100, \frac{100}{K}\tilde{S}_T\right] = 100 + \min\left[0, \frac{100}{K}\tilde{S}_T - 100\right] \\ &= 100 + \frac{100}{K}\min\left[0, \tilde{S}_T - \frac{K}{100}\times 100\right] = 100 - \frac{100}{K}\max[0, K - \tilde{S}_T]\end{aligned} \tag{5.2}$$

最後の式の右辺第 2 項 $\max[0, K-\tilde{S}_T]$ は、満期の原資産価格を S_T として、行使価格が K 円のヨーロピアン・プットオプションの満期 T のペイオフ P_T を表しています。

日経平均リンク債の価格を決定する：
最大限可能な利子支払額 C と行使価格 K の決定

　この日経平均リンク債のプライシングは、①毎年 1 回、最大いくらの利子 C 円を払えるのか、あるいは、②2 年後の償還額が額面100円を下回るような事態を引き起こす日経平均価格（トリガー価格 K とか行使価格 K と呼びます）をいくらにするかに相当します。なぜならば、こうした仕組債は、通常の債券と同様に発行時の価格を100円にするからです（額面発行）。このリンク債から受け取ることができるお金は、①毎年 C 円の利子 2 年間、②2 年後の日経平均にリンクした額面償還額です。

　結局、100円の発行価格は、①毎年 1 回支払う C 円の利子の現在価値と、②不確実な額面償還額の期待現在価値の合計として、(5.3)式のように表現できます。

$$\begin{aligned}
100 &= \frac{C}{1+r} + \frac{C}{(1+r)^2} + \frac{1}{(1+r)^2}\left(100 - \frac{100}{K}\cdot E(\max[0, K-\tilde{S}_T])\right) \\
&= \frac{C}{1+r} + \frac{C+100}{(1+r)^2} - \frac{100}{K} P_0(S_0, K, T, r, \sigma) \qquad (5.3) \\
&= \frac{C}{1+r} + \frac{C+100}{(1+r)^2} - \frac{100}{K}(-S_0 N(-d_1) + Ke^{-rT}N(-d_2))
\end{aligned}$$

(5.3)式の 1 行目の右辺第 1、2 項は、毎年 1 回確実に C 円を支払う国債におけるクーポンの現在価値を表し、3 項目の $-(100/K)E(\max[0, K-\tilde{S}_T])$ は、原資産が日経225株価指数で、行使価格が K、残存期間（満期）が 2 年のヨーロピアン・プットオプションを $100/K$ 単位（マイナス記号が付いているので）「売った」（ショート・ポジション）ことからの 2 年後の期待損益を表しています。

　2 行目の右辺第 1、2 項は、年 1 回利払いのある 2 年物クーポン債の現在価値を示しています。右辺第 2 項の $P_0(S_0, K, T, r, \sigma)$ は、現在 S_0 円の日経平均

を原資産とし、行使価格を K 円、満期 T 年、年あたりリスクフリーレートを r%、日経平均収益率の年あたりボラティリティ（標準偏差）を σ%、としたときの、ヨーロピアン・プットオプション価格を示しています。もし日経平均225株価指数が対数正規分布（その収益率が正規分布）していれば、プットオプション値はブラック＝ショールズ式を用いて計算することができます。第4章の(4.14)式のブラック＝ショールズのプットオプション式を代入すると、3行目のようになります。

5.2.2 数値例

(5.3)式は1本の方程式からなるので、未知数であるクーポン金額 C 円、あるいは行使（トリガー）価格 K の一方を決めれば、この日経平均リンク債の価格100円を満足する他方の値を決めることができます。いま、行使価格 K を14,000円とし、最大利子支払額 C がいくらになるかを計算してみましょう。

日経平均価格を15,000円、日経225の（価格変化率の）ボラティリティを $\sigma = 0.2 = 20$%、リスクフリーレート r を1%、オプションの残存期間を $T = 2$ 年とすれば、ブラック＝ショールズモデルによる日経平均プットオプション $P_0(S_0, K, T, r, \sigma)$ の理論価格は第4章で説明したように1,055.22円になります。これらの値を式 (5.3) に代入すると、

$$100 = \frac{C^*}{1+0.01} + \frac{C^*+100}{(1+0.01)^2} - \frac{100}{14,000} \times 1{,}055.22 \tag{5.4}$$

となり、この式を満足する利子支払額 C^* は約4.8253円になります。

これに対し、当初約束した利子は年あたり3円です。差額1.8253円はどこに行ってしまったのでしょうか？ 差額の一部はこの商品の組成費用、例えばこの商品を販売した人への手数料、商品を作った金融エンジニアへの報酬、商品の「原料」となる国債や日経平均オプションを購入するための手数料などの費用、購入できない場合はそれを複製する（具体的な方法は5.3節を参照してください）ための費用、また日経平均が14,000円以上になるリスクをヘッジする費用に充てます。そうして残ったものは、もちろんこの商品を販売する会社の利益になります。

第5章 金融商品の設計：仕組債とポートフォリオ保険

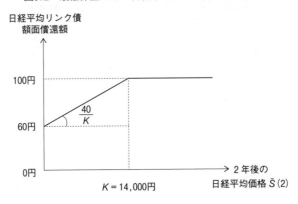

図5.2 最低保証のある日経平均リンク債の額面償還額

でもよく考えてみましょう。最大クーポン支払額はどこからきたのでしょうか？　実は、この日経平均リンク債を「買った」人が、それとは知らずに実際には「売った」日経平均プットオプション料からきているのです。自分の財布から出たお金の一部を得て「もうかった！」と勘違いしているわけです。

つまり、同じ満期の国債の利子が年あたり1％にも届かないときに、その3倍の利子が得られると「錯覚」しているのです。当然、日経平均が2年後に値下がりして14,000円になったら、当初見込んだ100円の償還額は減ってしまいます。

5.2.3 最低保証付き日経平均リンク債

図5.1では、日経平均がゼロになる、つまり日本が破綻すると、この仕組債の額面支払いはゼロ、つまりこの債券は紙くずになってしまいます。

それではあまりにも酷であるので、図5.2のように最低でも額面支払いが60円になるような商品を設計してみましょう。どのようにモデルを変えたらよいでしょうか？

一見すると難しく思えますが、見かけほど難しくはありません。額面支払額の減り具合は直線の傾きで、最低保証額は直線の y 切片で表せることを思い出してください。額面償還額 P_T を表す式は (5.1) 式から次の (5.5) 式のように変わります。

5.2 危ない金融商品：日経平均リンク債の設計

$$\widetilde{P}_T = \begin{cases} 100 & \text{if } \tilde{S}_T \geq K \\ 60+(40/K)\tilde{S}_T & \text{if } \tilde{S}_T < K \end{cases} \quad (5.5)$$

したがって、$T=2$ 年後におけるこの仕組債の額面支払額は、(5.2)式のように公式 1 と公式 2 を用いると、(5.6)式のようになります。

$$\begin{aligned}
\widetilde{P}_T &= \min\left[100, 60+\frac{40}{K}\tilde{S}_T\right] = 100+\min\left[0, -40+\frac{40}{K}\tilde{S}_T\right] \\
&= 100+\frac{40}{K}\min\left[0, -40\times\frac{K}{40}+\tilde{S}_T\right] = 100+\frac{40}{K}\min\left[0, -K+\tilde{S}_T\right] \\
&= 100-\frac{40}{K}\max\left[0, K-\tilde{S}_T\right]
\end{aligned} \quad (5.6)$$

この結果を(5.2)式と比べると、右辺の $\max[0, K-\tilde{S}_T]$ にかかる定数が(5.2)式では $100/K$ であったのが、$40/K$ に変わっただけであることがわかります。最低保証額を M（$=60$ 円 <100 円）として(5.6)式を一般的に表現すると、(5.7)式のようになります。

$$\widetilde{P}_T = \min\left[100, M+\frac{100-M}{K}\tilde{S}_T\right] = 100-\frac{100-M}{K}\max\left[0, K-\tilde{S}_T\right] \quad (5.7)$$

残存期間 N 年、年 1 回利払いの仕組債の原資産にリンクする元本の将来の不確実な値は、(5.3)式を書き換えて、

$$\begin{aligned}
100 &= \sum_{n=1}^{N}\frac{C^*}{(1+r)^n}+\frac{1}{(1+r)^N}\left(100-\frac{100-M}{K}\cdot E(\max[0, K-\tilde{S}_T])\right) \\
&= C^*\sum_{n=1}^{N}\frac{1}{(1+r)^n}+\frac{100}{(1+r)^N}-\frac{100-M}{K}P_0(S_0, K, T, r, \sigma)
\end{aligned} \quad (5.8)$$

最後の式の右辺第 1 項の $\sum_{n=1}^{N}1/(1+r)^n$ は年 1 回 1 円を N 年間支払う年金の現在価値、つまり年金原価係数にあたります。これを EViews では関数 @pv(r, N, 1) として計算できるので、この式を未知数 C^* に関して解くと、

$$C^* = \frac{100-\dfrac{100}{(1+r)^N}+\dfrac{100-M}{K}P_0(S_0, K, T, r, \sigma)}{@\text{pv}(r, N, 1)} \quad (5.9)$$

第5章 金融商品の設計：仕組債とポートフォリオ保険

表5.1 仕組債の設計（(5.9)式による最大支払クーポン額の決定）

```
1   'BSモデルの計算のためのサブルーチンを読み込む
2   include BS_Model
3   'BSモデルにパラメータを与える
4   scalar S0 = 15000
5   scalar K = 14000
6   scalar T = 2
7   scalar sigma = 0.2
8   scalar r = 0.01
9   scalar q = 0
10  '最低保証額M＜100円を与える
11  scalar M = 60
12  scalar Put_price = 0
13  'BS プットオプション価値を計算
14  call BS_Model(sigma, Put_price, S0, K, r, T, q, "Put")
15  scalar put = ((100-M)/K)*Put_price
16  scalar dbond = 100/(1+r)^T
17  '年金現価係数の計算（系列dummyに格納）
18  series dummy = @pv(0.01, 2, 1)
19  scalar pvan = dummy(1)
20  'クーポン支払額の最高値を計算
21  scalar Coupon = (100-dbond+put)/pvan
```

となります。この式に従って、仕組債の価格決定、つまり仕組債の支払いクーポン額を決めることにします。

5.2.4　EViewsによる日経平均リンク債の設計と運用シミュレーション

　表5.1は、図5.2に示された「最低保証」のある場合の日経平均リンク債の価格分析を(5.9)式に基づいて行うためのEViewsのプログラムです。詳しいコメントを付けてあるのでその概要は理解できると思いますが、念のため順を追ってその内容を簡単に説明しましょう。

　2行目は、第4章の表4.4で示したブラック＝ショールズモデルを計算するサブルーチンを、この仕組債プログラムで利用することを最初に宣言しています。

　4行目から9行目までは、ブラック＝ショールズモデルを計算するための6つのパラメータを与えています。行使価格 $K = 14,000$ 円、現在の日経平均価格 $S_0 = 15,000$ 円、日経225の（価格変化率の）年あたりボラティリティを

$\sigma = 0.2 = 20\%$、年あたりリスクフリーレート $r = 1\%$、オプションの残存期間 $T = 2$ 年、配当利回りを $q = 0\%$ としています。

11行目で、この仕組債の満期の最低額面保証額を $M = 60$ 円としました。12行目ではプット価格をゼロ円と置いています。これは、14行目で示すブラック＝ショールズモデル・サブルーチンの引数はすべて単一の数値（スカラー）でなければいけないので、ここで変数の型をスカラーと定義し、その初期値を便宜的にゼロと置いています。

14行目でプットオプション価値を計算します。このサブルーチンからの計算結果は、Put_price = 1055.215 円になりました。15行目では、(5.8)式の右辺の最後の項を計算しています。結果は Put = 3.0149 円となっています。16行目は(5.8)式の右辺第2項、つまり通常の割引債価格を計算し、その結果は dbond = 98.03 円でした。18行目と19行目はリスクフリーレートが1％、残存期間2年、毎年1回利払いで、そのときのキャッシュフローが1円の年金原価係数を EViews の関数を用いて計算しています。(5.9)式の分母 @pv(r, N, 1) を計算していますが、その計算結果は系列（series）属性をもつため、19行目でそれをスカラー値に変換しています。結果は、@pv(0.01, 2, 1) = pvan = 1.9704 円となりました。これらの計算結果を用いて、(5.9)式に基づき最大クーポン支払額を21行目で計算しています。$C^* =$ Coupon = 2.53 円となりました。

この計算結果から、この仕組債はお買い得だということになります。なぜならば、理論的なクーポン（利子）の支払額は毎年2.53円なのに、契約上のクーポン支払額はそれ以上の3円となっているからです。しかし、実際の世界ではこうしたことはありえません。なぜなら仕組債の売手はこうしたモデルによって、損をしない実際のクーポン支払額を決めているからです。

このプログラムを用いて、実際の日経平均リンク債の価格分析を行ってみてください。また、行使価格 K や最低保証額 M、無リスク金利 r、ボラティリティ σ などをいろいろ変えて、最大支払可能クーポンがどのように変化するのかを試してみてください。

5.3 オプション価格決定理論に基づくポートフォリオ保険 (OBPI：Option Based Portfolio Insurance)

多くの投資家に危険資産、例えば株に投資をしたときの「リスク」とは何かを質問すると、株価変動（ボラティリティやベータ）よりも「値下がり」することがリスクであると答える人が多いのです。値下がりリスク、これをファイナンスでは「ダウンサイドリスク」(downside risk) と呼びますが、これを回避する方法としてのポートフォリオ保険の仕組みと、そのEViewsによる実装を考えることにしましょう。

5.3.1 プロテクティブ・プット：
市場で売買が行われているオプションに基づく保険

株式の値下がりリスクを保証してくれる保険を販売している保険会社はありません。しかし、それと同様の働きをするのが、株式の「プットオプション」です。

図5.3は「プロテクティブ・プット」(PP：Protective Put) と呼ぶオプションを用いた値下がりリスク回避戦略を示しています。これに沿って、なぜプットオプションの購入が株式の値下がりリスクに対する保険になっているかを説明しましょう。

図5.3には3つのグラフがありますが、いずれも横軸は現在100円している株式の将来の株価、例えば1年後の株価 $S_T = S_1$ を示しています。図5.3の左の図で右上がりの45度線は、現在100円している株式の1年後の値上がり益と値下がり損、つまり $\tilde{S}_1 - S_0 = \tilde{S}_1 - 100$ を示しています。

ここで、ある投資家が1年後の株価 $\tilde{S}_1$ が100円より下がったときの損失を回避したいと考えているとしましょう。どのようにしたらよいでしょうか。「価値の下がったものを高く相手に押し売りする（プットする）権利」である「プットオプション＝保険」を1株購入すればよいのです。行使価格 $K = 100$ 円のプットオプションを1株保有していれば、1年後の株価が行使価格100円以下になったときには、安くなった株を100円で相手に押し売り（プット）する

5.3 オプション価格決定理論に基づくポートフォリオ保険（OBPI：Option Based Portfolio Insurance）

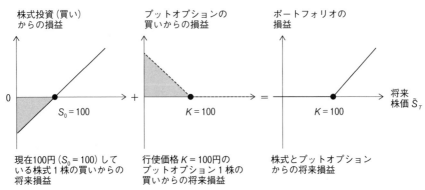

図5.3 プロテクティブ・プット：オプションを用いて株価の値下がりを回避する

注）現在100円している株式の値下がりリスクを回避するために、行使価格100円のプットオプションを1株買う状況を表しています。

ことができます。100円より高くなったときには権利を行使せず、高くなった株式を保有すればよいのです。これを式で書くと次のようになります。

プットオプションを1株保有していることからの利益は $P_1 = \max[K - \tilde{S}_1, 0]$ となります。例えば株価が90円に値下がりすると $100 - 90 = 10$ 円の損失が発生しますが、プットオプション1株からの利益は $P_1 = \max[100 - 90, 0] = \max[10, 0] = 10$ 円となります。つまり、株式からの損失をプットオプションからの利益で相殺でき、この場合損も益も発生しません。ポートフォリオ全体の価値100円は株価が変動する前の100円に等しいことになります。

図5.3の一番左の図が、現物株1株をもっていたときの損益を表しており、影を付けた逆三角形の部分が損失を表しています。図5.3の真ん中の図は、株価が下がったときプットオプションを1株保有することからの利益（影を付けた三角形）を示しています。図5.3の一番右の図は最初の2つの図をあわせたもの、つまり株式1株の「保有」に対しプットオプション1株を「保有」したポートフォリオからの損益を表しています。株価の値下がりを回避するための保険はその株式を原資産とし、保証額を行使価格とし、保証期間を満期とするプットオプションであることがわかるでしょう。要は、株価の値下がりリス

クを回避するためにはオプション市場でプットオプションという保険を購入すればよいのです。

5.3.2 プロテクティブ・プットを合成するポートフォリオ保険

しかし、こうしたことがつねに日本の株式市場で可能なわけではありません。日本株を対象にするオプション市場で取引が活発なのは日経225やTOPIX株価指数のオプションにとどまっています。200余りの個別企業のオプション（上場有価証券オプション、愛称「株オプション」）が上場されていますが、毎日取引が行われ、値段が付くものはその中でごくわずかです。

したがって、個別企業の株式に対する保険をオプション市場で買うことはほぼ不可能です。また、株価指数を対象にするオプションであっても、現在の株価からかなり離れた行使価格、あるいは満期が2年以上になる長期のオプションの取引はわずかです。ではどうすればよいのでしょうか？　答えは、自分で保険を作ればよいのです。これを保険学の用語で言うと「自家保険」（home-made insurance）を作ることになります。その考え方を以下で説明することにします。

図5.3で示した株式とプットオプションからなるポートフォリオの「現在時点の価値」はいくらになるでしょうか？　株式の現在の価値はS_0円、プットオプションの現在の価値はP_0円であるので、それぞれを1株ずつ購入したときの現在時点（$t=0$）での価値はその合計のS_0+P_0となります。もし、プットオプションの現在時点のあるべき価格（理論価格）が第4章(4.14)式のブラック＝ショールズのプットオプション公式で表すことができれば、図5.3の一番右の図で示されるポートフォリオ価値は(5.10)式のように表すことができるはずです。

$$\begin{aligned} S_0+P_0 &= S_0+Ke^{-rT}N(-d_2)-S_0N(-d_1) \\ &= Ke^{-rT}N(-d_2)+S_0(1-N(-d_1)) \\ &= Ke^{-rT}N(-d_2)+S_0N(d_1) \end{aligned} \quad (5.10)$$

この(5.10)式の最後の式$Ke^{-rT}N(-d_2)+S_0N(d_1)$が何を意味しているか考えてみましょう。最初の項$Ke^{-rT}N(-d_2)$は図5.4に示されているように、現

5.3 オプション価格決定理論に基づくポートフォリオ保険 (OBPI: Option Based Portfolio Insurance)

図5.4 T 年後に K 円を確実に支払う割引債の現在時点の価値（現在価値）＝ 価格

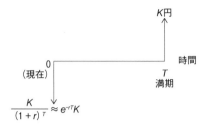

在時点で Ke^{-rT} 円の、T 年後に K 円を確実に払う割引債を $N(-d_2)$「株」買ったときの価値、言い換えれば割引債の購入「金額」を表しています。割引債とは、満期に額面金額 K 円の返済が行われますが、それ以前には利子を払わない債券です。日本国債についても利子を払うクーポン債の利子（クーポン）部分と元本部分を分離（strip）したものが割引国債として市場で取引されています。

$N(-d_2)$ は T 年後の株価 S_T が行使価格 K より低くなる（リスク中立世界における）確率を意味しています（このことについては第4章4.4節で学びました）。その値は確率なので0と1の間の値をとりますが、これを株数と読み替えることにします。第2項 $S_0 N(d_1)$ も同様に解釈できます。つまり第2項は、現在 S_0 円している株式を $N(d_1)$ 株だけ購入したときの金額を表しています。

言い換えれば、株式1株の「買い」とプットオプション1株の「買い」からなるポートフォリオ（プロテクティブ・プット）は、安全資産である割引債と危険資産である株式からなるポートフォリオによって合成（模倣）できるということになります。ポートフォリオ・インシュランスとは、(5.10)式の左辺で表される保険（プット）でリスクを回避する投資戦略を危険資産そのものと安全資産で再現しようとするものです。具体的には、この戦略の満期までのすべての時点で、株式と安全資産からなるポートフォリオを再構築（リバランス）していけば、投資期間の最終時点（オプション満期）で、ポートフォリオ価値は最初に決めた最低保証額（行使価格）K 円を下回るようなことはありません。

次に、ヘッジ比率とは何かについて考えてみましょう。

ヘッジ比率

(5.10)式で時間を表す添え字を 0 から満期 T までの任意の時点 $0 \leq t \leq T$ として、危険資産への投資額 $S_t N(d_{1t})$ を(5.10)式、つまりポートフォリオ価値で割った比率を w としましょう。つまり、w_t と $1-w_t$ を次のように定義します。

投資（ヘッジ）比率

$$w_t \equiv \frac{S_t N(d_{1t})}{S_t + P_t} = \frac{S_t N(d_{1t})}{Ke^{-r(T-t)}N(-d_{2t}) + S_t N(d_{1t})}$$

$$1 - w_t \equiv \frac{Ke^{-r(T-t)}N(-d_{2t})}{S_t + P_t} = \frac{Ke^{-r(T-t)}N(-d_{2t})}{Ke^{-r(T-t)}N(-d_{2t}) + S_t N(d_{1t})} \quad (5.11)$$

w_t は株とプットオプションからなるポートフォリオのうち、株式（リスク資産）への投資比率、$1-w_t$ は無リスク資産（割引国債）への投資比率と解釈できます。この比率を計算する場合、分母のプットオプション価値 P_t は市場価格が入手できないので、第4章の(4.14)式で計算した理論価格を用いることにします。

5.3.3 計算過程（アルゴリズム）

以上で説明した考え方の計算手順の概略を図5.5に示しました。繰り返しになりますが、特定のオプション価格決定モデル、この場合はブラック＝ショールズのプットオプション価格モデルを用いて、どのようにしてポートフォリオ保険運用が行われるかを説明しましょう。

【Step 1：定数と初期値を与える】

ブラック＝ショールズのプットオプション価値と(5.11)式のリスク資産比率を計算するにあたって、全期間で一定の値をとる定数と、繰り返し計算のための初期値をここで与えます。具体的には、①保証金額にあたる行使価格 K、②危険資産（この場合は日経225株価指数）の変動の大きさを示す日経225株価

5.3 オプション価格決定理論に基づくポートフォリオ保険 (OBPI : Option Based Portfolio Insurance)

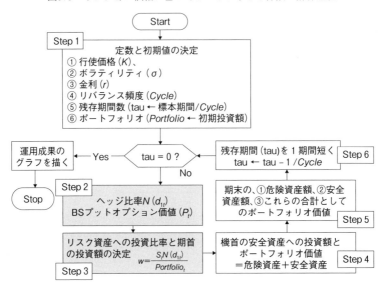

図5.5 オプション価格に基づくポートフォリオ保険の計算過程

指数収益率の標準偏差（ボラティリティ）σ、③金利（リスクフリーレート）r、④年あたりのリバランス頻度（この場合は1週間に1回であるので、1年あたり52週）$Cycle$、⑤年単位の残存期間数（τ = 標本数/$Cycle$）、⑥初期ポートフォリオ価値 $Portfolio(1)$ = 初期投資額、です。

【Step 2：保険（プットオプション）価値 P_t の計算】

ブラック＝ショールズのプットオプション公式とヘッジ比率を計算するために、毎期次の計算を行います。

$$d_{1t} \equiv \frac{1}{\sigma\sqrt{\tau}}\left(\log\frac{S_t}{K}+\left(r+\frac{\sigma^2}{2}\right)\tau\right), \quad d_{2t} \equiv d_{1t}-\sigma\sqrt{\tau}$$
$$N(d_{1t}), \quad N(d_{2t}), \quad P_t = -S_t N(-d_{1t}) + Ke^{-r\tau}N(-d_{2t})$$

この事例では、危険資産は日経225株価指数値です。

【Step 3：危険資産投資比率の計算】

Step 2 の計算結果より、リスク資産投資比率 =（株価 × ヘッジ比率）/ ポ

ートフォリオ価値、つまり

$$w_t = \frac{S_t N(d_{1t})}{S_t + P_t} \tag{5.12}$$

を計算します。

【Step 4：期首の価値計算】

期首（週のはじめ）の危険資産投資額 $RiskyAseet(t)$ は、期首のポートフォリオ価値 $Portfolio(t)$ に危険資産投資比率 w_t を掛けて次のように計算します。

$$RiskyAseet(t) = w_t \times Portfolio(t)$$

【Step 5：期首の安全資産投資額の決定】

期首の安全資産投資額 $RiskfreeAseet(t)$ は、期首のポートフォリオ価値 $Portfolio(t)$ から Step 4 で計算した期首の危険資産額 $RiskyAseet(t)$ を差し引いたものとして計算します。

$$RiskfreeAseet(t) = Portfolio(t) - RiskyAseet(t)$$

【Step 6：期末のポートフォリオ価値の計算】

期末、つまり 1 期間（1 週間）後の危険資産額 $RiskyAseet(t+1)$ と安全資産額 $RiskfreeAseet(t+1)$ は、それぞれの期首の値に週次の株式投資収益率 $ror(t)$ と週あたりのリスクフリーレート（$1+r_t/Cycle$）を掛けて求めることができます。また、期末のポートフォリオ価値 $Portfolio(t+1)$ は、これら 2 つの合計となります。

$$RiskyAseet(t+1) = ror(t) \times RiskyAseet(t)$$
$$RiskfreeAseet(t+1) = (1+r_t/Cycle) \times RiskfreeAseet(t)$$
$$Portfolio(t+1) = RiskyAseet(t+1) + RiskfreeAseet(t+1)$$

【Step 7：満期までの繰り返し計算と結果の出力】

残存年数を 1 期間減らし（$\tau \leftarrow \tau - 1/Cycle$）、残存年数がゼロになるまで上の Step 2 から Step 6 までの計算を繰り返します。すべての計算が終わったな

5.3 オプション価格決定理論に基づくポートフォリオ保険（OBPI：Option Based Portfolio Insurance）

らば、ポートフォリオ保険をかけたポートフォリオと、かけていないポートフォリオ価値の時系列グラフ、危険資産投資比率などの時系列棒グラフ、それらのヒストグラムなどを描いて、これらの結果から何が言えるかを考えてみます。

5.3.4 EViewsによるプログラミングと計算結果

　上で説明した計算は、表5.2で示したEViewsプログラムによって実行できます。このプログラムでは次のような条件の下でのポートフォリオ保険運用を試みています。①対象となる危険資産として2011年度の日経225株価指数、②保険として合成すべきプットオプションの行使価格＝1万円、③日経225株価指数から計算した年あたり投資収益率の標準偏差 $\sigma = 0.2 = 20\%$、④リスクフリーレート $r = 0.01 = 1\%$、⑤保険（投資）期間が $T = 1$ 年、⑥ポートフォリオの改定は1週間ごと、つまり年あたり $Cycle = 52$ 回（週）、⑦初期投資額 Intfund ＝ 1万円としました。

　この結果、ポートフォリオ保険（PI）をかけたファンド（Fund with PI）の運用成果と、保険をかけないですべてを危険資産（日経225株価指数）で運用したとき（買い持ち〈Buy and Hold〉戦略とも言います）の成果を比較したものが図5.6Aに、ポートフォリオ保険をかけたファンドの中身、すなわち危険資産部分と安全資産部分の評価額が図5.6Bに示されています。ポートフォリオ保険をかけることによって、すべての資産を日経225に投じた場合に比べ、運用成果は9,000円を割っていないことがわかります。つまり、ポートフォリオ保険運用を行ったことによってダウンサイド（下方）リスクを回避できたことになります。

　なぜこのようなことが可能になったのかは、図5.6Bの保険をかけたファンドの中身を検討することで理解できるでしょう。ファンド価値が一定以下に近づくにつれて危険資産への投資を減らし、その分を安全資産投資に回していることがわかります。

　図5.7は(5.12)式、すなわち、保険をかけたファンドの中で危険資産に投資した割合を示しています。31週を過ぎた頃から安全資産投資への比率が増えて、45週以降はほぼ100パーセント安全資産で運用されていることがわかりま

第5章　金融商品の設計：仕組債とポートフォリオ保険

表5.2　オプション価格に基づくポートフォリオ保険の計算

1	'オプションモデルに基づくポートフォリオ保険	
2	初期値の設定とスカラー変数の定義	
3	scalar K = 9000	行使価格
4	scalar sigma = 0.2	ボラティリティ
5	scalar r = 0.01	金利（リスクフリーレート）
6	scalar intfund = 10000	初期投資額
7	scalar S	株価の定義
8	scalar d1	d1の定義
9	scalar nd1	N(d1)の定義
10	scalar d2	d2の定義
11	scalar nd2	N(d2)の定義
12	scalar P	プット価値の定義
13	!time = @rows(n225)	データ（保険運用）期間
14	scalar Cycle = 52	データサイクル（週次）
15	scalar tau = !time/Cycle	残存期間数
16	vector(!time) n225vec	ベクトル表示の日経225株価
17	stom(n225, n225vec)	シリーズ表示をベクトル表示へ
18	'収益率の計算	
19	vector(!time) ror	収益率をベクトル表示
20	series work = n225/n225(-1)	投資収益率Rt = (1+rt)の計算
21	stom(work, ror)	シリーズ表示をベクトル表示に変換
22	'ベクトルと行列の定義	
23	vector(!time) w	危険資産投資比率ベクトルの定義
24	vector(!time) riskyasset	危険資産投資「額」ベクトル
25	vector(!time) riskfreeasset	安全資産投資「額」ベクトル
26	vector(!time) portfolio	ポートフォリオ価値ベクトル
27	vector(!time) riskyassetonly	危険資産だけに投資したときの価値
28	matrix(!time, 3) output1 = 0	運用結果を収納する行列1の定義
29	matrix(!time, 3) output2 = 0	運用結果を収納する行列2の定義
30	portfolio(1) = intfund	初期ポートフォリオ価値の決定
31	riskyassetonly(1) = intfund	危険資産に投資したときの初期値
32	!time_1 = !time -1	残存期間数を1期減らす
33	for !t = 1 to !time_1	===（繰り返し計算）===
34	S = n225vec(!t)	t期の株価Stを取り出す
35	d1 = (log(S/K)+(r+sigma^2/2)*taw)/(sigma*sqr(taw))	d1の計算
36	Nd1 = @cnorm(d1)	N(d1)の計算
37	d2 = d1-sigma*sqr(taw)	d2の計算
38	Nd2 = @cnorm(d2)	N(d2)の計算
39	'ブラック＝ショールズ・プットオプション公式の計算	
40	P = K*@exp(-r*taw)*@cnorm(-d2)-S*@cnorm(-d1)	BSプットオプション式の計算
41	w(!t) = (S*Nd1)/(S+P)	危険資産への投資比率
42	tau = tau-1/Cycle	残存時間を1期間短くする
43	riskyasset(!t) = portfolio(!t)* w(!t)	危険資産への投資額の計算

5.3 オプション価格決定理論に基づくポートフォリオ保険（OBPI：Option Based Portfolio Insurance）

```
44  riskfreeasset(!t) = portfolio(!t)-riskyasset(!t)         安産資産への投資額の計算
45  riskyasset(!t+1) = riskyasset(!t)*ror(!t)                期末危険資産額の計算
46  riskfreeasset(!t+1) = riskfreeasset(!t)*(1+r/Cycle)      期末安産資産額の計算
47  portfolio(!t+1) = riskyasset(!t+1)+riskfreeasset(!t+1)   期末ポートフォリオ額
48  riskyassetonly(!t+1) = riskyassetonly(!t)*ror(!t)        すべてを危険資産に投資したとき
49  next                                                     ====(繰り返し計算)===
50  '結果のグラフを描く
51  colplace(output1, portfolio, 1)                          ポートフォリオ価値
52  colplace(output1, riskyasset, 2)                         危険資産価値
53  colplace(output1, riskfreeasset, 3)                      安産資産価値
54  colplace(output2, portfolio, 1)                          ポートフォリオ価値
55  colplace(output2, riskyassetonly, 2)                     危険資産だけに投資したときの価値
56  output1.line                                             折れ線グラフを描く
57  output2.line                                             折れ線グラフを描く
58  w.bar                                                    危険資産への投資比率の棒グラフ
59  mtos(riskyassetonly, riskyaseet_hist)                    危険資産だけに投資したときの分布
60  riskyaseet_hist.hist                                     そのヒストグラム
61  mtos(portfolio, portfolio_hist)                          PIをかけたときのポートフォリオ分布
62  portfolio_hist.hist                                      そのヒストグラム
```

図5.6　ポートフォリオ保険（PI）運用の成果の分析

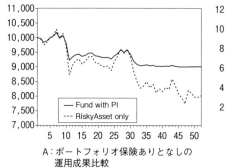
A：ポートフォリオ保険ありとなしの
　　運用成果比較

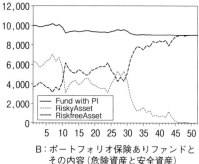
B：ポートフォリオ保険ありファンドと
　　その内容（危険資産と安全資産）

す。

　図5.8は、保険をかけたファンドとかけないファンドとで、分布（ヒストグラム）がどのように異なるか比較しています。保険をかけていないファンドは7,500円から10,500円までファンド価値が散らばっているのに対し、保険をかけたファンドは9,000円以下にならないことがわかります。

第5章 金融商品の設計：仕組債とポートフォリオ保険

図5.7 ポートフォリオ保険運用ファンドに占める危険資産運用比率の時間推移

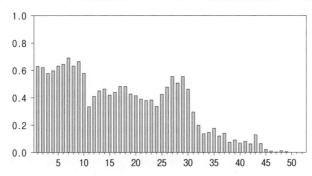

図5.8 ポートフォリオ保険なし（左）とポートフォリオ保険あり（右）の場合の分布

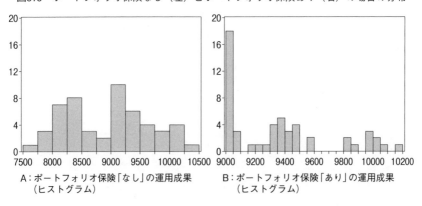

A：ポートフォリオ保険「なし」の運用成果　　B：ポートフォリオ保険「あり」の運用成果
　　（ヒストグラム）　　　　　　　　　　　　　（ヒストグラム）

5.3.5 オプションの行使価格とポートフォリオ保険ファンドの守るべき最低水準との関係

前項の分析では、プットオプションの行使価格を $K = 1$ 万円と定めて、初期投資額1万円のファンドがある一定水準を割ることのないようにポートフォリオ保険をかけました。問題は「ファンド価値が一定水準を割ることがない」としたわけですが、この一定水準とはいくらになるのでしょうか？　あるいはこの一定水準をまず決めて、それに対応するプットオプションの行使価格を決めるほうが自然かもしれません。ここで、プットオプションの行使価格 K と初期投資水準の守るべき一定割合 x（$0 < x < 1$）との関係がどのようになる

かを調べてみましょう。

初期投資額 I_0 と初期時点の危険資産額 S_0 とプットオプション価値 P_0 は

$$S_0 + P_0 = I_0 \tag{5.13}$$

となり、プットオプションの行使価格 K と初期投資水準の守るべき一定割合との関係は、次の関係を満たすはずです。

$$K = xI_0 \tag{5.14}$$

(5.14)式を初期投資額 I_0 に関して解き、その結果を(5.13)式に代入して展開すると、

$$\begin{aligned} S_0 + P_0 &= K/x \\ \Leftrightarrow \quad S_0 + (Ke^{-rT}N(-d_2) - S_0 N(-d_1)) &= K/x \\ \Leftrightarrow \quad S_0(1 - N(-d_1)) + Ke^{-rT}N(-d_2) &= K/x \end{aligned} \tag{5.15}$$

$$g(K) \equiv K/x - S_0 N(d_1) - Ke^{-rT}N(-d_2) = 0 \tag{5.16}$$

したがって、初期投資水準に対して守るべき一定割合 x ($0 < x < 1$) は

$$x = \frac{K}{S_0 N(d_1) + Ke^{-rT}N(-d_2)} \tag{5.17}$$

となります。他方、プットオプションの行使価格 K は(5.16)式で x の具体的な値を与えたとき、それを行使価格の関数 $g(K) = 0$ になる行使価格 K を求めればよいのです。行使価格 K と関数 $g(K)$ の間の関係は非線形ですが、単調増加傾向を示すので解くことは難しくありません。

5.4 比率一定型のポートフォリオ保険（CPPI）：誰でもわかるポートフォリオ保険

これまでは特定のオプション価格決定モデル、ここではブラック＝ショール

ズモデルを用いたポートフォリオ保険を説明しました。もう一つよく知られたポートフォリオ保険に、比率一定型のポートフォリオ保険（CPPI：Constant Proportional Portfolio Insurance）があります。先のオプション価格理論を用いたポートフォリオ保険では、(5.11)式に示されたように、株と安全資産への投資比率 w_t と $1-w_t$ は、株価や満期までの期間 $T-t$、無リスク金利、ボラティリティなどが毎期変わることにより変動します。

5.4.1 CPPI の考え方

これに対し比率一定型ポートフォリオ保険（CPPI）では、ポートフォリオ価値と行使価格（これを CPPI では床〈フロアー：F〉と呼びます）の差の「一定」割合をつねに株式に投資することから、このように名付けられています。

比率一定型ポートフォリオ保険では、危険資産である株式への投資額、これを t 期のエクスポージャー（E_t：exposure）と呼び、次の(5.18)式

$$\widetilde{E}_t = m\widetilde{C}_t \tag{5.18}$$

で計算します[1]。残りの資金残額は安全資産に投資します。ここで、m を乗数（multiplier）、C_t を t 期のクッション（cushion）と呼びます。クッション C_t は、株式 E_t と安全資産 B_t の合計であるポートフォリオ価値 $V_t = E_t + B_t$ から保険額を表す床（F_t：フロアー、行使価格）を差し引いた余裕部分になります。つまり、クッションを(5.19)式のように定義します。

$$\widetilde{C}_t = \widetilde{V}_t - F_t \tag{5.19}$$

CPPI 型の運用は、5.3節で説明したオプション価格モデルを用いた運用（OBPI：Option Based PI）と異なり、フロアー（行使価格）F と定数 m だけを与えればよいこと、運用方針が直観的にわかりやすいことなどにより、実務

---

[1] アインシュタインによる有名なエネルギー E と質量 m、光速度 C との間の関係を規定する公式に $E = mC^2$ があります。これに対し(5.18)式は、$E_t = mC_t^1$ となっています。CPPI を考えた Fischer Black を中心とするゴールドマン・サックス社の研究者のユーモアでしょう。詳しくは、Mehrling and Brown (2005) の第7章を参照してください。

5.4 比率一定型のポートフォリオ保険（CPPI）：誰でもわかるポートフォリオ保険

においてもよく用いられる人気のある運用戦略になっています。フロアー F と定数 m だけを与えればよいということは、運用期間（OBPI の言葉で言えば満期 T）を決める必要がありません。さらに危険資産のボラティリティは、（一見すると）必要ないことになります。

直観的にわかりやすい運用であることは、(5.19)式を(5.18)式に代入すると、危険資産に対する投資「額」が(5.20)式のようになることから理解できます。

$$\widetilde{E}_t = m\widetilde{C}_t = m(\widetilde{V}_t - F_t) \tag{5.20}$$

もし、ポートフォリオ保険をかけたファンド価値 V_t が、守るべきフロアー F_t より大きく離れていた場合、つまり余裕度合いを表すクッション C_t が大きなときは、それに一定の定数 m を掛けて求める危険資産への投資額も大きくなります。他方、ファンド価値 V_t が、守るべきフロアー F_t に近づくにつれ、つまり余裕度合いを示すクッションが小さくなると、危険資産への投資額は小さくなり、安全資産への投資額が増えます。もしファンド価値がフロアーに等しくなると、m がいくら大きな値であっても、危険資産への投資額はゼロになります。つまり、ポートフォリオは全額安全資産で運用することになり、フロアーよりも価値が小さくなることはありません。しかし、ファンド価値がいったんフロアーに達すると、それ以降すべての期間で全額を安全資産で運用することになり、危険資産価格が上昇しても市場の上昇を捕まえることができなくなります。この点はオプション価格モデルに基づくポートフォリオ保険と同じことです。

5.4.2　EViews による CPPI の実行と結果

表5.3は、前項で説明した比率一定型のポートフォリオ保険戦略を実行するための EViews プログラムです。プログラムの各行を以下で説明しましょう。

2行目は既存の計算結果のグラフ（fig1, fig2, fig3）を削除するためのコマンドです。3行目から8行目で、CPPI モデルへのインプット・パラメータと初期値の具体的な値を与えます。危険資産の時点ゼロの値が $E_0 = $ stock0 $= 6{,}000$ 円、現預金あるいは短期債券が cash0 $= 4{,}000$ 円、フロ

第 5 章　金融商品の設計：仕組債とポートフォリオ保険

表5.3　比率一定型（CPPI）のポートフォリオ保険の計算

```
1    '比率一定型のポートフォリオ保険
2    delete fig1 fig2 fig3
3    scalar stock0 = 6000
4    scalar cash0 = 4000
5    scalar floor = 9000
6    scalar m = 4
7    scalar r = 0.01
8    scalar Cycle = 52
9    smpl @all
10   series stock = stock0
11   series cash = cash0
12   series portfolio = stock+cash
13   series floor_series = floor
14   series stockonly = portfolio
15   'CPPIの計算
16   for !t = 2 to 52
17     ror = n225/n225(-1)
18     portfolio(!t) = stock(!t-1)*ror(!t)+cash(!t-1)*(1+r/Cycle)
19     stock(!t) = (portfolio(!t)-floor)*m
20     cash(!t) = portfolio(!t)-stock(!t)
21     stockonly(!t) = stockonly(!t-1)*ror(!t)
22   next
23   series rate_stock = stock/portfolio
24   series rate_cash = cash/portfolio
25   '結果のグラフを描く
26   graph fig1.line(t = fig1) portfolio stock cash
27   fig1.options -color
28   graph fig2.line(t = fig2) portfolio floor_series stockonly
29   fig2.options -color
30   graph fig3.bar(s, t = fig3) rate_stock rate_cash
31   fig3.options -color
```

アー（最低保証額）が $F =$ floor $= 9{,}000$ 円、乗数が $m = 4$、年あたりリスクフリーレート $r = 0.01 = 1$ ％、運用期間が $Cycle = 52$ 週としました。

　10行目から14行目までで、計算に用いる系列（シリーズ）属性をもつ変数を定義し初期化します。10行目と11行目で、危険資産である株式の系列名を stock、安全資産である現預金の系列名を cash としています。12行目で危険資産と安全資産の合計を CPPI の対象になるポートフォリオとします。13行目では、5行目で与えた最低保証額（floor）を、時系列属性をもつ floor_series と

して定義しています。14行目は資金の全額（10,000）を危険資産（株式）で運用したときの結果を格納する系列 stockonly を定義しています。

16行目から22行目までが、CPPI 計算を実行する主な部分です。17行目で、参照すべき危険資産である2011年の週次の日経平均株価指数から週次の投資収益率 ror を計算しています。18行目で、比率一定型のポートフォリオ保険をかけたときのファンドの価値を計算しています。19行目で危険資産への投資額を、(5.20)式に基づいて計算しています。20行目で、ポートフォリオ価値から19行目で計算した危険資産への投資額を差し引くことにより、残りを安全資産への投資額とします。21行目が、全額を危険資産に投資したときの価値を計算しています。

23行目と24行目で、それぞれポートフォリオ保険をかけたファンドの危険資産と安全資産への投資比率を計算しています。

26行目から31行目までで、結果の時系列を書いています。26行目と27行目は、次項で示す図5.9Bを描くためのコマンドです。fig1というグラフ名を付け、3つの時系列 portfolio, stock, cash を、fig1というすでに登録されたグラフ作成用のテンプレート（template）に従って描きます。この場合、27行目に従い、3つの線は白黒で出力します。グラフ・テンプレートを利用したとしても、図5.9のような最終的な図を描くためには若干の手作業で修正する必要がありますが、分析結果を論文や報告書にまとめる場合には便利な方法です。その他の図も同様にして作成できます。

5.4.3　結果の分析

図5.9Aには3本の線が描かれています。一番上の実線は、CPPI 型のポートフォリオ保険をかけたファンドの推移です。2011年は東日本大震災のあった年であり、6月の中旬から7月下旬の一部の期間を除き、日経平均株価は値下がり傾向を示しました。その下の右下がりの傾向を示す点線が、初期資金10,000円を全額日経平均で運用した結果です。真ん中の時間軸（横軸）に水平な直線は、ポートフォリオ保険の最低保証額を示すフロアー（$F = 9,000$ 円）を示しています。投資資金全額を危険資産である日経平均に投資をしていると、8月1日以降は最低保証額以下の成果しか得られません。これに対し

第5章 金融商品の設計：仕組債とポートフォリオ保険

図5.9 CPPIの実行結果

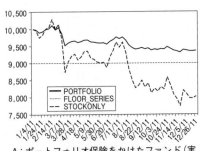

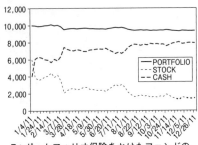

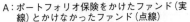

A：ポートフォリオ保険をかけたファンド（実線）とかけなかったファンド（点線）　　B：ポートフォリオ保険をかけたファンドの構成金額：株式と債券

注）CPPIは、定数（m）が4、最低保障（F）を9,000円とし、初期投資額10,000円（危険資産6,000円＋安全資産4,000円）での運用結果です。

CPPIをかけたときには、フロアー9,000円を割ることはありません。この場合、定数を$m=4$としましたが、ポートフォリオ価値とフロアーとの差であるクッションCは500円近くあるので、定数をもう少し大きくしてもよいかもしれません。

図5.9Bは、CPPI運用を適用したにポートフォリオ価値とその構成（株式と安全資産）が、時間とともにどのように変化したかを示したものです。1月4日に危険資産（株式）が6,000円、安全資産が4,000円、合計10,000円の投資資金で運用をはじめましたが、その翌週（1月11日）には安全資産が6,070円、危険資産が3,908円と逆転しました。その後一貫して株式より現金での運用額のほうが大きいことが見てとれます。図5.10はこの点を金額でなく相対比率で表したものです。

5.4.4 CPPI型運用において注意すべきこと

比率一定型のポートフォリオ保険は、5.3節で議論したオプション価格をもとにしたポートフォリオ保険（OBPI）に比べて、①運用期間Tやボラティリティσの値を与える必要がなく、単に乗数mと最低保証額Fのみを考えればよいこと、②ブラック＝ショールズモデルなどの「難しい」オプション価格理論の理解が必要でないことなどから、資産運用の世界で広く使われている運用手法です。「リスク調整型ファンド」と呼ばれている投資信託の多くは、CPPI

175

5.4 比率一定型のポートフォリオ保険（CPPI）：誰でもわかるポートフォリオ保険

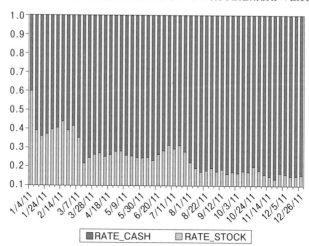

図5.10 ポートフォリオ保険をかけたファンドの株式と短期債券の投資比率

手法に基づいているものと推測できます[2]。しかし、乗数 m と最低保証額 F の決定にあたっては、CPPI の背後にある理論をよく理解する必要があります。実は、乗数 m と最低保証額（フロアー）F を「適当に」決めることはできないのです。

この2つの決定にあたっては、第4章の表4.1の②の式で示した危険資産の確率微分方程式の2つのパラメータ (σ, μ) や、投資家の危険回避度 λ、異時点間の効用に対する時間選好率 ρ、投資家の要求する最低保証水準 $c_{\min}$ などを考慮すべきなのです（詳しくは Black and Perold 1992を参照してください）。実は、背後にある理論を知らずして「適当な」CPPI 運用を行って失敗するファンドがそれなりにあるのです。

【参考文献】

浅野幸弘 (1989)『先物・オプションの活用戦略：派生証券とポートフォリオ・インシュアランスの理論と応用』東洋経済新報社

---

2)「リスク調整型ファンドが増加」（日本経済新聞、2014年3月13日朝刊）の記事を参照してください。

森平爽一郎（2014）「金融商品のプライシング：保険・投信・仕組み債を考える」『経済セミナー』678号、35-41頁

Black, F. and A. Perold (1992) "Theory of Constant Proportion Portfolio Insurance," *Journal of Economic Dynamics and Control*, 16 (3-4), pp.403-426.

Black, F. and R. W. Jones (1987) "Simplifying Portfolio Insurance," *Journal of Portfolio Management*, 14(1), pp.48-51.（『ニューファイナンシャルテクノロジーズ』ゴールドマン・サックス証券訳、きんざい、1991年の86-140頁に所収）

Ho, L., J. Cadle and M. Theobald (2010) "Portfolio Insurance Strategies: Review of Theory and Empirical Studies," C. F. Lee, A. C. Lee and J. Lee eds., *Handbook of Quantitative Finance and Risk Management*, pp.319-332, Springer.

Mehrling, P. and A. Brown (2005) *Fischer Black and the Revolutionary Idea of Finance*, John Wiley & Sons.（『金融工学者フィッシャー・ブラック』今野浩監訳、村井章子訳、日経 BP 社、2006年）

Perold, A. F. and W. F. Sharpe (1995) "Dynamic Strategies for Asset Allocation," *Financial Analysts Journal*, 51(1), 149-160.

第6章 実証ファイナンス

本章では EViews で大容量データを扱うときのテクニック、高頻度取引における約定間隔の意味付けを仮説検定する ACD モデル、不規則間隔に発生する約定において瞬間収益率を利用してイントラデイのボラティリティを推定する UHF-GARCH モデルを紹介します。

ACD モデルの項目では、EViews のダイアログを利用して擬似最尤法を利用する方法と、パラメータに制約条件を課した尤度関数を使って最尤推定を行う方法を解説します。また、UHF-GARCH モデルと比較する意味で、価格のティックデータから直接、日次ボラティリティを推定する実現ボラティリティの推定方法も最後に紹介します。

6.1 LogL オブジェクトによる最尤法推定

実証分析を行う際に自分で尤度関数を定義し、パラメータの推定を行う場合があります。制約付きの ACD モデルの推定では LogL オブジェクトを利用します。そこで、最初に EViews における LogL オブジェクトの利用方法を解説します。

表6.1に示すプログラムでサンプルデータを作成します。このプログラムは確率変数 X と Y を作成します。X は平均3で分散16の正規分布に、誤差項は平均0、分散4の同じく正規分布に従うものとします。ここで X と Y は次のような線形関係を満たすものとします。

6.1 LogL オブジェクトによる最尤法推定

表6.1　サンプルデータを作成する

```
1  '06_01_sample.prg
2  wfcreate(wf = mylogl) u 100
3  rndseed 1234
4  series x = 3+4*nrnd
5  series e = 2*nrnd
6  series y = 1+3*x+e
7  equation eq01.ls y c x
8  c(3) = eq01.@se^2
```

$$y_i = 1+3x_i+u_i, \quad u_i \sim N(0,4)$$

このプログラムを実行すると、最小二乗法により、定数項1.31、Xの係数2.94となる推定結果を得ます。それではこのOLSの推定結果を利用して最尤推定を行ってみましょう。ただし線形モデルの場合、特別な条件を付けなければ最尤推定の結果は最小二乗法のそれと同じものになります。したがって、これから行う作業については、LogLオブジェクトの道具の使い方を学ぶという視点で考えてください。

最尤推定では係数推定値と誤差分散の初期値を必要とします。したがって、先のプログラムでは最後に回帰の標準誤差を二乗して分散とし、c(3)に格納します。このことを心にとめて、LogLオブジェクトを作成します。まずはワークファイルウィンドウで右クリックし、> New Object > LogL と操作してオブジェクト名を mylogl とします。新しいウィンドウが開きますので、次のように入力します。

```
@logl logl1
res1 = y-c(1)-c(2)*x
logl1 = log(@dnorm(res1/@sqrt(c(3))))-log(c(3))/2
```

入力が終わったら、EstimateボタンをクリックしますSampleのテキストボックスが空白になっている場合は @all と入力し、すべてのデータを利用するよう設定し、OKボタンをクリックします。

この結果、eq01 と mylogl に表示される推定結果の推定値は同じになります

が、標準誤差は最尤法を利用した mylogl のほうがやや大きくなります。これは最尤法推定の特徴です。

尤度関数を用いることで、標準の equation オブジェクトで推定できないようなモデルにも対応できます。LogL オブジェクトを利用するときの最大のポイントは、尤度関数を正しく定義することです。res1ではじまる前頁の 2 行のコードについて説明します。この 2 行を式で書くと、(6.1)式のようになります。

$$
\begin{aligned}
\hat{u}_i &= y_i - \hat{\alpha} - \hat{\beta} x_i \\
\mathrm{LL} &= \sum_{i=1}^{n} \log f(\hat{u}_i/\hat{\sigma})
\end{aligned}
\tag{6.1}
$$

ここで $f(\cdot)$ は、eq01の推定に用いた最小二乗法との対応で標準正規分布の密度関数になります。ただし、EViews に用意されている標準正規分布の密度関数 @dnorm( ) を利用したいので、u_i/σ として残差を標準化します。

また、正規分布の密度関数は、変数 $X \sim N(\mu, \sigma^2)$ について、

$$
f(x) = \frac{1}{\sqrt{2\pi\sigma^2}} \exp\left(-\frac{(x-\mu)^2}{2\sigma^2}\right)
$$

と定義されますが、回帰からの残差についてはその平均が $\hat{\mu} = 0$ ですから、式を変形して次のようにします。

$$
f(x) = \frac{1}{\sqrt{\sigma^2}} \cdot \frac{1}{\sqrt{2\pi}} \exp\left(-\frac{1}{2}\left(\frac{x}{\sigma}\right)^2\right)
$$

最後に、両辺の自然対数をとると、(6.2)式のようになります。

$$
\log f(x) = \log\left\{\frac{1}{\sqrt{2\pi}} \exp\left(-\frac{1}{2}\left(\frac{x}{\sigma}\right)^2\right)\right\} - \frac{1}{2}\log \sigma^2
\tag{6.2}
$$

(6.2)式の右辺第 1 項は、EViews における標準正規分布の密度関数 @dnorm に相当します。残差の分散は EViews のパラメータ c(3) として推定します。対数尤度関数 LL を EViews で記述する場合は、このように提供されている関数をうまく利用して記述するところがポイントになります。もちろん、利用で

きる関数がないときは、数式をそのまま EViews のコマンドに書き直します。

　LogL オブジェクトを利用したときに、いきなりエラーセッメージが出てがっかりした苦い経験をおもちではないでしょうか。そのような場合は慌てずに、次の手順に従って原因を探しましょう。

① 尤度関数のシリーズオブジェクト logl1 の中身を確認しましょう。対数関数 log を用いているので、カッコ内の計算が負になってはいけません。尤度関数の定義をもう一度見直しましょう。
② LogL オブジェクトによって作成される res1 や logl1 は、推定をやり直しても基本的に上書きされますので、何らかの原因で不整合な値が残っていないでしょうか？
③ 上記の①と②は、推定開始後、すぐにエラーになります。逆に、しばらく待っても「計算が終わらない！」という場合は、尤度関数の誤りが考えられます。EViews はデフォルト設定である 500 回の計算を終えても計算が完了しない場合、「収束できませんでした！」というエラーメッセージを表示します。
④ 尤度関数において1つのパラメータが複数箇所に登場していないでしょうか。尤度関数を最後まで整理し、同一のパラメータが残っていないようにします。
⑤ 標本に欠損値（NA）を含んではいけません。モデルで利用するシリーズ x に欠損値がある場合、Sample のテキストボックスに、例えば @all if x <> NA とタイプします。

6.2 テキストファイルの結合

　今や株価データはミリ秒単位やそれ以上の精度で入手できます。いわゆる「高頻度取引」と呼ばれる取引に参加する投資家は、これらの取引情報をリアルタイムで入手し、一般の投資家とは異なる時間スケールで取引を行っています。その高頻度データを使って実証分析を行うためには、データ分析に先だって大容量のデータを整理する作業が必要になります。

第6章 実証ファイナンス

図6.1 サンプルデータstock01.csv

	A	B	C	D	E	F	G
1	date	hour	min	sec	code	price	trade
2	525	9	4	1	100	1000	1
3	525	9	4	12	100	1110	0
4	525	12	6	2	200	4500	0
5	525	12	6	4	200	4510	1
6	525	12	6	12	200	4400	1
7	525	12	6	22	200	4300	1
8	525	10	3	32	300	6400	0
9	525	10	5	35	300	6500	0
10	525	11	12	12	300	6200	1

　例として、擬似的な秒単位のティックデータ（stock01.csv から stock03.csv）を本書のサポートサイトに用意しました。ここではこれらのサンプルデータをCドライブのeviews/book06というフォルダにダウンロードしてあるという前提の下で解説を行います。ファイルを結合する作業を効率的に行うためには、この例のようにファイル名を連番形式にしておくことをお勧めします。

　stock01からstock03までのテキストファイルには、証券コード100, 200, 300の3つの銘柄の取引情報が入っています。例えば、図6.1の2行目のデータは、5月25日の午前9時4分1秒に証券コード100の銘柄で約定が成立したことを示すものとします。

　3日分のテキストファイルから証券コード100と300だけの情報を取り出して、一つのEViewsのワークファイルとして統合する方法を紹介します。まずはメニュー操作で作業し、次にそれを自動的に実行するプログラムを示します。

6.2.1　メニュー操作によるファイルの結合

【Step 1】

　> File > Open > Foreign Data as Workfile...と操作して、stock01.csv ファイルを開きます。インポートダイアログでは完了ボタンをクリックします。ここでは元ファイルとのリンクは保持しないので、No のボタンをクリックします。

【Step 2】

　3つのコードの情報がファイルに含まれていますが、必要なものはコード

100と300の情報です。よって、> Proc/Copy > Extract from Current Page/By value to New Page or Workfile...と操作します。もちろん、データのリンク機能を利用する By Link を選択してもかまいません。Copy by Values のダイアログで Sample のテキストボックスに次のように入力します。

$$@all\ if\ code = 100\ or\ code = 300$$

そして、同じダイアログにある Page Destination のダイアログで Page のテキストボックスに home と入力します。

【Step 3】
　画面下側にある Stock01 のワークファイルページのタブを右クリックして、Delete Workfile Page コマンドを選択します。

【Step 4】
　stock02.csv を別ページとしてインポートします。ワークファイルウィンドウの下にある NewPage タブをクリックし、> Load > Import Workfile Page... コマンドを選択します。ファイルの種類を csv に変更し、目的の stock02.csv を選択します。

【Step 5】
　ここでは Step 2 と同様に、目的のコードの情報だけを stock02 から取り出します。Page Destination の名前を temp にして同じように操作します。

【Step 6】
　ワークファイルページ temp の内容を home に追加します。home の画面を表示し、> Proc > Append to Current Page...コマンドを選択します。Page の項目が temp になっていることに注意してください（図6.2）。
　ワークファイルの構造を変更する確認ダイアログでは OK ボタンをクリックします。この操作により、ページ home のデータ数が増えたことが確認できます。

第6章 実証ファイナンス

図6.2 ページを結合するダイアログ

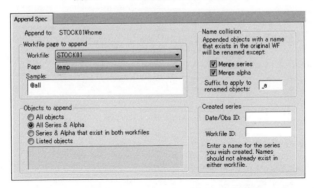

表6.2 3つのテキストファイルを結合する

```
1   '06_02_append.prg
2   tic
3   wfopen stock01.csv
4   pagecopy(smpl = @all if code = 100 or code = 300, page = home)
5   pagedelete stock01
6   'stock02とstock03を連続取り込み
7   %x = "stock"
8   for !i = 2 to 3
9   '数字の前にゼロを付けるか、付けないか
10    if !i < 10 then
11      %fn = %x+"0"+@str(!i)
12    else
13      %fn = %x+@str(!i)
14    endif
15    '次のファイルをインポート
16    pageload {%fn}.csv
17    pagecopy(smpl = @all if code = 100 or code = 300, page = temp)
18    'homeをアクティブにして、データを追加
19    pageselect home
20    pageappend temp
21    '不要なページの削除
22    pagedelete {%fn}
23    pagedelete temp
24  next
25  toc
26  scalar et = @toc
```

6.2 テキストファイルの結合

【Step 7】

ここで不要になったstock02とtempのワークファイルページを削除します。画面下のタブをクリックし、それぞれDelete Workfile Pageコマンドを実行します。

【Step 8】

Step 4に戻って追加と削除の作業を繰り返します。

以上の処理をプログラムで記述すると、表6.2のようになります。

6.2.2 プログラムの実行モード

プログラムを実行するときに表示されるRun Programダイアログでは、図6.3に示すRuntime errorsの項目にあるQuietを選択します。大容量のデータを操作し、しかもグラフや表の作成などで画面を再描画するようなケースではQuietモードのほうが格段に速くなります。

データファイルを結合して1つのEViewsワークファイルを作成しました。結合したワークファイルの中にあるスカラーオブジェクトetをダブルクリックして開くと、プログラムの実行に要した時間が確認できます。

6.2.3 文字列の操作

ここでは練習用にきれいにインポートできるテキストファイルを利用しました。ただ、実際にデータをインポートする場面では、本来、別の列にあるべき情報が一緒になってインポートされてしまうことがあります。実際、先のインポートプログラムを実行すると、ワークファイルの中にzzzというアルファオブジェクトができます。中身を見ると、文字列と数字が分離できずに一つの情報として結合していることがわかります。

ここで、左から数えて4文字目から3つの文字を数値として取り出す場合は、次のコマンドを利用します。

$$\text{series vol} = @val(@mid(zzz, 4, 3))$$

これは、文字列を格納するアルファシリーズzzzにおいて、左から数えて4文

図6.3　プログラムの実行モードの選択

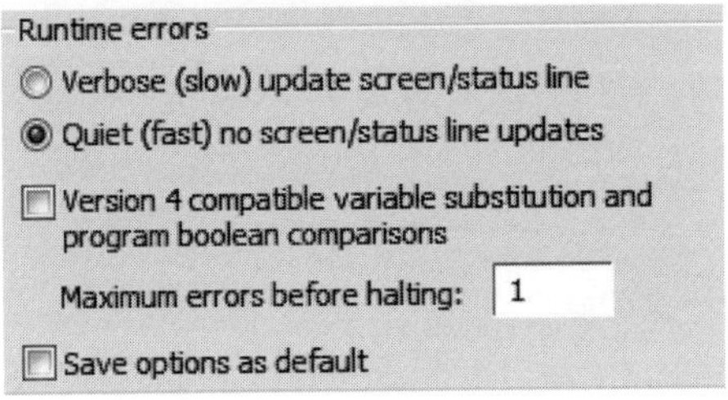

字目から 3 文字を取り出し、それを数値属性に変更してシリーズオブジェクト vol に保存します。文字列の取り出しに関するコマンドとしてはこのほかに、左右のどちらか一方から所定の文字数を取り出す @left や @right などがあります。

6.2.4　ティックデータの時間情報

　ティックデータを処理する場合、時間情報を午前 0 時からはじまる秒単位の時間を使って処理することがあります。とくに筆者が研究している ACD モデルで、日経平均先物の夜間取引は当日の夕刻から翌日早朝まで取引が行われていますので、1 日を30時間などとして、それを秒単位に換算してデータを処理しています。

　ここでは、統合したデータの時間情報を午前 0 時からはじまる秒単位での表現に変更します。新しいシリーズオブジェクト名は st とします。

$$\text{series st = hour*3600+ min*60+ sec}$$

　後述する ACD モデルでは、GARCH モデルと同じように一時系列だけのデータを用いますので、先のプログラムでの処理と同じく、> Proc > Copy | Extract from Current Page > By value to New Page or Workfile...と操作し、コード100のデータのうちの約定データだけを別ページに取り出します。つまり、条件式として次の設定を利用します。

$$\text{@all if code = 100 and trade = 1}$$

このようにして個別銘柄の約定データを準備します。ここから先は目的とする実証分析の手法によってデータの処理が異なります。本章では約定時点の差分をとって約定間隔を作成し、ACDモデルを推定する場合のデータ処理方法とモデル推定の実用的なテクニックについて解説します。

6.2.5 ティックデータの結合

東京商品取引所（TOCOM）のウェブサイト[1]からは、先物取引の約定ティックデータ（5日分）が無料でダウンロードできます。ここでは擬似データではなく、実際のデータを準備するためのテクニックをさらに解説します。以下では、2017年5月22日の週の5日分のデータを tocom1.csv から tocom5.csv として用意してあることを前提として話を進めます。

最初に利用した人工的に作成したデータとは違い、図6.4のF列の約定時刻はHHMMSSの形式で一つのレコードになっています。各列の意味は次の通りです。

　　A：取引日（YYYYMMDD）
　　B：取引種別
　　C：商品
　　D：限月
　　E：権利行使価格
　　F：約定時刻（HHMMSS）
　　G：約定値段
　　H：約定枚数
　　I：SCO同士の約定(1)

さらなる詳細は、TOCOMのウェブサイトを参照してください。表6.3のプログラムは、5つのCSVファイルを連続取り込みして一つのワークファイルを作成します。

ここで利用したデータの場合、シリーズオブジェクトのラベルに自動的にデ

1）http://www.tocom.or.jp/jp/index.html

図6.4 ティックデータの一部

	A	B	C	D	E	F	G	H	I	J
1	20170522	11	11	201706		150949	4483	1	0	
2	20170522	11	11	201706		142728	4485	1	1	
3	20170522	11	11	201706		142719	4484	1	0	
4	20170522	11	11	201706		135508	4482	1	0	
5	20170522	11	11	201706		95459	4492	1	1	
6	20170522	11	11	201706		95451	4492	1	1	
7	20170522	11	11	201706		95448	4492	1	1	
8	20170522	11	11	201706		95448	4492	1	0	
9	20170522	11	11	201706		95448	4492	1	1	
10	20170522	11	11	201706		95448	4492	4	0	
11	20170522	11	11	201706		95448	4492	1	0	
12	20170522	11	11	201706		95448	4492	1	0	
13	20170522	11	11	201706		95448	4492	1	0	

表6.3 TOCOMの5つのテキストファイルを結合する

```
1   '06_03_append2.prg
2   tic
3   wfopen tocom1.csv
4   %x = "tocom"
5   for !i = 2 to 5
6   '1ケタの連番の先頭にゼロは使わない
7     %fn = %x+@str(!i)
8     pageload {%fn}.csv
9   'tocom1をアクティブにして、データを追加
10    pageselect tocom1
11    pageappend {%fn}
12  '不要なページの削除
13    pagedelete {%fn}
14  next
15  toc
16  '処理時間を格納
17  scalar et = @toc
```

フォルトの変数名（series**）が残ってしまい、グラフタイトルになってしまいます。これはシリーズオブジェクト名を変更し、ラベルを削除することで修正できます。例えば、series01を date という名前に変更し、ラベルを削除する場合は次のようにします。

rename series01 date
date.label(c)

その他のシリーズ名は次のような名前に変更します。

図6.5 商品ごとの約定回数

```
Tabulation of CODE
Date: 07/22/17   Time: 11:09
Sample: 1 134868
Included observations: 134868
Number of categories: 23
```

Value	Count	Percent	Cumulative Count	Cumulative Percent
11	28828	21.37	28828	21.37
12	127	0.09	28955	21.47
13	18436	13.67	47391	35.14
14	451	0.33	47842	35.47
16	3051	2.26	50893	37.74

　　　　rename series02 type

　　　　rename series03 code

　　　　rename series04 cm

　　　　rename series05 eprice

　　　　rename series06 time

　　　　rename series07 price

　　　　rename series08 vol

　　　　rename series09 sco

データを取り込むことができたら、この1週間でどの商品が、より多く取引されているのか、シリーズオブジェクト code（c 列）を使って調べます。このシリーズでは2ケタまたは3ケタの整数で商品の種類を示しています。

　code で > View > One-Way Tabulation... と操作して OK ボタンをクリックします。当該期間内では金(11)、プラッツドバイ原油(33)、ゴム(81)の約定がそれぞれ21％前後を占め、活発に取引されていました（図6.5）。

　よって、ここでは次のコマンドで金（gold）の約定データ（code =11）だけを取り出します。次のコマンドを実行するとダイアログを表示しますので、そのまま OK ボタンをクリックします。

　　　　pagecopy(smpl = @all if code = 11, page = gold)

6.3 ACDモデルとは

Engle and Russell（1998）は、株式の約定間隔に注目したAutoregressive Conditional Duration（ACD）モデルを提案しました。活発に取引される銘柄であれば、約定間隔は短くなり、流動性の低い銘柄ならば約定間隔が長くなるということは直観的に理解できるところです。投資家はつねに投資戦略に必要な情報を収集しており、新しい情報が入るたびにポジションの変更を検討します。仮に、ある銘柄に対するGood Newsをいち早く入手できれば、価格が上昇する前にいち早く購入し、高値で売却益を得ることができます。Good/Bad Newsは瞬く間に伝搬しますので、約定間隔はより一層短くなると考えられます。Engle and Russell（1998）は、観測可能な約定間隔 x_i のほかに、以下の(6.3)式を満たす約定間隔の条件付き期待値 Ψ_i の存在を仮定しました。

ACDモデルの基本構成は(6.3)式のようなものです。

$$\begin{aligned}\Psi_i &= \omega + \alpha x_{i-1} + \beta \Psi_{i-1} \\ x_i &= \Psi_i \epsilon_i\end{aligned} \tag{6.3}$$

ここで、$E(x_i|x_{i-1}, x_{i-2}, ..., x_1) \stackrel{\text{def}}{=} \Psi_i$ であり、ϵ_i はi.i.d.で次の仮定に従う確率変数とします。

$$E(\epsilon_i) = 1$$
$$Var(\epsilon_i) = \sigma^2$$

ここで、x_i はイントラデイトレンドを除去した調整済み約定間隔、Ψ_i は期待約定間隔と呼ばれ、ϵ_i は非負の確率分布に従う確率変数です。

6.3.1　時間を示す変数の作成

インポートしたシリーズtimeには約定時刻がhhmmssの形式で入っています。ACDモデルで利用する約定間隔は単純に時点の差をとるものですが、インポートした形式のままでは計算できません。そこで、先に説明した秒単位の時刻に変換します。

6.3 ACD モデルとは

表6.4　シリーズオブジェクトtimeから秒単位の時刻を作成する

```
1   '06_04_maketime.prg
2   pageselect gold
3   smpl @all
4   '文字列の時刻情報を作成
5   alpha t = @str(time)
6   series ss
7   series mm
8   series hh
9   'timeが2桁以下の場合
10  smpl @all if time < 100
11  ss = @val(t)
12  mm = 0
13  hh = 0
14  'timeが3桁の場合
15  smpl @all if time < 1000 and time >= 100
16  ss = @val(@right(t, 2))
17  mm = @val(@left(t, 1))
18  hh = 0
19  'timeが4桁の場合
20  smpl @all if time < 10000 and time >= 1000
21  ss = @val(@right(t, 2))
22  mm = @val(@left(t, 2))
23  hh = 0
24  'timeが5桁の場合
25  smpl @all if time < 100000 and time >= 10000
26  ss = @val(@right(t, 2))
27  mm = @val(@mid(t, 2, 2))
28  hh = @val(@left(t, 1))
29  'timeが6桁の場合
30  smpl @all if time >= 100000
31  ss = @val(@right(t, 2))
32  mm = @val(@mid(t, 3, 2))
33  hh = @val(@left(t, 2))
34  smpl @all
35  '秒単位の時刻time2の作成
36  series time2 = hh*3600+mm*60+ss
37  group group01 time hh mm ss time2
38  show group01
```

手順としては、シリーズオブジェクトを文字列オブジェクトに変換し、それを分解した上で、最後に秒単位の時刻を作成します。金の約定情報の入ったワークファイルページ gold に対して表6.4のプログラムを実行します。プログラ

ムの実行により、秒単位の時間を示すシリーズ time2 を作成します。

ここで商品先物の日中立会時間と、夜間立会の時間を確認しておきます。

日中立会：9時（32400秒）〜15時15分（54900秒）
夜間立会：16時30分（59400秒）〜翌日4時（14400秒）

話を簡単にするため、日中立会のデータだけを利用して分析を行います。ただし、筆者がこの期間のデータを調べてみたところ、15時（54000秒）までのデータしかありませんでしたので、次のコマンドで日中立会のデータを別ページに取り出します。

pagecopy(smpl = @all if time2 > = 32400 and time2 < = 54000, page = gold2)

次に約定データの日付 date と time を結合させて、期間中での絶対時刻を示す変数 at を作成してデータをソートします。その上で階差をとって約定間隔 dt を作成します。

$$\text{series at = date*100000+time2}$$
$$\text{sort at}$$
$$\text{series dt = d(time2)}$$

さらに、後述する UHF-GARCH モデルの推定で利用する収益率 r をこの段階で作成しておきます。

$$\text{series r = dlog(price)}$$

日中立会で考えた場合、翌取引日までの間隔（オーバーナイト）が負になってしまうので、pagecopy コマンドで取り除きます。

$$\text{pagecopy(smpl = @all if dt > = 0, page = gold3)}$$

この結果、gold3というワークファイルページができます。ACD モデルを提案した Engle and Russell（1998）の場合、同一タイムスタンプの付いた約定間隔（ゼロ約定間隔）が10%あり、これを除外してモデル推定しています。しかし、ここで利用したデータの場合、約半数がゼロ約定間隔となってしまいま

図6.6 約定間隔の分布（日中立会のみ）

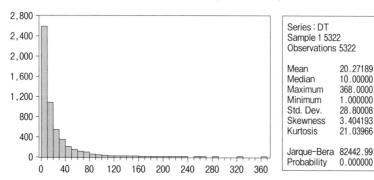

す。ここではゼロ約定間隔の処理に関する問題は脇に置き、ACDモデルの推定方法に話を絞って解説します。したがって、次のコマンドでさらにゼロ約定間隔を削除します。

pagecopy(smpl = @all if dt > 0, page = gold4)

この結果、11,466個あったデータが半数以下の5,322個になります。このときの約定間隔の分布を図6.6で確認しておきます。約定間隔は非負の分布で、最小値が1秒、最大値が6分ほどになっています。

ACDモデルにおいて、このように削除されてしまうゼロ約定間隔の処理に関して統一した方法は提案されていません。しかし、これにより約定間隔の自己相関構造は大きく変化してしまうので、実際の実証研究では何らかの対応が必要です。

6.3.2 イントラデイトレンド

Engle and Russell（1998）は、観測可能な約定間隔 τ_i に対して(6.4)式のような処理を行っています。

$$x_i = \frac{\tau_i}{\phi(t_i)} \tag{6.4}$$

ここで $\phi(t_i)$ は、1日の時刻に固有なイントラデイトレンドです。つまり、約

表6.5 32,400秒から54,900秒までのdtの5分平均を作成する

```
1   '06_05_average.prg
2   pageselect gold4
3   smpl @all
4   !s = 32400
5   '5分間隔の個数
6   !j = (54900-32400)/300
7   '平均を格納する行列オブジェクト
8   matrix(!j, 2) m5dt
9   '5分平均の計算
10  for !i = 1 to !j
11    !e = !s+300
12    smpl @all if time2 > !s and time2 <= !e
13    !mn5 = @mean(dt)
14    m5dt(!i, 1) = !e
15    m5dt(!i, 2) = !mn5
16    !s = !e
17  next
18  smpl @all
19  show m5dt.xyline
```

定間隔を乗法型の経済変数と考えてトレンド成分を除去します。このトレンド関数 $\phi(t_i)$ にどのようなものを利用するか、定番として決まったものはありません。Engle and Russell（1998）は取引時間を30分単位で区切ったのち、線形スプラインをフィットして $\phi(t_i)$ としています。

しかし、手順として実証分析の場面ではいきなりトレンド関数 $\phi(t_i)$ を推定するのではなく、表6.5に示すプログラムを使って日中立会時間内の約定間隔の5分平均（5日分）を考察するのが一般的です（図6.7）。

日中立会の場合、取引開始直後に活発な取引が行われ、時間経過とともに約定数が徐々に減少し、約定間隔が長くなります。そして取引時間終了が近づくにつれ、ポジションを整える動きが強まって再び約定間隔が短くなります。ここではトレンド関数として二次曲線を用いる(6.5)式の回帰スプラインを利用します。

$$\phi(t_i) = p_m(t_i) + \sum_{i=1}^{n} c_i (t_i - k_i)_+^2 \tag{6.5}$$

ここで、$p_m(t_i)$ は第一区間の二次関数です。$(t_i - k_i)_+^2$ における k_i は9時30分

6.3 ACDモデルとは

図6.7 約定間隔（5分平均）のイントラデイトレンド

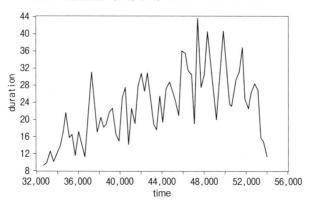

表6.6 イントラデイトレンドのトレンド関数を推定する

```
1   '06_06_trend.prg
2   pageselect gold4
3   smpl @all
4   series f1 = time2
5   !t = 34200
6   '30分単位でノットを作成
7   !dt = 1800
8   %indep = "c f1 f1^2"
9   for !j = 2 to 12
10    %f = "f"+@str(!j)
11    series {%f} = 0
12    %indep = %indep+" "+%f
13  next
14  for !j = 2 to 12
15    %f = "f"+@str(!j)
16    smpl @all if time2 > !t and time2 <= 54900
17    {%f} = (time2-!t)^2
18    !t = !t+!dt
19  next
20  smpl @all
21  equation eq01.ls dt {%indep}
22  eq01.fit(f = na) dt_hat1
23  group group01 time2 dt_hat1
24  show group01.scat
25  'トレンドの削除
26  series xi = dt/dt_hat1
```

図6.8 回帰スプラインによるイントラデイトレンド

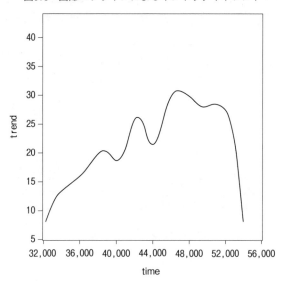

図6.9 調整済み約定間隔の5分平均

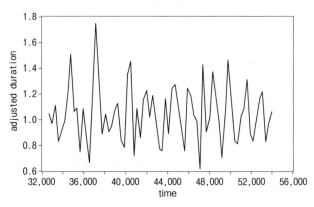

(34,200秒) をノット1として30分単位で変化する時点情報です。ただし、最後の区間だけは15分(3時から3時15分)とします。推定するのは $p_m(t_i)$ の二次関数の係数と、跳び量 c_i です。プログラムでは $f_i = t_i - k_i$ として f_i を先に計算します。もちろん、t_i は各約定時点のシリーズ time2 です。表6.6プログラムを実行した結果、図6.8に示す回帰スプラインを得ます。

先に示したように、観測した約定間隔をトレンド曲線で除せば、調整済み約定間隔を求めることができます。その調整済み約定間隔の5分平均を求めたものが図6.9です。これを図6.7と比べると、イントラデイトレンドが削除されていることがわかります。図6.9のデータの作成には、プログラム06_05_average.prg の変数名を xi に変更したものを利用します。ここには掲載しませんが、本書のサポートサイトに06_06_average_xi.prg として用意してあります。

調整済み約定間隔からはイントラデイトレンドが除去されています。これでACDモデルを推定する用意が整いました。

6.4 ACDモデルの推定

調整済み約定間隔を用いてACDを推定する場合、2つの方法があります。ここでは最初に擬似最尤法（QML）を、次に同じモデルを最尤法で推定する方法を紹介します。

6.4.1 擬似最尤法の利用

この方法は EViews の equation オブジェクトを利用します。> Quick > Estimate Equation...と操作し、推定のダイアログを表示したら Method を ARCH に変更します。そして、ARCH/GARCH モデルで平均方程式を入力するテキストボックスに、次のように入力します。

$$@sqrt(xi)$$

ほかに何も入力する必要はありません。次に Options タブを表示し、Coefficient covariance の項目で Method を Bollerslev-Wooldridge に変更し、OK ボタンをクリックします。オブジェクト名はEQ02とします。これだけでモデルは推定でき、結果は図6.10のようになります。

GARCHモデルの場合と同じように、ACD(1,1) モデルが最も優れたモデルであると保証されているわけではありませんので、分析者はモデルの良さを、情報量規準などを用いて吟味する必要があります。

実際にいろいろなデータで推定を行っていくと、データによっては係数が負

図6.10 QMLによるACD (1, 1) の推定結果

```
Dependent Variable: @SQRT(X1)
Method: ML ARCH - Normal distribution (BFGS / Marquardt steps)
Date: 07/24/17   Time: 11:14
Sample: 1 5322
Included observations: 5322
Convergence achieved after 26 iterations
Coefficient covariance computed using Bollerslev-Wooldridge QML
        sandwich with expected Hessian
Presample variance: backcast (parameter = 0.7)
GARCH = C(1) + C(2)*RESID(-1)^2 + C(3)*GARCH(-1)
```

Variable	Coefficient	Std. Error	z-Statistic	Prob.
Variance Equation				
C	0.040120	0.007118	5.636512	0.0000
RESID(-1)^2	0.109782	0.009062	12.11458	0.0000
GARCH(-1)	0.852833	0.013857	61.54465	0.0000

になってしまったり、$0 \leq \alpha+\beta < 1$ の条件を満たさなかったりすることがあります。そのような場合、係数に制約条件を付ける必要がありますが、EViews の QML による手法では制約を課すことはできません（これは GARCH モデルでも同じです）。

6.4.2 LogL オブジェクトの利用方法

　何らかの理由により QML ではなく ML を利用したい、または利用しなければならないことがあります。例えば、ACD モデルの撹乱項の分布をワイブル分布など、特定の分布を設定したり、パラメータに非負制約を付けたりする場合などが考えられます。EViews のテクニックを身に付けるという観点からも、尤度関数の定義と推定ができるようになれば、実証分析の幅が広がります。そこで、実際に ACD モデルの尤度関数を定義して最尤推定を行ってみましょう。

　まず、指数分布の場合の尤度関数は次のようになります。この尤度関数の導出についてはサポートサイトの資料を参照してください。

$$l(\theta) = -\Sigma \left[\frac{x_i}{\Psi_i} + \ln \Psi_i \right] \tag{6.6}$$

尤度関数は LogL オブジェクトを用いて定義します。ここでは LogL オブジェクトの作成/定義からモデル推定までを表6.7のプログラムで行います。推定結果は図6.11のようになり、QML と実質的には変わりません。

6.4 ACDモデルの推定

表6.7　ACDモデルのML推定

```
1   '06_07_acdml.prg
2   指数分布を仮定する
3   pageselect gold 4
4   Tic
5   smpl @all
6   !obs = @obsrange
7   coef(3) betas
8   'xの条件付き期待値の初期値を作成
9   eq02.fit xi_f @garch psi
10  '初期値の取得
11  betas(1) = eq02.@coefs(1)
12  betas(2) = eq02.@coefs(2)
13  betas(3) = eq02.@coefs(3)
14  logl ll1d
15  ll1d.append @logl logl
16  ll1d.append psi = betas(1)+betas(2)*xi(-1)+betas(3)*psi(-1)
17  '指数分布のときの尤度関数
18  ll1d.append logl = (xi/psi+log(psi))
19  '推定期間の設定と推定
20  smpl 2 @last
21  ll1d.ml
```

図6.11　MLによるACD (1, 1) の推定結果

```
LogL: LL1D
Method: Maximum Likelihood (BFGS / Marquardt steps)
Date: 07/25/17   Time: 07:25
Sample: 2 5322
Included observations: 5321
Evaluation order: By observation
Convergence achieved after 11 iterations
Coefficient covariance computed using outer product of gradients
```

	Coefficient	Std. Error	z-Statistic	Prob.
BETAS(1)	0.040154	0.004531	8.862010	0.0000
BETAS(2)	0.109808	0.006661	16.48553	0.0000
BETAS(3)	0.852775	0.008651	98.57742	0.0000

6.4.3　ML推定における非負制約の設定

GARCHモデルと同じように、ACDモデルにも次に示すような係数の非負制約があります。

$$\omega > 0, \quad \alpha > 0, \quad \beta > 0, \quad 0 \leq \alpha+\beta < 1$$

ここでは条件は $\omega > 0$ を満たしていますが、あえて非負制約を付けて推定し

表6.8 係数への非負制約の設定

```
1   '06_08_rest.prg
2   smpl @all
3   !w = 0.01
4   coef(1) omega
5   omega(1) = log(!w)
6   logl ll2d
7   ll2d.append @logl logl
8   ll2d.append psi = exp(omega(1))+betas(2)*xi(-1)+betas(3)*psi(-1)
9   '指数分布のときの尤度関数
10  ll2d.append logl = -(xi/psi+log(psi))
11  '推定期間の設定と推定
12  smpl 2 @last
13  ll2d.ml
14  'デルタメソッドで標準誤差を求める
15  !mu = ll2d.@coefs(1)
16  !sig = ll2d.@stderrs(1)
17  show !sig*exp(!mu)
```

てみましょう。EViews では単純な非負制約には関数 exp(·) を利用します。

最初に係数オブジェクト omega を用意し、0.01という値を設定します。仮の話として、QML で推定すると omega が負になってしまうので、最尤推定において小さい値を設定したという状況を想定します。対数尤度オブジェクトの名前は ll2d とします。

表6.8のプログラムの最後の部分では、デルタメソッドの計算式を追加しました。デルタメソッドとは簡単に言えば、元の確率変数 X について、

$$X \sim N(\mu, \sigma^2)$$

のとき、関数 $f(x)$ で変換を行うと（ここでは exp(·) で変換）、変換後の変数の分布は

$$f(x) \sim N(f(\mu), \sigma^2 f'(\mu)^2)$$

に従うというものです。実際にプログラムを実行すると、標準誤差も元のQML の結果と同じ値になることがわかります。

ここではゼロよりも大きくなる非負制約のみを紹介しましたが、ある一定の

値、例えば 3 よりも大きくするという制約を付ける場合は単純に、$3+\exp(\cdot)$ などで変換します。一定の範囲内、例えば -2 から 5 までの範囲に入るような場合は、ロジット関数に工夫を加えて、

$$7 \times @\text{logit}(\ ) - 2$$

とします。$@\text{logit}(\ )$ は 0 と 1 の範囲に入る関数です。参考までに、

$$@\text{logit}(x) = \frac{e^x}{1+e^x}$$

ですから、デルタメソッドによる標準誤差の計算の際には微分計算に気を付けてください。

6.5 UHF-GARCH モデル

瞬間収益率のボラティリティは、先に示したように不規則に発生する約定間の収益率を、約定間隔の平方根で除したものを利用します。Engle（2000）によれば、最初に約定間隔と約定間の収益率の分散について、次のように条件付き分散を定義します。

$$V_{i-1}(r_i|x_i) = h_i$$

さらに、単位時間あたりの条件付きボラティリティを次のように定義します。

$$V_{i-1}\left(\frac{r_i}{\sqrt{x_i}}\,|\,x_i\right) = \sigma_i^2$$

したがって、これら 2 つの条件付き分散の間には次のような関係があることがわかります。

$$h_i = x_i \sigma_i^2$$

この σ_i^2 について GARCH モデルのフレームワークを適用したものが、UHF (Ultra High Frequency) GARCH モデルです。したがって、ティックデータ

図6.12 日中立会のイントラデイボラティリティのトレンド

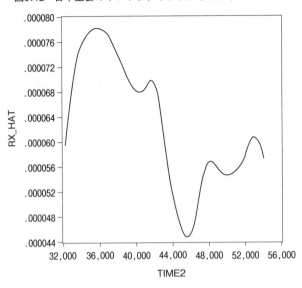

の収益率を約定間隔の平方根で除すことによって、EViewsの既存の推定機能がそのまま利用できます。

6.5.1 瞬間収益率

Engle (2000) に倣い、トレンド調整前約定間隔と収益率を利用して次の式に従って瞬間収益率の絶対値を求めます。

$$\text{smpl @all}$$
$$\text{series rx = @abs(r/@sqrt(dt))}$$

この瞬間収益率にもイントラデイトレンドが存在しないか、先の約定間隔のプログラムと同じ要領で調べます。瞬間収益率の5分平均（06_08_average_r.prg）と回帰スプライン（06_08_regsp.prg）のプログラムはここに掲載しませんが、本書のサポートサイトには用意してあります。ここではイントラデイトレンドを示すフィット曲線だけを図6.12に示します。

日中立会においては、取引開始直後から1時間程度は瞬間収益率（絶対値）

の5分平均が徐々に増加し、その後、お昼にかけて小さくなっていきます。午後も増加の後、小さくなっていくのですが、その後、再び増加する様子がわかります。

回帰スプラインのプログラム（06_08_regsp.prg）を実行すると、トレンド調整した瞬間収益率のシリーズ arx ができます。ただし、瞬間収益率のトレンド除去においては、(6.7)式を利用しているので、注意してください。

$$rd_i = \frac{r_i}{\sqrt{\phi(t_i)}} \tag{6.7}$$

6.5.2 UHF-GARCH モデルの推定

ここでは1つの平均方程式を共通にし、異なる3つの分散推定式を対応させて3つのUHF-GARCHモデルを推定し、約定間隔が瞬間収益率に及ぼす変数の効果について仮説検定を行います。共通に利用した平均方程式は次の通りです。

平均方程式

$r_i = \beta_1 x_i + u_i$

$u_i = \rho_1 u_{i-1} + \epsilon_i + \theta \epsilon_{i-1}$

ここで、r_i は瞬間収益率、x_i は ACD モデルで求めた調整済み約定間隔です。分散方程式として、次に示す3つのモデルを利用します。

分散方程式

UHF01 : $\sigma_i^2 = \omega + \alpha \epsilon_{i-1}^2 + \beta \sigma_{i-1}^2$

UHF02 : $\sigma_i^2 = \omega + \alpha \epsilon_{i-1}^2 + \beta \sigma_{i-1}^2 + \gamma_1 \log(vol_{i-1})$

UHF03 : $\sigma_i^2 = \omega + \alpha \epsilon_{i-1}^2 + \beta \sigma_{i-1}^2 + \gamma_1 / x_i$

モデルを入力するときは、メインメニューから、> Quick > Estimate Equation と操作し、Method で ARCH を選択して図6.13のように設定します。

UHF01は、分散方程式では説明変数を使いません。UHF02では、1期前の約定における取引高（vol_{i-1}）の対数を利用します。この場合の係数は正の有

図6.13 UHG-GARCHモデルの推定ダイアログ

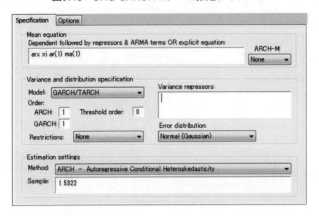

意な値で、1期前の取引の大きさがボラティリティを大きくする方向に影響していることがわかりました。UHF03では、調整済み約定間隔の逆数をとった場合の係数が正の有意な値をとりました。つまり、直前の約定間隔が長くなるほど、ボラティリティは小さくなると理解できます。この3つのモデルにおいてAICは順番に $-5.64, -5.68, -6.17$ と小さくなり、当てはまりが改善されました。

一方、最初に示した平均方程式では、調整済み約定間隔の係数はどのモデルでも負の有意な値をとりました。これは約定間隔が長くなると、瞬間収益率が小さくなる、すなわち、約定間隔の長さは Bad News の存在を示していると考えることができます。Engle（2000）では、調整済み約定間隔 x_i を ACD モデルで推定した期待約定間隔 Ψ_i で除したものをショックと定義し、分散方程式の説明変数として利用していますが、ここでは有意になりませんでした。

6.5.3 イントラデイボラティリティ

最後に UHF03 を使ってイントラデイボラティリティを求める方法を説明します。図6.14に示したように、目的の Equation オブジェクトを開いて Forecast ボタンをクリックします。

瞬間収益率の予測値名 arx_f を Forecast name に、そして、一期先予測によるイントラデイボラティリティのシリーズ名として sig2 と入力します。

6.5 UHF-GARCH モデル

図6.14 イントラデイボラティリティの計算

図6.15 イントラデイボラティリティ

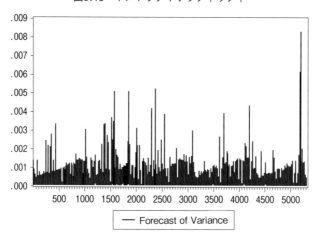

Method の項目では Static forecast を選択します。このときのイントラデイボラティリティのプロットを、参考までに図6.15に示します。

6.6 実現ボラティリティ

前節で示したイントラデイボラティリティは、ARCH/GARCH モデルのフレームワークを利用して推定しました。これとは別に、株価を利用して直接的にボラティリティを求める実現ボラティリティ（RV：Realized Volatility）という考え方があります。このセクションではおもに、Hansen and Lunde (2006) を利用して実現ボラティリティの基本的な考え方と推定上の問題点、そして推定のための EViews プログラミングについて解説します。

6.6.1 実現ボラティリティの定義

実現ボラティリティの推定で利用するのは、潜在的な株価の対数をとった系列 $\{p^*(t)\}$ です。$p^*(t)$ は観測できない真の価格（効率的な価格とも言います）で、実証分析では代理変数として仲値 $p(t)$ を利用します。仮定として、2つの価格の間に次のような関係が成り立つものとします。

$$u(t) = p(t) - p^*(t)$$

u はマーケットマイクロストラクチャノイズと呼ばれるもので、ビット-アスクバウンスと呼ばれるビット価格とアスク価格の差などによって生じると考えます。さらに効率的な価格過程は次式を満たすという仮定を置きます。

$$dp^*(t) = \sigma(t)dw(t)$$

$w(t)$ は標準ブラウン運動、σ は w と独立な乱数であり、$\sigma^2(t)$ はリプシッツ連続であるとします。このボラティリティのパスについて次のような推定量を考え、これを Integrated Variance（IV）と呼びます。

$$\mathrm{IV} = \int_a^b \sigma^2(t)dt$$

ここで $[a, b]$ は1日の取引時間です。実際の計算ではこの取引時間を m 個の区間に等分割します。このとき、効率的な価格によるイントラデイリターンは

6.6 実現ボラティリティ

次のように定義できます。

$$y^*_{i,m} = p^*(t_{i,m}) - p^*(t_{i-1,m}), \quad 1 \leq i \leq m$$

この関係は、観測可能な価格によるリターンについても次のように定義できます。

$$y_{i,m} = p(t_{i,m}) - p(t_{i-1,m})$$

ノイズについては、その階差を次のように定義します。

$$e_{i,m} = u(t_{i,m}) - u(t_{i-1,m})$$

このようにすると、観測可能な収益率は次のように分解できます。

$$y_{i,m} = y^*_{i,m} + e_{i,m}$$

i 番目の区間における IV は

$$\sigma^2_{i,m} = \int_{t_{i-1,m}}^{t_{i,m}} \sigma^2(s)ds$$

したがって潜在的な価格過程を利用できる場合、次の式に示す推定量は $m \to \infty$ のとき、IV の一致推定量になります。

$$RV^{(m)}_* = \sum_{i=1}^{m} y^{*2}_{i,m}$$

一方、(6.8)式に示す観測可能な価格から作成した仲値の $RV^{(m)}$ は、マーケットマイクロストラクチャノイズの影響で IV の一致推定量にはならないことがわかっています。

$$RV^{(m)} = \sum_{i=1}^{m} y^2_{i,m} \tag{6.8}$$

Andersen, Bollerslev, Diebold and Labys（1999）は、ボラティリティシグネチャプロットを利用して、すべてのティックデータを使うのではなく、一定間隔でティックデータをサンプリングすることで、マーケットマイクロストラクチャノイズの影響を低減できることを示しています。彼らによれば、流動性の

高い銘柄については20分程間隔のサンプリングがよいことが示されています。

6.6.2　実現ボラティリティの推定

　実現ボラティリティの計算自体は、対数収益率の二乗和を計算すればよいのできわめてシンプルですが、一定間隔ごとに対数価格をサンプリングする点に注意しなければなりません。ここでは前のセクションで利用した金の先物価格の5日間分のデータを使って、データの準備と実現ボラティリティの計算方法を紹介します。もちろん、実際の実証分析ではより多くのデータを利用します。

　ここに用意した金の先物取引は、例えば東証一部上場の高流動性銘柄に比べると、圧倒的に約定数は少なく、どの程度のサンプリング間隔が利用できるのか想像できません。そこで、まずは興味のあるサンプリング間隔に含まれる約定の個数を表形式で確認するプログラム（06_08_count.prg）を用意しました。先にも触れましたが、実際の分析では仲値を利用してください。

　データ処理の流れは次の通りです。

【Step 1：日付データのテーブルを準備する】

　株価のデータでシリーズ date を開き、> View > One-Way Tabulation と操作します。そして、図6.16に示されたようなダイアログの右側にあるデータの集約に関するオプションを外して OK ボタンをクリックします。

　これにより取引日の一覧が表示されます。この日付の情報を確保するため、行列オブジェクト dmat を作成します。ワークファイルウィンドウでマウスを右クリックして、New Object > Matrix-Vector-Coef とし、名前を dmat にします。列数は1、行数はリスト表示された日数分を設定します。そして date シリーズの情報を図6.17のようにコピーして貼り付けます。

【Step 2：利用するサンプリング間隔内における価格データが存在することを確認する】

　このデータでは1日の取引時間が6時間で、その中に含まれる20分の期間は18個、データは5日分なので90個の期間が存在します。表6.9のプログラムを実行すると、日付を無視した期間ごとの約定数をテーブル ns に、個別期間ご

6.6 実現ボラティリティ

図6.16 日付テーブルの作成

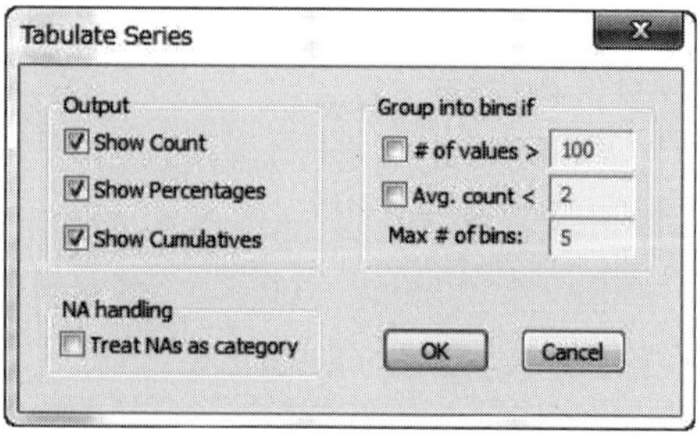

図6.17 日付テーブルdmatの作成

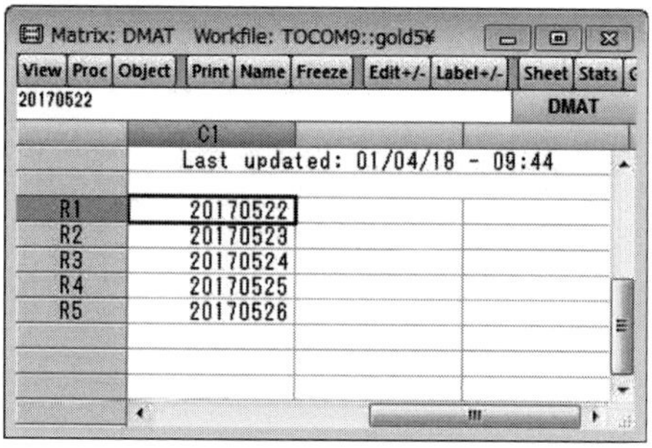

との約定数を tns に表示します。したがって tns の Count の列がゼロであるものが存在する場合は、データのサンプリング期間を再考します。

【Step 3：サンプリング間隔における価格データだけを別ページに抜き出す】

ここでは仲値の代わりに練習目的で対数価格のシリーズ pt を利用します。そして次に、実現ボラティリティ（RV）の計算に利用するデータにマーキングを行います。ここでは各日の先頭のデータ、それから9時20分、40分、10時0分という形でマーキングを行います。例えば、9時20分ちょうどに約定データが存在しない場合は、Hansen and Lunde（2006）が提案したように、直前の約定価格にマーキングします。Step 1でデータの確認を行ったのは、このステップでのマーキング作業を正確に行うためです。ここでのポイントは2つです。

表6.9　1期間ごとのデータの個数を確認する

```
1    '06_09_count.prg
2    'tocom10.wf1を利用して間隔!dt (秒単位) における
3    pageselect gold 5
4    '例として5分ごとのサンプリング間隔で調査する
5    !dt = 20*60
6    '1日の取引時間は9時 (32400) から15時 (54000) で21600秒で5日間
7    !td = 5
8    '1日あたりの期間数
9    !ns = 21600/!dt
10   '1日の期間番号
11   series ns
12   '全期間数
13   !tns = ns*!td
14   series tns
15   '期間の通し番号
16   for !j = 1 to !td
17       !date = dmat(!j, 1)
18       for !i = 1 to !ns
19           smpl@all if date = !date and time2 >= 32400+!dt*(!i-1) and time2 <= 32400+!dt*!i
20           ns = !i
21           tns = !i+!ns*(!j-1)
22       next
23   next
24   smpl@all
25   show ns.freq
26   show tns.freq(nov, noa)
```

- **ポイント1**：1日の最初のデータにマーキングする (mark = 1)。
- **ポイント2**：各期間 (ここでは20分) の最後のデータにマーキングする (mark = 2)。

　表6.10のEViewsのコマンド自体は、単純なものを組み合わせただけです。実行すると1日の先頭の価格を含むサンプリング間隔のデータからなるrv1というワークファイルページを作成します。

　mark = 1は日付dateに変化が生じるデータのため、差をとることで簡単に見つかります。しかし、各期間の最後を見つけるには一工夫必要です。ここでは個別期間の通し番号tnsの変化する行の一つ上 (リード) に目的のデータ

6.6 実現ボラティリティ

表6.10 間隔dtのデータだけを取り出してrv1のページを作る

```
1   '06_10_rv1.prg
2   pageselect gold5
3   smpl @all
4   'ここでは練習として仲値の代わりにpriceを利用する
5   series pt = log(price)
6   series dtns = d(tns)
7   'データの先頭の値にマーキング (mark = 1) する
8   series mark
9   mark(1) = 1
10  series dd = d(date)
11  '上記以外の各日の先頭の値にマーキング (mark = 1) する
12  smpl @all if dd >= 1
13  mark = 1
14  smpl @all
15  '各期間!dtの最後の標本にマーキング (mark = 2) する
16  series dtns = d(tns)
17  series dtns2 = dtns(1)
18  smpl @all if dtns2 = 1
19  mark = 2
20  smpl @last @last
21  mark = 2
22  smpl @all
23  'gold5のワークファイルページからmarkが1と2のデータを取り出す
24  pagecopy(smpl = @all if mark >= 1, page = rv1)
```

が存在することに着目しました。

【Step 4：実現ボラティリティを推定する】

サンプリングしたデータを使って収益率の計算を行います。実際の計算は隣接したデータの差を求めるだけです。そして、先に示した実現ボラティリティの定義に従って各日の実現ボラティリティを推定します。ただし、表6.11で示したプログラムではオーバーナイトリターンは利用していません。オーバーナイトリターンの利用の有無は研究者により意見の分かれるところです。

表6.11のプログラムを実行すると、各日の実現ボラティリティを表形式で表示します。期間中の実現ボラティリティの平均を求めてそれを縦軸にとり、横軸にサンプリング間隔をプロットしたものがボラティリティシグネチャプロッ

第6章　実証ファイナンス

表6.11　実現ボラティリティの計算

```
1   '06_11_estrv.prg
2   ' 日数の設定
3   !day = 5
4   pageselect rv1
5   series rt = pt-pt(-1)
6   ' オーバーナイトリターンを除くリターンrtだけのページ
7   pagecopy(smpl = @all if mark = 2, page = rv2)
8   series rt2 = rt^2
9   ' 各日の実現ボラティリティ (rvt) を行列オブジェクトで表示
10  matrix(!day, 1) rvt
11  for !i = 1 to !day
12      !d = dmat(!i, 1)
13      smpl @all if date = !d
14      !srv2 = @sum(rt2)
15      rvt(!i, 1) = !srv2
16  next
17  smpl @all
18  show rvt
```

トになります。実現ボラティリティ（rvt）の推定を20分として決めてかかるのではなく、最初に目的の間隔内にデータが存在すること、そして、ボラティリティシグネチャプロットでサンプリング間隔が実現ボラティリティに与える影響を考察した後、適切なサンプリング間隔を検討してください。

【参考文献】

桜井明（1981）『スプライン関数入門：情報処理の新しい手法』編著、東京電気大学出版局

渡部敏明（2000）『ボラティリティ変動モデル（シリーズ現代金融工学）』朝倉書店

Andersen, T. G., T. Bollerslev, F. X. Diebold and P. Labys（1999）"Realized Volatility and Correlation"

Bauwens, L. and P. Giot（2001）*Econometric Modelling of Stock Market Intraday Activity*, Kluwer Academic Publishers.

Engle, R. F.（2000）"The Econometrics of Ultra-high-frequency Data," *Econometrica*, 68(1), pp.1-22.

Engle, R. F. and J. R. Russell（1998）"Autoregressive Conditional Duration: A New

Model for Irregularly Spaced Transaction Data," *Econometrica*, 66(5), pp.1127-1162.

Hansen, P. R. and A. Lunde (2006) "Realized Variance and Market Microstructure Noise," *Journal of Business & Economic Statistics*, 24(2), pp.127-161.

Tsay, R. S. (2010) *Analysis of Financial Time Series*, 3rd Edition, John Wiley & Sons.

第7章 カルマンフィルターとその応用

7.1 はじめに

　カルマンフィルターは1960年にアドルフ・カルマンがはじめて提唱した統計手法です。これは、雑音を含むデータを観察したとき、それから真の値を取り出す「フィルタリング」と呼ばれる統計手法です。1969年に人類がはじめて月に到着できたのも、カルマンフィルターなしには不可能であったようです。カルマンフィルターは天気予報、飛行機や自動車の自動操縦、Googleマップ、お掃除ロボットなど、われわれの身近なところでもよく使われています。

　経済学においては1960年代からカルマンフィルターの応用がはじまりました。しかし、ファイナンス分野への適用はそれほど盛んではなかったのですが、最近になってカルマンフィルターへの関心が高まっています。

　EViewsは経済時系列分析に強みがあり、カルマンフィルターオブジェクトSspaceを1990年代から提供していました。EViewsでは行列の知識を前提とせずにカルマンフィルター利用できるということもあり、数あるカルマンフィルター計算パッケージの中で最も使いやすいものになっています。

　ほかの統計手法と比べたとき、カルマンフィルターによるモデリングの特徴は次の2つの点にあります。第一は、通常の線形回帰分析と異なり、回帰係数の推定値を固定したものでなく、「確率的」かつ「時間とともに」変化させることが可能です。したがって、構造変化や特定のイベントが係数の変化に及ぼ

す影響などを分析できます。第二の特徴は、「期待インフレ」、「リスク回避度」、「自然失業率」など、一般には直接観察できない未知の確率変数を時間とともに確率的に変化する「状態変数」として推定できます。

以下では具体的な事例をとりあげ、回帰分析のようなよく使われている統計手法と比較して何が異なるのか、カルマンフィルターを適用することの利点、カルマンフィルターを適用する場合に直面する困難や問題点などを明らかにします[1]。

7.2 ローカルモデル

線形の回帰分析で定数 c だけのモデルを考えてみましょう。つまり、(7.1)式のような回帰モデルを推定します。

$$Y_t = c + e_t, \quad e_t \sim N(0, \sigma_e^2) \qquad (7.1)$$

ここで、e_t は平均 0 、分散が σ_e^2 の誤差項です。このモデルを通常の線形回帰分析により、2002年から2013年までの東京電力(東電)の日次投資収益率について推定しましょう。定数項と誤差項の分散の推定結果は図7.1のようになり、図7.2には東電の収益率 touden をプロットしました。この推定結果から(7.1)式を書き直すと(7.2)式のようになります。

$$touden_t = \underset{(0.0580)}{-0.01027} + \hat{e}_t, \quad \hat{\sigma}_e^2 = 3.1144^2 \qquad (7.2)$$

ここで、係数の下のカッコ内の値は係数の標準誤差を示しています。

この推定結果は何を意味しているのでしょうか。定数項 c は従属変数の平均値 (mean dependent var) になります。

---

1) この章では、カルマンフィルターによって毎期の状態変数の平均と分散をどのように推定できるかといったことや、最尤法による固定パラメータの推定方法などの理論、さらに経済学やファイナンス分野におけるカルマンフィルターの応用例については触れませんでした。詳しくは第 1 章 4 節や森平 (2019)、数多くの応用例に関する Excel と EViews のプログラムを提示している森平 (2019) のサポートサイトを参照してください。

図7.1 東電収益率の、定数項だけの推定結果

```
Dependent Variable: TOUDEN
Method: Least Squares
Date: 11/30/17   Time: 00:30
Sample: 1/07/2002 9/25/2013
Included observations: 2880
```

Variable	Coefficient	Std. Error	t-Statistic	Prob.
C	-0.010270	0.058033	-0.176964	0.8595

R-squared	0.000000	Mean dependent var	-0.010270
Adjusted R-squared	0.000000	S.D. dependent var	3.114401
S.E. of regression	3.114401	Akaike info criterion	5.110298
Sum squared resid	27924.84	Schwarz criterion	5.112369
Log likelihood	-7357.829	Hannan-Quinn criter.	5.111044
Durbin-Watson stat	1.773399		

図7.2 東電の日次収益率の推移（2002年から2013年、平均−0.01027％）

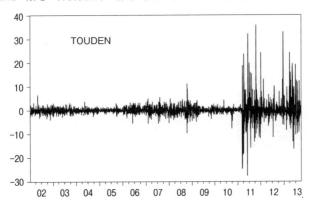

$$\hat{c} = \overline{touden} = -0.01027 \qquad (7.3)$$

言い換えると、定数項の推定値は、従属変数の最もあり得る値（平均値）になっています。しかし、東電の収益率の最もあり得る値を、全期間で一定の平均値としてよいのでしょうか？

カルマンフィルターではそう考えません。次の2つの式からなる状態モデルに従って平均的な値 α_t そのものが変化すると考えます。2つの式は

7.2　ローカルモデル

観測方程式　　$R_t = \alpha_t + e_t, \quad e_t \sim N(0, \sigma_e^2)$ 　　　　　　(7.4)

状態方程式　　$\alpha_t = \alpha_{t-1} + \epsilon_t, \quad \epsilon_t \sim N(0, \sigma_\epsilon^2)$ 　　　　　　(7.5)

となります。最初の(7.4)式を、この章では観測(observation/signal)方程式、あるいは信号方程式と呼びます。また(7.5)式を状態(state)方程式、あるいは推移方程式と呼びます。

この場合、2つの式で観察できるのは観測方程式の左辺の R_t だけです。これを観測変数と呼びます。(7.4)式は、「観測した東電の収益率 R_t」を、その最もありうる値 α_t と観測誤差 e_t の和で表現しています。言い換えると、観測した東電の収益率 R_t は「観測誤差 e_t」によって汚染されていると考えるのです。観測した東電の実際の収益率 R_t から「観測誤差 e_t」を除いた値が、東電の「真の期待収益率 α_t」と考えるわけです。ここで注意すべきことは、真の期待収益率 α_t は、①時間を示す添え字 t が付いていることからもわかるように、時間とともに変化し、②不確実な振る舞いを示す確率変数です。

観測方程式である(7.4)式を回帰式である(7.1)式と比べてみましょう。回帰式では定数項は時間にかかわらず一定でしたが、カルマンフィルターの観測方程式では、それが時間とともに確率的に変動することを許容します。その場合、収益率の平均(期待収益率)と分散が時間とともにかわることも許容します。これを、状態変数が非定常過程に従うと言います。

未知である「真の株価」の振る舞いを示す状態方程式(7.5)式について考えてみましょう。状態方程式の定式化はモデル作成者の腕にかかっています。モデル作成者がもつ理論や経験が状態方程式の定式化を決定するのです。(7.5)式の定式化では最も簡単な場合、つまり収益率はランダムウォーク(酔歩)に従うと考えます。つまり、今の時点の真の収益率 α_t は、1期前の収益率の株価 α_{t-1} に「状態誤差 ϵ_t」を足したものです。言い換えるならば、今の株価が平均的にみてどうなるかは、1期前の真の収益率 α_{t-1} の値で考えればよいことになります。何ら特別な予測能力は必要ありません。

以上をまとめると、カルマンフィルターとは、観測値 R_t から観測誤差 e_t をフィルターによって除いた真の値で、時間とともに不確実に変化する α_t を求めようとすることにほかなりません。

図7.3 Sspaceオブジェクトの立ち上げ

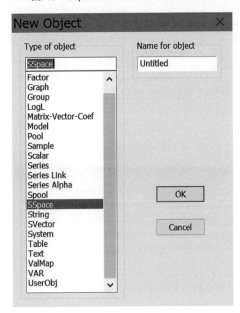

7.3 EViewsによる収益率分布の推定例

東電の収益率から、時間とともに変化する収益率の平均と分散を推定してみましょう。EViewsでは線形の状態空間モデルを、①クリック操作だけで推定できる簡便な方法と、②プログラムを書くことによって実行する2つの方法があります。ここではまず、前者の方法を説明することにします。

メインメニューから、> Object > New Object とすると Eviews オブジェクト一覧表である図7.3が示されますので、SSpace をクリックし、OK ボタンをクリックします。

すると図7.4のようなサブウインドウが示されますので、Proc > Define State Space として、(7.4)式と(7.5)式で示された観測方程式と状態方程式からなる状態空間モデルを書き込みます。すると次に、図7.5のような画面が現れます。

7.3 EViewsによる収益率分布の推定例

図7.4 ＞ Proc ＞ Define State Spaceによる状態方程式の定式化

図7.5 (7.4)式の観測方程式の定式化

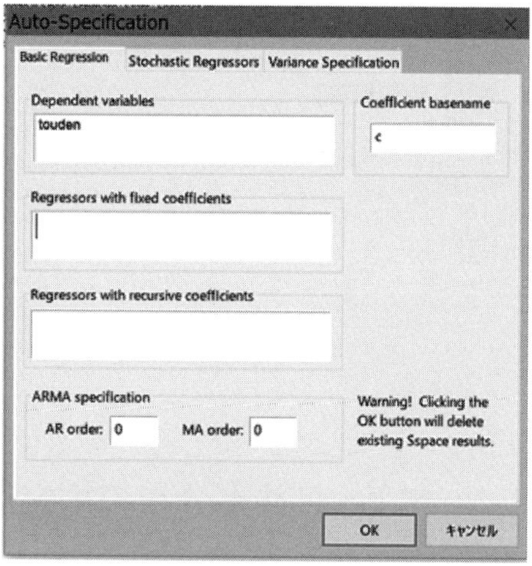

まず、図7.5の一番上の左端のタブがBasic Regressionとなっていることを確認してください。この画面で(7.4)式の観測方程式を記述します。左上のDependent variablesと示されたボックスに、東電の収益率である観測変数toudenをタイプします。次に、図7.5の一番上のStochastic Regressorsタブをクリックして、状態方程式の定式化をします。ここでの情報の与えかたは、EViewsのマニュアルで十分な説明が行われていないため注意が必要です。すると図7.6が現れるはずです。

(7.5)式のようなランダムウォークに従う状態方程式とするためには、Random walk coefficientsと名付けた上から3番目のボックスに「c」をタイプし、OKボタンをクリックします。そうすると図7.7のような画面が現れます。

図7.6 (7.5)式の状態方程式の定式化

図7.7 観察方程式と状態方程式

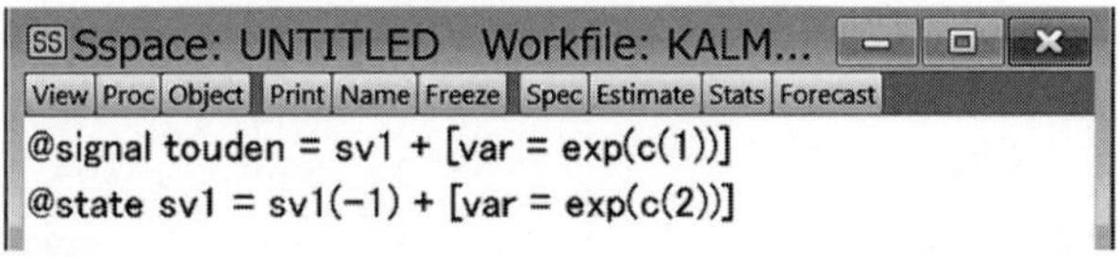

　図7.7の最初の式は観測方程式に相当します。@signal は、その右側の式が観測方程式であることを示す EViews のコマンドです。SV1は EViews が自動的に名前を付けた1番目の状態変数（state variable）ですが、自分の好みの変数名に変えることもできます。(7.4)式では $SV1 = \alpha_t$ に相当します。観測方程式の誤差項は(7.4)式の誤差項と表現が違いますが、EViews は誤差項の分散が負にならないようにこのような定式化をします。つまり、観測誤差の分散を次のような形で推定します。

$$\sigma_e^2 = \exp(c(1))$$

後に示すように、最尤法による固定パラメータの推定結果は $\hat{c}(1)$ で示されますので、誤差分散は $\exp(\hat{c}(1))$ と指数変換したものを示す必要があります。これが面倒であれば、誤差項の定式化を [var = c(1)^2] とすれば、$\hat{c}(1)$ は誤差項

7.3 EViewsによる収益率分布の推定例

図7.8 (7.4)式と(7.5)式の誤差項に従う定式化と状態変数名の変更

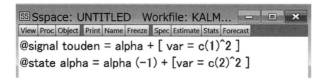

図7.9 (7.4)式と(7.5)式からなる状態空間モデルの推定結果

```
Sspace: UNTITLED
Method: Maximum likelihood  (BFGS / Marquardt steps)
Date: 11/29/17   Time: 21:37
Sample: 1/07/2002 9/25/2013
Included observations: 2880
Convergence achieved after 52 iterations
Coefficient covariance computed using outer product of gradients
```

	Coefficient	Std. Error	z-Statistic	Prob.
C(1)	3.106212	0.009800	316.9734	0.0000
C(2)	0.016873	0.002475	6.816899	0.0000

	Final State	Root MSE	z-Statistic	Prob.
ALPHA	0.379556	0.229243	1.655698	0.0978

Log likelihood	-7367.737	Akaike info criterion	5.117873
Parameters	2	Schwarz criterion	5.122016
Diffuse priors	1	Hannan-Quinn criter.	5.119366

の標準偏差の推定値を与えることになります。

　図7.7の2番目の式では、@stateというコマンドが示されていることからわかるように、これは(7.5)式に対応する状態方程式を表しています。状態方程式の誤差項の分散もそれが負にならないように指数表示になっていることに注意してください。

　もしこうした表現を好まずに、(7.4)式と(7.5)式で示した変数名と誤差項の分散の定式化を行いたければ、図7.7の画面上で自由に編集が可能です。例えば、図7.8のように書き直すことも可能です。また、はじめからSpecをクリックして、このように自由にモデルを記述することも可能です。慣れればこちらのほうが便利でしょう。また、あとでこのプログラムを利用するためにテキストファイルとしてコピーしておくことも大事です。

状態空間モデルの定式化が終わったので、図7.9の上のメニューにある Estimate をクリックします。そうすると図7.9の画面が立ち上がります。通常の回帰分析と異なり、パラメータの推定に関して最尤法を用いるので、計算時間が少しかかる場合があるかもしれません。

通常はこのまま OK ボタンを押すと全期間のデータ（@all に相当）を用いたカルマンフィルターの推定が行われます。図7.9の結果から、(7.4)式と(7.5)式を書き直すと、(7.6)式と(7.7)式のようになります。

観測方程式　　$touden_t = \alpha_t + e_t, \quad \tilde{\sigma}_e^2 = 3.106^2$　　　　　　　　　(7.6)

状態方程式　　$\alpha_t = \alpha_{t-1} + \epsilon_t, \quad \tilde{\sigma}_\epsilon^2 = 0.017^2$　　　　　　　　　(7.7)

それぞれの誤差項の標準偏差の標準誤差（回りくどい表現ですが）は、それぞれ0.0098と0.002475となり、z値（Z-Statistics）が示すように有意で、誤差項の分散（標準偏差）がゼロであるとの帰無仮説は棄却されました。

状態変数の推定結果はどこにあるのでしょうか。それは、図7.9の下から4行目の ALPHA と書いてある行になります。ここには状態変数の最終時点の推定結果だけを示しています。つまり、2013年9月25日の状態変数 $\alpha_{2013/9/25}$ は、その平均が0.379556%であり、その平均二乗誤差（Root MSE）は 0.229243%であり、その z 値は 0.379556/0.229243 = 1.655698 であることを示しています。通常は状態変数の平均値とその $\pm 2 \times$ Root MSE の時系列グラフを描いて結果の分析を行います。このためには次のようにします。

推定結果の左上の View をクリックし、> View > State Views > Graph States Series と進みます（図7.10）。すると、図7.11のような画面が立ち上がります。状態変数の推定値には3つのものがあります。一番上から、①1期先予測（One-step-ahead Predicted states）、②濾波、あるいはフィルタリング値（Filtered State estimates）、③平滑化、あるいはスムージング値（Smoothed State estimates）の3つです。

これらは、未知の状態変数の平均と分散の推定にあたり、どの時点までの情報を用いるかの違いを示しています。①の1期先予測は、$t-1$ 期までの情報を用いて次期（t）の状態変数の平均と分散の予測を行います。ここで「情報」とは、$t-1$ 期まで観測変数値、$t-1$ 期までに計算した状態変数の値、固定パ

7.3 EViews による収益率分布の推定例

図7.10　状態変数のグラフを描くための前処理

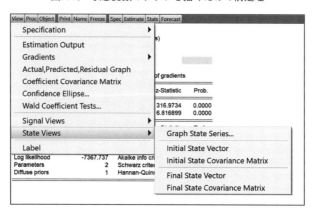

図7.11　1期先予測の指定

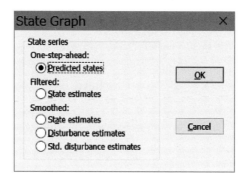

ラメータの推定値などを含みます。②の状態変数の濾波値（フィルタリング値）とは、t 期までの情報を用いて t 期の状態変数の平均と標準偏差の計算を行います。③の平滑化値とは、最後の時点（T）までのすべての情報を用いて、それ以前の t 期の状態変数の平均と標準偏差の推定を行います。

　状態変数に関する3つの推定方法の違いについて、直観的な説明をすると次のようになります。ミステリー小説を読んでいるとしましょう。犯人が誰かを探ることがミステリー小説の醍醐味です。あるページまで読み進みました。これまで読んできたことをもとにして、次のパラグラフやページに何が書いてあるかを予想します。これが1期（1ページ）先予測です。次の1ページを読み

図7.12 状態変数 α の推定結果（1期先予測、フィルタリング値、平滑化値）

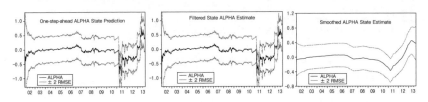

終わりました。その時点で犯人が誰かの予想を更新（フィルタリング）します。その後、最後のページまで読み終わりました。犯人が誰かがわかったとして、これまでどのようにして犯人探しをしたかを最後のページから逆にたどってみます。これが平滑化（スムージング）です。こうしたことは、今あなたがこの本を読んでいるときにも行っていることです。

　ファイナンスや経済学の実証分析では、過去のすべてのデータを用いて何が言えるかを分析しますので、通常は平滑化推定値によって議論をしますが、1期先予測やフィルタリング値を用いた分析や予測を行うこともあります。それぞれの結果を図7.12に示しました。

　図7.12から次のようなことがわかります。第一に、1期先予測とフィルタリング値は互いに似た動きを示しています。第二に、状態変数の平滑化値は、2002年から2013年までの2,900営業日に渡るすべての情報を用いて計算したことからわかるように、滑らかな（平滑化した）状態変数の推移を示しています。第三に、長期傾向としては、期待収益率は2002年から2007年までは緩やかな傾向を示していますが、2007年からのリーマンショックに代表されるマクロ経済の悪化を反映して低下傾向を示すようになりました。第四に、期待収益率は、2011年3月11日に起きた東日本大震災とそれに続く福島第一原発事故の影響を受け乱高下しましたが、2013年以降になると、2011年3月以前の期待収益率を超えています。大震災と原発事故は東電の期待収益率にプラス、つまり東電の株主に「良い」影響を与えたかのように思えます。しかしこれは表面的な結果であり、以下で示す東電のシステマティック・リスクの分析結果に照らしてこうした点を考えなければなりません。

7.4 状態方程式の異なる定式化

(7.5)式の状態方程式では、状態変数である真の投資収益率 α_t がランダムウォークに従うと仮定しました。しかしこのような定式化が状態変数の唯一絶対のものではありません。一般に状態変数の定式化としては、ランダムウォークの場合も含めて次のようなものがあります。

① 定数 c ＋誤差

$$\alpha_t = c + \epsilon_t, \quad \epsilon_t \sim N(0, \sigma_\epsilon^2) \tag{7.8}$$

EViews のコマンドウィンドウでは、@state sv1 = c(3)+[var = exp (c(2))] となります。

② AR(1)

$$\alpha_t = c + b\alpha_{t-1} + \epsilon_t, \quad \epsilon_t \sim N(0, \sigma_\epsilon^2) \tag{7.9}$$

AR(1) は一階の自己回帰を示します。ここで b は自己回帰係数であり、EViews のコマンドでは、@state sv1 = c(3)+c(4)*sv1(−1)+[var = exp (c(2))] となります。α_t が発散しない（プラスあるいはマイナスの無限大にならない）ためには、係数 b の絶対値は 1 以下でなければなりません。またこの定式化は、状態変数が平均回帰することの別の表現にもなっています[2]。

③ ランダムウォーク

$$\alpha_t = \alpha_{t-1} + \epsilon_t, \quad \epsilon_t \sim N(0, \sigma_\epsilon^2) \tag{7.10}$$

EViews のコマンドでは、@state sv1 = sv1(−1)+[var = exp (c(2))] となります。

④ ランダムウォーク＋傾向

$$\alpha_t = c + \alpha_{t-1} + \epsilon_t, \quad \epsilon_t \sim N(0, \sigma_\epsilon^2) \tag{7.11}$$

---

2) 以下の(7.18)式と(7.19)式の説明を参照してください。

EViews のコマンドでは、@state sv1 = c(3)+sv1(−1)+[var = exp(c(2))] と表現します。

7.5 確率ベータの推定

第3章では資産価格変動リスクとしてベータ（β）を取り上げ、それがどのようにして推定できるかを議論しました。株式の場合であれば、個別の企業の株式投資収益率を従属変数とし、市場指数、例えば TOPIX 指数の収益率を独立変数としたときの線形回帰分析において、直線の傾きの大きさ（回帰係数、ベータ）によって価格変動リスクを推定しました。

この場合の重要な仮定は、標本期間を通じてベータが一定であるとしたことです。しかし実際のベータ値は毎日変動している可能性が高いと推測できます[3]。

このため実務の世界では、例えば過去3カ月間（60営業日）の「ウィンドウ期間」を決め、その日から過去60日のデータでベータを計算することが毎日行われています。EViews ではこうしたことをローリング回帰分析（第3章3.2節を参照）によって行うことができます。一方、カルマンフィルターを用いると、ベータを正規分布に従う確率変数として、さらにその分布の平均と分散が毎日変わること（分布の非定常性）を許容できます。まさに、ベータというリスク尺度がリスキーであることを確認できます。

7.5.1 観測方程式と状態方程式

カルマンフィルターを適用して確率ベータを推定するためには、第3章3.1節で示した回帰モデルを、(7.12)式のようにカルマンフィルターの用語で言う観測方程式として定式化します。

---

[3] 線形回帰分析において、ベータの推定値を用いて、母集団におけるベータの値がゼロであるとの帰無仮説に対して検定を行います。この場合、母集団におけるベータは一定であるのに対し、母集団から得られる標本に基づくベータの標本推定値は「標本誤差」を含むという意味で、確率変数と考えます。これに対しカルマンフィルターでは、ベータそのものが時間とともに確率変動すると考える点が異なります。

7.5 確率ベータの推定

観測方程式 $\quad R_t = \alpha + \beta_t R_{M,t} + e_t, \quad e_t \sim N(0, \sigma_e^2)$ （7.12）

第3章ではβの推定値は一定でしたが、ここではβに時間を示す添え字tが付き、なおかつβが確率変数であるとします。カルマンフィルターの用語を用いると、βは状態変数になるので、それが時間とともに確率的にどのような振る舞いをするのかを状態方程式によってモデル化する必要があります。ここでは簡単に、βはランダムウォーク（酔歩）すると考えましょう。つまり、状態方程式は(7.13)式のようになります。

状態方程式 $\quad \beta_t = \beta_{t-1} + \epsilon_t, \quad \epsilon_t \sim N(0, \sigma_\epsilon^2)$ （7.13）

第3章3.3節では、イベント・スタディ分析の一つの方法として、カルマンフィルターの利用を説明しました。そこでは、状態方程式における誤差項の分散を1としましたが、ここではそれを固定パラメータとして推定することを試みます。また3.3節ではプログラムを組んで確率ベータを推定しましたが、ここではウィンドウを立ち上げて推定する簡易な方法を説明します。

確率ベータを推定するためには、図7.5の上から2番目のボックスに観測方程式の定数項（Regressors with fixed coefficients）を「c」で指示し、また Stochastic Regressors タブでの記入は図7.6と同様に、3番目のボックスで「c」の代わりにシリーズ名 topix をタイプします。結局、次のような状態空間モデルを推定することにします。

@signal touden = c(1)+sv1*topix+[var = exp(c(2))]
@state sv1 = sv1(−1)+[var = exp(c(3))]

誤差項の分散を標準偏差の二乗に、状態変数名をsv1からβ（beta）に変更して推定することにして、上のコマンドラインを

@signal touden = c(3)+beta*topix+[var = c(1)^2]
@state beta = beta(−1)+[var = c(2)^2]

と修正します。

また、東日本大震災と福島第一原発事故の影響を明らかにするために、原発

図7.13 東電と沖電の固定パラメータ ($\alpha = c(3)$, $\sigma_e = c(1)$, $\sigma_\epsilon = c(2)$) の推定結果

東京電力

	Coefficient	Std. Error	z-Statistic	Prob.
C(1)	2.933889	0.008821	332.6153	0.0000
C(2)	-0.038699	0.002768	-13.98127	0.0000
C(3)	-0.021513	0.057376	-0.374953	0.7077
	Final State	Root MSE	z-Statistic	Prob.
SV 1	1.271598	0.288785	4.403264	0.0000
Log likelihood	-7220.194	Akaike info criterion		5.016107

沖縄電力

	Coefficient	Std. Error	z-Statistic	Prob.
C(1)	1.744248	0.012905	135.1645	0.0000
C(2)	-0.011705	0.002187	-5.35252	0.0000
C(3)	0.031478	0.03294	0.95562	0.3393
	Final State	Root MSE	z-Statistic	Prob.
SV 1	0.166607	0.115539	1.442002	0.1493
Log likelihood	-5702.999	Akaike info criterion		3.968011

図7.14 東電と沖電の確率ベータの平滑化推定値（平均と±2標準誤差）

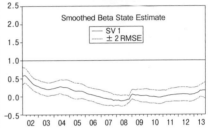

をもたない沖縄電力（沖電）についても、観測方程式左辺の touden を沖縄電力の収益率 okiden に変えたモデルで推定します。

7.5.2 カルマンフィルターによる状態変数と最尤法による固定パラメータの推定結果

固定パラメータ ($\alpha = c(3)$, $\sigma_e = c(1)$, $\sigma_\epsilon = c(2)$) の推定結果が図7.13に示されています。これを見ると状態方程式の標準偏差 $\sigma_\epsilon = c(2)$ がマイナスになっていますが問題はありません。それを二乗した誤差分散を @state beta = beta(-1)+[var = c(4)] としても、$c(4) = c(2)^2$ と推定できることがわかっていますので、論文などで報告する場合は混乱をさけてマイナス記号をとって報告すればよいだけです。

この結果から、①観測方程式の定数項、この場合の定数項はリスクフリーレートの平均的な値の推定値になりますが、有意ではありません。ゼロ金利時代を反映した推定結果になります。②観測方程式、状態方程式の誤差項の標準偏

7.5 確率ベータの推定

差の推定値はともに、きわめて有意です。

　状態変数である確率ベータの時系列推移が図7.14に示されています。ここから、次のような興味ある事実がわかります。

① 東電の確率ベータの期待値（平均値）は、2002年からリーマンショック時まで緩やかな上昇傾向を示していましたが、その最高値であっても0.8程度でした。リーマンショック後のベータは、2009年まで低下傾向を示し0.3程度まで下がりました。ベータは、分散投資をしても除去できないリスクであるシステマティック・リスクを示していますから、この間の東電のリスクはつねに1以下であり、低リスク（かつハイリターン！）の大変魅力的な株式であったわけです。

② しかし2011年の東日本大震災の発生に伴い、東電の確率ベータは1.7程度まで、5～6倍に急上昇しました。2011年末には1を割り、再びリスクが低くなりましたが、その後再度上昇傾向を示しています。興味深いことは、東電の確率ベータは東日本大震災が生じる2011年3月11日以前の同年1月から上昇傾向をみせていたことです。なぜなのでしょうか？

③ これに対し図7.14の沖縄電力の図に示されるように、沖電の確率ベータは2002年からリーマンショックに至るまで下降傾向を示しています。リーマンショック直前には確率ベータの平均値はマイナス（！）になりました。リスクがマイナスになったわけです。つまり、沖縄電力株は他の株式のリスクを補填する保険の役割を果たしたことを示しています。リーマンショックでベータの若干の上昇がみてとれますが、その後の確率ベータは概ね0.2～0.3程度です。より注目すべきことは、2011年の大震災がこのグラフからはどこで起きたか識別できないことです。沖縄電力は小さな電力会社で、沖縄諸島の離島への電力供給責任などがあって高コスト体質ですが、原発に依存していません。原発事故の後、原子力発電への依存度が低下し、言い換えれば火力発電への依存が高まることから、電力会社にとっての燃料コストが高まることが予想されました。そのことは株価へマイナスの影響があったはずですが、そのようなことはこの図から読み取ることはできません。ここには示しませんが、ガス会社についても同様なことを確かめ

表7.1　確率ベータ推定のためのEViewsプログラム

```
1  smpl 1 2880
2  for %company TOUDEN OKIDEN
3    sspace ss1_{%company}
4      ss1_{%company}.append @signal %company = c(3)+beta*topix+[var = c(2)^2]
5      ss1_{%company}.append @state beta = beta(-1)+[var = c(2)^2]
6      ss1_{%company}.ml(m = 1000, c = 0.1e-5)
7      ss1_{%company}.makestates(t = smooth) {%company}_smooth
8  next
9  stop
```

ることができました[4]。

④確率ベータの平均値ばかりでなく、その散らばりを表す分散を考えてみましょう。図7.14には3本の線が示されていますが、真ん中の太字の線が確率ベータの平均値、その上下が「平均値±2倍のRMSE」を示しています。東電の確率ベータの分散が沖電の分散よりかなり大きなことに注目すべきでしょう。ベータというシステマティック・リスクのボラティリティが、東電は沖電にくらべて高いことがわかります。

7.5.3　確率ベータ推定のための EViews プログラム

カルマンフィルターによって確率ベータを推定する場合には、企業数が多くなることもあり、EViewsによるプログラムを組むほうが何かと便利です。表7.1にそのためのプログラムを示します。

表7.1の1行目は計算期間を示します。2行目から8行目がforループで、異なる企業（％company）ごとに同じ計算を繰り返すことを指示しています。この場合は東京電力（touden）と沖縄電力（okiden）について確率ベータの推定と平滑化した状態変数の出力を行っています。

3行目は状態空間モデルを推定するために状態空間（sspace）オブジェクトを指定します。推定モデルの名前を ss1_{％ company}として、異なる企業ごとに状態空間モデルを推定し、ss1_touden, ss1_okiden という名前で推定結果を

4）こうした点についてのより詳しい分析は、森平（2019, 2014）を参照してください。

記憶しておくためのものです。4行目で観測方程式を、5行目で状態方程式をそれぞれ定義します。ss1_|% company|.append とするのは、これより右側の推定結果をモデル名に「付け加える」とこと意味します。

6行目で、最尤法（ml）による固定パラメータの推定を指示します。尤度関数の最大1,000回の繰り返し、あるいは尤度関数の繰り返しでその差が 0.1×10^{-5} の範囲に収まるまで繰り返し計算を行うことをここでは指示しています。7行目で、状態変数であるベータの平滑化値を出力します。結果を、例えば okiden_smooth という系列変数に格納します。

表7.1に示した確率ベータの推定は、ファイナンス理論に照らすと、分散投資によっても除去できないシステマティック・リスクが時間とともに確率的に変化しているかどうかを明らかにするものでした。カルマンフィルターにより、これまでには得られなかった新しい実証結果を得ることができます。

7.6 ボラティリティはボラタイルだ: GARCH(1, 1) と確率ボラティリティの推定

ボラティリティ（volatility）とは、資産価格、物価、通貨、あるいはその収益率の「変動リスク」の大きさを測る尺度です。しかし、資本市場のグローバル化や規制緩和に伴い、ボラティリティそのものが「ボラタイル」になっています。変動性が変動するのです。恐怖指数と呼ばれているボラティリティ指数の取引が活発に行われていることも、ボラティリティが確率変動することに注目しなければならないことを示しています。

ここでは、資産価格（収益率）の確率変動を示す確率ボラティリティ（SVM：Stochastic Volatility Model）をカルマンフィルターによってどのように推定できるかを説明し、あわせて実際の推定例を示します。また最後に、ボラティリティの「確定的」な変動をモデル化する手法としての GARCH について述べ、カルマンフィルターによるボラティリティが「確率的」に変動する場合との違いを明らかにします。

7.6.1 確率ボラティリティモデル（SVM）

カルマンフィルターによって確率ボラティリティを、次の6つのステップを経て推定します。

【Step 1】

リターン（rate of return、投資収益率）を定義します。現在 t 期の資産価格を S_t、1期前の資産価格を S_{t-1} としましょう。これからリターン（投資収益率）Y_t を(7.14)式のように定義します。

$$Y_t \equiv \frac{S_t}{S_{t-1}} - 1 \tag{7.14}$$

【Step 2】

リターン Y_t の平均を0、分散を1に基準化します。

$$y_t = \frac{Y_t - \bar{Y}}{\sigma_Y} \tag{7.15}$$

ここで $\bar{Y}$ は基準化前の収益率 Y の平均値、σ_Y は収益率 Y の標準偏差です。

【Step 3】

観察方程式を設定します。t 期の基準化したリターン y_t の確率ボラティリティを σ_t とし、e_t を平均0、分散1の正規分布に従う誤差項（$e_t \sim N(0,1)$）とすると、リターンは、未知の状態変数である確率ボラティリティを用いて(7.16)式のように表現できます[5]。これはカルマンフィルターでは観測方程式になります。

観測方程式　　$y_t = \sigma_t e_t = \exp(h_t/2) e_t$ 　　　　(7.16)

ただし、$\sigma_t = \exp(h_t/2)$ 　　　　　　　　　　　　(7.17)

---

[5] 資産収益率の確率的な振る舞いは、線形の確率微分方程式 $dS_t/S_t = \mu dt + \sigma dW_t$ で表現します。ここで $dW_t = \sqrt{dt} e_t$ です。したがって、(7.16)式とこの結果を比較すると、$dS_t/S_t = y_t$, $dt = 1$, $\sigma_t = \sigma$, $\mu = 0$ となります。つまり、この確率モデルではドリフト（傾向）μ がゼロ、時間刻み dt が1、ボラティリティ σ が時間とともに確率的に変動する場合を取り扱っていることがわかります。

確率ボラティリティを $\sigma_t = \exp(h_t/2)$ と表したのは、①指数関数を用いることにより、確率ボラティリティ σ_t が負にならないようにする、②定数 2 で割っているのは、後に行う数式展開を容易にするためです。この式から、確率ボラティリティは σ_t あるいは h_t のいずれによっても表現できることがわかります。(7.16)式において、e_t は観測誤差を表しています。

【Step 4】

次に状態方程式を設定します。状態変数である確率ボラティリティの確率過程をどのように定式化すべきかについては、さまざまな考え方があります。ここではそれが平均回帰傾向を示すものとしましょう。

状態方程式 $\quad h_t = \alpha + \beta h_{t-1} + \epsilon_t, \quad \epsilon_t \sim N(0, \sigma_\epsilon^2)$ (7.18)

ここで、状態方程式の誤差項 ϵ_t は平均が 0 、分散が σ_ϵ^2 の正規分布に従うとします。(7.18)式は、(7.19)式のような平均回帰傾向を取り込んだ回帰式から導かれます。$\bar{h}$ を状態変数の長期平均とし、a をその長期平均に回帰する「強さ」とすれば、h_t の平均回帰傾向は

$$\begin{aligned}\Delta h_t &= a(\bar{h} - h_{t-1}) + \epsilon_t \\ \Leftrightarrow \quad h_t &= h_{t-1} + a(\bar{h} - h_{t-1}) + \epsilon_t = a\bar{h} + (1-a)h_{t-1} + \epsilon_t\end{aligned} \quad (7.19)$$

となります。したがって、(7.18)式のパラメータは、$\alpha = a\bar{h}, \beta = 1-a$ と表現できます。α と β を、カルマンフィルターを計算する過程で最尤法により推定すれば、確率ボラティリティの長期平均 $\bar{h}$ とそれに回帰する強さ a は (7.19)式から計算できます。

【Step 5】

状態空間モデルを定式化します。(7.16)式と(7.18)式から、モデルは、

観測方程式 $\quad y_t = \exp(h_t/2) e_t$ (7.20)
状態方程式 $\quad h_t = \alpha + \beta h_{t-1} + \epsilon_t, \quad \epsilon_t \sim N(0, \sigma_\epsilon^2)$ (7.21)

と定式化することができました。しかしこのままでは、観測方程式が状態変数 h_t に関して非線形関数となるので、線形のカルマンフィルターが適用できま

せん。拡張カルマンフィルターやその他の非線形状態空間モデルを適用しなければなりません。

しかし、観測方程式を状態変数に関して線形になるように変形し、このときに生じる誤差を正規分布で近似して線形のカルマンフィルターを適用することも可能です。ここではこの方法を説明することにします。

【Step 6】

観測方程式を線形近似します。まず、(7.16)式の両辺を二乗し、

$$y_t^2 = \left\{\exp\left(\frac{h_t}{2}\right)^2\right\}e_t^2 = \{\exp(h_t)\}e_t^2 \tag{7.22}$$

さらに、両辺の自然対数をとると、

$$\ln y_t^2 = h_t + \ln e_t^2 \tag{7.23}$$

を得ます。この式は、状態変数 h_t に関して線形になりますが、右辺第2項の観測誤差項とみなせる $\ln e_t^2$ は、定義により自由度1の対数カイ二乗分布に従うことになります[6]。その平均と分散は、

$$E(\ln e_t^2) = -1.27004, \quad Var(\ln e_t^2) = \pi^2/2 \tag{7.24}$$

であることが知られています。(7.23)式の観測誤差項の平均がゼロになるように、右辺に定数 -1.27004 を加減することにより、最終的な観測方程式は、

$$\ln y_t^2 = -1.27004 + h_t + \ln e_t^2 + 1.27004 \equiv -1.27004 + h_t + \xi_t \tag{7.25}$$

となります。したがって、新しく定義した観測誤差項 $\xi_t \equiv \ln e_t^2 + 1.27004$ の期待値は0、分散は $\pi^2/2$ となります。誤差項 ξ_t は平均0、自由度1の対数カイ二乗分布に従いますが、カルマンフィルターを適用するために、それを平均

---

[6] カイ二乗分布の定義により、平均0、分散1の標準正規分布に従う確率変数を二乗し、それを N 個足し合わせたものは、自由度 N のカイ二乗分布に従います。その対数をとったものを対数カイ二乗分布と呼びます。詳細については、渡部 (1999) 第2章補論2.Aを参照してください。

7.6 ボラティリティはボラタイルだ：GARCH(1,1)と確率ボラティリティの推定

0、分散 $\pi^2/2$ の正規分布で近似します[7]。

【Step 7】

最終的な状態空間モデルを記述します。最終的にカルマンフィルターを適用するための線形状態空間モデルは、

観測方程式　$\ln y_t^2 = -1.27004 + h_t + \xi_t$
状態方程式　$h_t = \alpha + \beta h_{t-1} + \epsilon_t, \quad \epsilon_t \sim N(0, \sigma_\epsilon^2)$ (7.26)

となります。ここで観測方程式の誤差項の分散は $\pi^2/2$ であり、π は円周率（3.1415……）で定数ですので、誤差項の分散を推定する必要がありません。定数としてモデルの外からその値を与えればよいのです。カルマンフィルターの適用が難しいことの一つは、誤差項の分散（回帰の標準誤差）の推定にありますので、こうすることにより問題の一つを解決できます。

7.6.2 確率ボラティリティの推定例

以下で、EViews を用いた推定例を示します。最初に固定パラメータの初期値の決定について、次に実証結果について説明します。

初期値の決定

EViews を用いて (7.26) 式を推定するために、観測方程式と状態方程式を表7.2にあるように

@signal z = $-1.27004 + $ h $+$ [var $= 4.9348$]
@state h = c(2)$+$c(3)*h(-1)$+$[var $=$ c(4)^2]

と定式化します。推定すべき固定パラメータ c(2), c(3), c(4) の初期値の与え方にはいくつかの方法ありますが、簡便な方法として、(7.26) 式の状態方程式を $z_t \equiv \ln y_t^2 \approx h_t$ で近似し、z_t に関する一階の自己回帰式

---

[7] 近似の程度については、渡部（1999）第2章を参照してください。

$$z_t = \beta_0 + \beta_1 z_{t-1} + v_t, \quad v_t \sim N(0, \sigma_v^2) \qquad (7.27)$$

に線形回帰モデルを当てはめ、初期値をこの式のパラメータの最小自乗推定値から、c(2) = β_0, c(3) = β_1, c(4) = σ_v とします。

固定パラメータの推定結果

東京電力について、(7.27)式の推定結果はc(2) = -2.448685, c(3) = 0.223185, c(4) = 3.036618 でした。EViews のメニューで、Object > New Object... > SSpace > OK とし、先に示した(7.26)式の推定コマンドに加え、EViews のコマンド・ウインドウで、

@Param c(2) -2.448685　c(3) 0.2232　c(4) 3.036618

として初期値を与え、> Estimate > OK とします。すると、カルマンフィルターにおける最尤法による固定パラメータの推定結果は、

$$h_t = -0.6422 + 0.6583 h_{t-1} + \hat{\epsilon}_t, \quad \hat{\sigma}_\epsilon^2 = 1.5714^2 \qquad (7.28)$$

となります。同様にして沖縄電力についての推定結果は

$$h_t = -0.0507 + 0.9120 h_{t-1} + \hat{\epsilon}_t, \quad \hat{\sigma}_\epsilon^2 = 0.4217^2 \qquad (7.29)$$

となります。各パラメータの推定結果は、図7.15で示されたように有意です。(7.18)式と(7.19)式から $\alpha = a\bar{h}$, $\beta = 1-a$ ですので、上のパラメータ推定結果から平均回帰する強さは、$a = 1-\hat{\beta}$、長期平均は $\bar{h} = \hat{\alpha}/a = \hat{\alpha}/(1-\hat{\beta})$ と計算できます。

確率ボラティリティ（状態変数）の推定結果

(7.26)式に基づく状態変数 h_t の（平滑化）推定値 $\hat{h}_t$ を $\hat{\sigma}_t = \exp(\hat{h}_t/2)$ に代入すると、毎日の確率ボラティリティの期待値 $\hat{\sigma}_t$ を得ることができます。

その結果は図7.16に示されています。東電の確率ボラティリティは福島第一原発事故以降に大きな値を示しています。これに対し原子力発電所をもたない沖電のボラティリティは、東日本大震災や福島第一原発事故の影響をほとんど

7.6 ボラティリティはボラタイルだ：GARCH(1,1) と確率ボラティリティの推定

図7.15 カルマンフィルターによる状態方程式の固定パラメータの推定

東京電力

Sspace: SS 2 _TOUDEN
Method: Maximum likelihood (BFGS / Marquardt steps)
Date: 04/02/18 Time: 13:11
Sample: 1 /07/2002 9 /25/2013
Included observations: 2880
Convergence achieved after 15 iterations
Coefficient covariance computed using outer product of gradients

	Coefficient	Std. Error	z-Statistic	Prob.
C(2)	-0.642211	0.053604	-11.98061	0.0000
C(3)	0.658290	0.023701	27.77459	0.0000
C(4)	1.571392	0.060081	26.15437	0.0000
	Final State	Root MSE	z-Statistic	Prob.
H	-1.837900	1.825118	-1.007003	0.3139
Log likelihood	-7246.126	Akaike info criterion		5.034115
Parameters	3	Schwarz criterion		5.040329
Diffuse priors	0	Hannan-Quinn criter.		5.036355

沖縄電力

Sspace: SS 2 _OKIDEN
Method: Maximum likelihood (BFGS / Marquardt steps)
Date: 04/02/18 Time: 13:11
Sample: 1 /07/2002 9 /25/2013
Included observations: 2880
Valid observations: 2876
Convergence achieved after 22 iterations
Coefficient covariance computed using outer product of gradients

	Coefficient	Std. Error	z-Statistic	Prob.
C(2)	-0.050700	0.012223	-4.147993	0.0000
C(3)	0.912004	0.016645	54.79110	0.0000
C(4)	0.421727	0.045290	9.311670	0.0000
	Final State	Root MSE	z-Statistic	Prob.
H	-0.367869	0.815966	-0.450839	0.6521
Log likelihood	-6609.232	Akaike info criterion		4.598214
Parameters	3	Schwarz criterion		4.604435
Diffuse priors	0	Hannan-Quinn criter.		4.600456

図7.16 平滑化された状態変数に基づく確率ボラティリティの期待値（$\bar{\sigma}_t$ の時系列変化）

受けていないことがわかります。

7.6.3 確率ボラティリティ推定のための EViews プログラム

表7.2に EViews プログラムによる確率ボラティリティの推定方法が示されています。状態空間モデルの定式化に関する基本的な考え方は、表7.1の確率ベータ推定のプログラムと同様です。

6行目は(7.15)式に対応し、7行目は(7.23)式の左辺を計算しています。8行目から12行目では(7.27)式を推定し、状態方程式での固定パラメータの初期値としています。14行目から18行目は(7.26)式に対応し、観測方程式と状態方程式を定義しています。20行目では(7.17)式に基づき、平滑化した状態変数の推定値 h_t から確率ボラティリティ σ_t を逆算して、さらにその棒グラフを21行

表7.2　確率ボラティリティ推定のためのEViewsプログラム

```
1   'カルマンフィルターによる確率ボラティリティの推定
2   smpl 1 2880
3   for %company touden okiden
4     series {%company}_ror = %company
5     {%company}_ror.hist
6     series {%company}_return = ({%company}_ror-@mean({%company}_ror))/@
      var({%company}_ror)^0.5
7     series z = @log({%company}_return^2)
8   '収益率に関する一階の自己回帰モデルを最小二乗法で推定(初期値を得るため)
9     equation eq1_{%company}.ls z = c(10)+c(11)*z(-1)
10    c(2) = c(10)
11    c(3) = c(11)
12    c(4) = eq1_{%company}.@se
13  'カルマンフィルターの計算を行う
14    sspace ss2_{%company}
15    ss2_{%company}.append @signal z = -1.27004+h+[var = 4.9348]
16    ss2_{%company}.append @state  h = c(2)+c(3)*h(-1)+[var = c(4)^2]
17    ss2_{%company}.ml(m = 500, c = 0.0001)
18    ss2_{%company}.makestate(t = smooth) {%company}_smooth
19  '平滑化された状態変数を確率ボラティリティに変換し棒グラフを描く
20    series {%company}_randvol = @exp({%company}_smooth/2)
21    {%company}.bar  {%company}_randvol
22  'ヒストグラムと記述統計
23    {%company}_randvol.hist
24  next '繰り返し計算の最後
25  stop
```

目で描いています。23行目では、確率ボラティリティのヒストグラムを描き、その初等統計量を計算しています。

7.6.4　GARCHと確率ボラティリティ：その比較

　資産の収益率の変動性を記述するモデルには、大別するとGARCH（Generalized Auto Regressive Conditional Heteroscedasticity）と、この章で議論をした確率ボラティリティの2つがあり、ともに数多くの理論、実証研究が行われています。以下ではGARCHが何を意味するのか、GARCHと確率ボラティリティの相違について直観的な説明を行います。

7.6 ボラティリティはボラタイルだ：GARCH(1, 1) と確率ボラティリティの推定

GARCH とは

ボラティリティが時間とともに変動することを表現するモデルとして、Bollerslev (1986) による GARCH モデルがあります（GARCH については第 6 章も参照してください）。ここではその中で最も簡単な GARCH(1, 1) モデルを考えてみましょう。GARCH(1, 1) は次のように定式化できます。

$$r_t = \sigma_t e_t, \quad e_t \sim N(0, 1) \tag{7.30}$$

$$\sigma_t^2 = a_0 + a_1 r_{t-1}^2 + a_2 \sigma_{t-1}^2 \tag{7.31}$$

ここで (7.30) 式左辺の $r_t = S_t/S_{t-1} - 1$ は資産収益率（リターン）、e_t は平均 0、分散 1 の標準正規分布に従う確率変数であり、収益率の不確実性を表しています。σ_t は時間とともに変化する収益率の変動性（ボラティリティ）を示しています。ここでの変動性は分散で測っています。

(7.31) 式は t 期の収益率の分散がどのように変化するかを示しています。t 期の分散は、①右辺第 1 項 a_0 で示される一定の値、②右辺第 2 項 r_{t-1}^2 で示される短期（1 期間、1 期前）のボラティリティ、③右辺第 3 項の、分散の自己回帰傾向を示す σ_{t-1}^2、の 3 つによって説明できます[8]。(7.31) 式右辺における固定パラメータ (a_0, a_1, a_2) はそれぞれ、定数項、今期のボラティリティに対する短期の変動性の影響度、1 期前の分散の影響度を示しています。

注意すべき点は、①(7.31) 式は誤差項を含まない、②右辺の変数はいずれもが 1 期前 ($t-1$) の値ですので、現時点 (t 期) では既知です。言い換えるならば、(7.31) 式はボラティリティの「確定的」な変化を示しています。

確率ボラティリティ（SVM）

カルマンフィルターを用いたときのボラティリティは、(7.17) 式より $\sigma_t^2 = \exp(h_t)$ と表すことができました。これより、(7.26) 式の状態方程式は

---

[8] r_{t-1}^2 が 1 期前の短期（1 期間）の分散を表すことは次のように説明できます。r_t のすべての t について期待値がゼロ ($E(r_t) = 0$) と仮定できれば、1 期前の 1 期間の分散は $E[(r_t - E(r_t))^2] = E(r_t^2)$ と表現できます。t 期において、$t-1$ 期のこの値はわかっているので、$E_t(r_{t-1}^2) = r_{t-1}^2$ と表すことができます。

状態方程式　　$\ln \sigma_t^2 = b_0 + b_1 \ln \sigma_{t-1}^2 + \epsilon_t$ 　　　　　　　　　(7.32)

と書き直すことができます。これを(7.31)式と比較するとわかるように、GARCH(1, 1)は短期と長期のボラティリティの「確定的」な時間を通じた変化を説明しているのに対し、確率ボラティリティ（SV）モデルは長期のボラティリティの「確率的」な時間変化を説明しようとしています。

なお、(7.32)式では、GARCHモデルと異なり短期のボラティリティ r_{t-1}^2 を考慮していないので厳密な意味で両者は比較可能ではありませんが、(7.26)式の状態空間モデルを次のように書き直すことができます。

観測方程式　　$z_t = -1.27004 + h_t + \xi_t, \quad \xi_t \sim N(0, \pi^2/2)$

状態方程式　　$h_t = \alpha + \beta_1 z_{t-1} + \beta_2 h_{t-1} + \epsilon_t, \quad \epsilon_t \sim N(0, \sigma_\epsilon^2)$

ここで、$z_t = \ln y_t^2$ は t 期の観測変数です。状態方程式の右辺第2項に1期前の観察変数が存在しますが、これは t 期には所与であり、実現値であることに注意してください。またその代わりに観測変数の1期先期待値 $E_{t-1}(z_t)$ を用いてもよいです[9]。

【参考文献】

北岡孝義・髙橋青天・溜川健一・矢野順治（2013）『EViewsで学ぶ実証分析の方法』日本評論社

森平爽一郎（2019）『経済・ファイナンスのためのカルマンフィルター入門』朝倉書店

森平爽一郎（2016）「資本市場は東日本大震災をどう受け止めたのか：リスク・ファイナンスの観点から」『ファイナンシャル・プランニング研究』16, pp.74-81.

森平爽一郎（2014）「原発事故は電力会社のシステマティック・リスクにどの様に影響したのか：状態空間モデルを用いたイベント・スタディの提案」2014年度日本ファイナンス学会大会予稿集

渡部敏明（1999）『確率ボラティリティ変動モデル』三菱経済研究所

渡部敏明（2000）『ボラティリティ変動モデル（シリーズ現代金融工学）』朝倉書店

9）こうしたアプローチを、条件付き正規モデル（conditionally Gaussian models）と呼びます。詳しくはHarvey（1990）の3.7.1節を参照してください。

Van den Bossche, F. (2011) "Fitting State Space Models with EViews," *Journal of Statistical Software*, 41(8), pp.1-16.

Broto, C. and E. Ruiz (2004) "Estimation Methods for Stochastic Volatility Models: A Survey," *Journal of Economic Surveys*, 18(5), pp.613-649.

Fleming, J. and C. Kirby (2003) "A Closer Look at the Relation between GARCH and Stochastic Autoregressive Volatility," *Journal of Financial Econometrics*, 1(3), pp.365-419.

Bollerslev, T. (1986) "Generalized Autoregressive Conditional Heteroskedasticity," *Journal of Econometrics*, 31(3), pp.307-327.

Harvey, A. C. (1990) *Forecasting, Structural Time Series Models and the Kalman Filter*, Cambridge University Press.

Koopman, S. J. and E. H. Uspensky (2002) "The Stochastic Volatility in Mean Model: Empirical Evidence from International Stock Markets," *Journal of Applied Econometrics*, 17(6), pp.667-689.

Shephard, N. and T. G. Andersen (2009) "Stochastic Volatility: Origins and Overview," T. Mikosch, J.-P. Kreiß, R. A. Davis and T. G. Andersen eds., *Handbook of Financial Time Series*, pp.233-254, Springer.

Taylor, S. J. (2007) *Modelling Financial Time Series*, 2nd Edition, World Scientific Publishing.

Taylor, S. J. (1994) "Modeling Stochastic Volatility: A Review and Comparative Study," *Mathematical Finance*, 4(2), pp.183-204.

第8章 EViews プログラミングの基礎

　この章では EViews におけるコマンド操作とプログラミング方法を解説します。経済やファイナンスの実証分析においては、データの加工と整理、そして、さまざまな条件下でのモデル推定の作業が必要になります。限られた時間の中でこれらの処理を正確かつ効率的に行うためには、メニュー操作だけでなく、EViews のプログラミングテクニックを習得する必要があります。

8.1 プログラミングの基礎知識

　EViews でコマンドを実行するためには、コマンドウィンドウか、またはプログラムウィンドウを利用します。

8.1.1 コマンドウィンドウ

　EViews を起動したときに表示される、画面上部にあるウィンドウをコマンドウィンドウと呼びます（図8.1）。
　コマンドウィンドウでは1行で完結するコマンドだけが利用できます。例えば、if 条件文など複数行におよぶ構文は利用できません。複数行におよぶ構文を実行する場合は、後述するプログラムファイルを利用します。

8.1.2 簡単なコマンドの実行

　コマンド操作に慣れるために、きわめて簡単な操作をメニュー操作とコマン

8.1 プログラミングの基礎知識

図8.1 コマンドウィンドウ

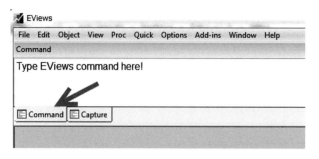

図8.2 ワークファイルの作成

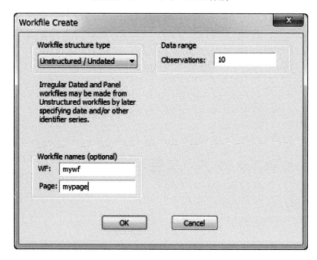

ド操作の両方で行ってみましょう。ここでは例として標本数が10個しかないUnstructured ワークファイル mywf を作成します。

> File > New > Workfile と操作してワークファイルの作成ダイアログを表示します。ワークファイルの種類を Unstructured にして、データの個数（サンプルサイズ）を10とします。さらにワークファイルの名前を mywf、ページ名を mypage とします（図8.2）。このように設定して OK ボタンをクリックします。

次に、> Qucik > Generate Series...と操作し、シリーズの新規作成ダイアロ

第8章 EViews プログラミングの基礎

図8.3 シリーズの作成

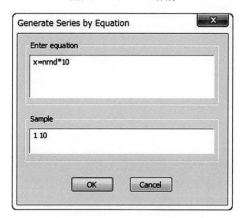

図8.4 Captureタブ

グを表示します（図8.3）。Enter equation のダイアログには x = nrnd*10と入力して OK ボタンをクリックします。

　これらの操作により、目的のシリーズ x を作成することができました。ここでコマンドウィンドウの下側にある Capture タブをクリックして、メニュー操作に対応するコマンドを確認します（図8.4）。EViews 9から、プログラミングを行う上でとても便利な機能であるキャプチャ機能が追加されました。

　キャプチャウィンドウには、次のコマンドが表示されているはずです。

　　　　wfcreate(wf = mywork, page = mypage) u 10
　　　　series x = nrnd*10

これにより、ワークファイルの新規作成には wfcreate コマンド、シリーズオブジェクトの新規作成には series コマンドを使うことがわかります。実際、これら2行のコマンドを順番にコマンドウィンドウにコピーして Enter キーを押して実行すると、メニュー操作とまったく同じ結果が得られます。

8.1.3 プログラムファイルの利用

次に、プログラムファイルを利用して先の2行のコマンドを実行してみましょう。> File > New > Program と操作して新しいプログラムファイルを開きます。プログラムファイルの1行目には習慣として、日付とプログラムファイル名を入力するよう心がけましょう。なお、コメント行の先頭には必ず半角のアポストロフィを入力します。例えば、

>　'2017/7/11 ワークファイルの作成
>　wfcreate(wf = mywork, page = mypage) u 10
>　series x = nrnd*10

とします。目的の行をマウスで選択した上で右クリックし、Comment Selection を選択して行頭にアポストロフィ（'）を入力することもできます。逆にコメントアウトを解除する場合は同じ操作から Uncomment Selection を選択します。

EViews プログラムを実行する場合、全体のコードを一度に実行する方法と、一部のコードだけを部分実行する方法があります。

プログラム全体を実行する

① > File > Open > Programs... と操作して、目的のプログラムファイルを選択して開きます。
② プログラムウィンドウの左端にある Run ボタンをクリックします。
③ プログラムの実行に時間がかかる場合は、Quiet（fast）の選択肢を選んで OK ボタンをクリックしてプログラムを実行します。

プログラムの一部のコードだけを実行する

① > File > Open > Programs... と操作して、目的のプログラムファイルを選択して開きます。
② 実行するプログラムの（複数）行をマウスで選択して反転表示した上で右クリックし、Run Selected を選択して実行します。この場合、プログラムの実行ダイアログは表示されません。

図8.5 キーワードタブ

注意

EViews プログラムファイルの拡張子は.prg です。この prg ファイルをダブルクリックすると即座にプログラムを実行することになりますので、注意してください。

8.1.4 コマンドの探し方

例えば、シリーズオブジェクト x の記述統計量をグラフで表現するような場面を考えてみましょう。メインメニューで、> Help > EViews Help topics... と操作し、オンラインヘルプのキーワードタブにあるテキストボックスにキーワードを入力します (図8.5)。

このとき、キーワードには操作の対象となるオブジェクト名を入力するのがコツです。したがって、この場合は series と入力します。メニュー操作の場合、series オブジェクトで、> View > Descriptive stats and tests と操作しますので、リストから view の項目を探しダブルクリックすると、目的とする情報がヘルプウィンドウに表示されます。結局、目的のコマンドは次のようなものであることがわかります。

show x.stats

このように目的の情報をオンラインヘルプで検索する場合、オブジェクトの種類を選び、メニューコマンドの順で探すと効率的です。

8.2 数値変数と文字列変数

EViews に限らず、どのようなアプリケーションソフトを利用する場合でも、数値と文字列はそれぞれ異なるものとして扱うのが一般的です。

8.2.1 数値変数

経済やファイナンス分野で利用するデータには実にさまざまなものがありますが、情報は数値属性か、文字列属性に分けることができます。EViews では基本的に数値データを扱う割合が多くなると思われますので、数値変数の基礎知識をしっかり理解しておきましょう。

先に乱数を用いて作成したシリーズオブジェクト x には、標準正規分布の乱数による数値が各行に入っています。新たに次のコマンドをコマンドウィンドウに入力して、変数 y を作成してみましょう。

$$\text{series y = @floor(rnd+0.5)}$$
$$\text{show y x}$$

y は一様分布の乱数 rnd を使って作成した 0 または 1 をとる変数となります。rnd 自体は 0 よりも大きく、1 よりも小さな乱数を作成する関数ですので、0.5 を足すことによって 0.5 よりも大きく、1.5 よりは小さい数値を作成します。そして @floor を利用して小数点以下の切捨てを行います。乱数を使っていますので、ユーザーによって値は異なりますが、おおよそ図 8.6 のような状態になります。

ここで、y が 1 に等しい行の x の合計を求めます。それには次に示す 2 つの方法が考えられます。

A 1 行ずつ y の値を調べて、1 ならば x を足していく。

図8.6　サンプルデータ

	Y	X
1	1	-2.770265
2	1	-2.561250
3	1	7.453313
4	0	-1.338128
5	0	13.01588
6	1	5.327523
7	1	9.779846
8	0	-9.902601
9	0	6.253274
10	1	5.149226

B smpl コマンドで $y=1$ の標本だけを選択し、単純に x の和をとる（EViews 独自の方法）。

　表8.1のプログラムを使って、方法Aの処理を行ってみましょう。数値変数は記号「!」と任意の文字または数字を組み合わせて作成します。ここでは、!i, !y, !x, !cx が数値変数です。プログラムの処理内容は次の通りです。

　2行目で、各行での x の合計を一時的に格納する数値変数 !cx を用意します。ただし、最初は0とします。3行目で行番号を数値変数 !i で示します。プログラムの中で行番号などを示すために数値変数を利用するとき、その数値変数を特別にコントロール変数と呼びます。3行目から10行目まで同じ処理を繰り返すので、for ループを利用します。for ループは next で閉じます。4行目の y(!i) にはシリーズ y の i 行目の値が入ります。11行目は show コマンドで !cx の値を画面に表示します。

　記述したコードで求めた処理結果を他のコードや EViews の内蔵機能で確認することで、プログラムの作成は完了となります。ここでは方法Bで答えが一致することを確認します。

```
smpl @all if y = 1
show @sum(x)
```

8.2 数値変数と文字列変数

表8.1 数値変数を理解する

```
1    '08_01_nvar.prg
2    !cx = 0
3    for !i = 1 to 10
4      !y = y(!i)
5      if !y = 1 then
6        !x = x(!i)
7        !cx = !x+!cx
8      else
9      endif
10   next
11   show !cx
```

両者の答えは一致したでしょうか。@sum( )はシリーズの総和をとる関数です。

8.2.2 文字列変数

次は10人に個別のIDを作成する場面を想定してください。IDとしてYが1の人はAではじまり、Yが0の人はBではじまる番号を付けることにします。AとBの数字部分は1からはじまりカウントアップさせることにします。先に図8.7の画面イメージで最終形を確認しておきます。

図8.7からわかるように、Yの値によってIDの先頭の文字が異なり、数字は種別ごとにカウントアップします。このプログラムは表8.2の通りです。

3行目で文字列を格納するためのalphaオブジェクトidを作成します。4行目で文字列変数を、記号「%」と任意の数値または文字列で作成します。ここでは%aと%bを利用します。8行目は行番号を先のプログラムと同じ!iで示すことを意味しています。しかし、%aと%b用の番号は別に!jと!kとして用意します。10行目でAとBの判別をif条件文で行います。11行目で文字列の接続を行います。文字列は「+」記号で接続可能です。ただし、!jと!kは数値変数なので、これを@str( )コマンドで文字列属性に変更します。12行目で!iはfor next構文で自動的にカウントアップしますが、!jと!kは自動的には増えないので、それぞれ処理の最後に1を足します。18行目で、最後に$y, x,$ idからなるグループを作成し、19行目でグループを画面表示します。

図8.7 アルファシリーズIDを追加

	Y	X	ID
1	1	-2.770265	A1
2	1	-2.561250	A2
3	1	7.453313	A3
4	0	-1.338128	B1
5	0	13.01588	B2
6	1	5.327523	A4
7	1	9.779846	A5
8	0	-9.902601	B3
9	0	6.253274	B4
10	1	5.149226	A6

表8.2 文字列変数を理解する

```
1   '08_02_cvar.prg
2   smpl @all
3   alpha id
4   %a = "A"
5   %b = "B"
6   !j = 1
7   !k = 1
8   for !i = 1 to 10
9     !y = y(!i)
10    if !y = 1 then
11      id(!i) = %a+@str(!j)
12      !j = !j+1
13    else
14      id(!i) = %b+@str(!k)
15      !k = !k+1
16    endif
17  next
18  group group02 y x id
19  show group02
```

8.2.3 変数のハンドリング

　数値変数の演算では直観的な記述が可能です。プログラムウィンドウを開いて次のコードを実行してみましょう。

```
!a = 4
!b = 3
!c = !a+!b
show !c
```

一方、文字列変数のハンドリングには注意すべき点があります。次のプログラムの2行目のコマンドは文字列変数に「x」という文字自体を格納します。3行目のコマンドは格納した「x」という文字列を表示します。

```
series x = nrnd
%a = "x"
show %a
```

これに対して、シリーズ x の乱数を表示させる場合は次のようにします。つまり、3行目のコマンドで置換を示す大カッコ{}を利用することで、x の中身を表示します。

```
series x = nrnd
%a = "x"
show {%a}
```

8.3 代表的な構文

プログラムの処理に柔軟性をもたせるためによく利用する構文として、if 条件文、for ループ、そして while ループというものがあります。それらの構文と簡単な利用例を紹介します。

8.3.1 if 条件文

if 条件文は値に応じてデータの処理方法を変更する場合に利用します。その構文は次の通りです。

[構文]
    if 条件文 then
        条件文が真のときの処理
    else
        条件文が偽のときの処理
    endif

この if 条件文は数値変数のプログラム08_01_nvar.prg で利用していますので、実際に試してみましょう。ただし、例題では else のときには何も処理をしないので、次の行で endif により構文を完成させています。

8.3.2 for ループ

同じ処理を複数回繰り返し実行する場合に利用します。構文は次の通りです。

[構文]
    for 数値変数 = 開始値 to 終了値
        繰り返し行う処理
    next

これもプログラム08_01_nvar.prg で利用しています。

8.3.3 while ループ

for ループや if 条件文と並んで汎用性の高い構文として、while ループがあります。for ループは繰り返し回数が明確にわかっている場合に利用しますが、while ループはある条件が満たされている間は処理を繰り返すというものです。while ループの構文は次の通りです。

[構文]
    while 条件文
        条件文が真の間に繰り返し実行する処理
    wend

8.4 標本を選択する smpl コマンド

表8.3 whileループを理解する

```
1   '08_03_while.prg
2   '!cxの値が 7 を越えた時点で処理を終了する
3   !cx = 0
4   series cx
5   !i = 1
6   while !cx <= 7
7     !x = x(!i)
8     !cx = !x+!cx
9     cx(!i) = !cx
10    !i = !i+1
11  end
12  show y x cx
```

図8.8 whileループによる処理

Y	X	CX
1	-2.770265	-2.770265
1	-2.561250	-5.331514
1	7.453313	2.121799
0	-1.338128	0.783670
0	13.01588	13.79955
1	5.327523	NA
1	9.779846	NA
0	-9.902601	NA
0	6.253274	NA
1	5.149226	NA

ここでは x を順次足してシリーズ CX の値とします。しかし、CX が 7 以上になった時点で和をとる作業を中止するというプログラミングを行います（表8.3）。このプログラムを実行したときの結果を図8.8に示します。

8.4 標本を選択する smpl コマンド

モデル推定において利用する標本を変更する場合には smpl コマンドを利用します。ここでは smpl コマンドの基本的な利用方法と、標本を連続的に変更していく方法を紹介します。

表8.4　時系列データの作成

```
1  '08_04_ts.prg
2  wfcreate(wf = mytime) m 2000m1 2017m12
3  series dcam = 1000
4  rndseed 123
5  series et = nrnd*5
6  smpl @first+1 @last
7  dcam = dcam(-1)+et
8  smpl @all
9  show dcam.line
```

8.4.1　smpl コマンドの基本的な用法

　ここではワークファイルがクロスセクションでなく、時系列である場合のsmpl コマンドの基本的な用法を紹介します。最初に、表8.4に示すプログラムで仮想データを作成します。プログラムの詳細は次の通りです。

　2 行目で2000年 1 月から2017年12月までを Range とするワークファイルmytime を作成します。3 行目でシリーズ dcam の値として1,000を入力します。4 行目で rndseed で乱数キーを設定します。5 行目で平均 0 、分散25の誤差項 e_t を作成します（乱数キーにより毎回同じ乱数を作成します）。6 行目で smpl コマンドで標本を2000年 2 月以降の期間に変更します。

　@first は Range の先頭：2000年 1 月
　@last は Range の最後：2017年12月

7 行目で、dcam の2000年 2 月以降の値として、次式で計算した値を代入します。

$$dcam_t = dcam_{t-1} + e_t$$

　dcam(-1)の(-1)はラグ項を意味します。マイナス記号がないときは、前述のように左辺のコマンドによってリード項と行（要素）を EViews が判断しますが、マイナスの場合は必ずラグ項として理解します。8 行目の smpl @all でグラフ化する前に標本を全範囲に設定します。9 行目の dcam.line は、シリーズオブジェクトを折れ線グラフで表示することを指示しています。

8.4 標本を選択する smpl コマンド

表8.5　smplコマンドによる3カ月ごとの平均を求める

```
1    '08_05_average.prg
2    '期間中の3カ月の移動平均の個数
3    !r = 72
4    series myavg
5    for !i = 1 to !r
6      smpl @first+(!i-1)*3 @first+(!i-1)*3+2
7      !m = @mean(dcam)
8      smpl @first+(!i-1)*3+2 @first+(!i-1)*3+2
9      myavg = !m
10   next
11   smpl @all
12   group group01 dcam myavg
13   show group01.line
```

8.4.2 標本を連続的に変更する

　smpl コマンドは、時系列データにおける分析では非常に使い勝手のよいコマンドです。これを使って3カ月ごとの dcam の平均 myavg を求め、それぞれのグラフを表示します。2000年3月の myavg の値は1〜3月の平均、2000年6月の値は4〜6月の平均となり、1, 2, 4, 5月の myavg の値は欠損値とします（表8.5）。

　ポイントは、smpl コマンドを利用して平均をとる期間を設定することです。1回目のループでは

$$\text{smpl 2000m1 2000m1+2}$$

となり、最初の3カ月のデータを選択します。このように、EViews では標本に関する時間情報の制御に、2000m1+2（＝2000m3）の要領で直観的にわかりやすい指定方法が利用できます。

　このプログラムを実行し、隣接データを接続するオプション（Connect adjacent non-missing observations）を選択したときの様子を図8.9に示します。

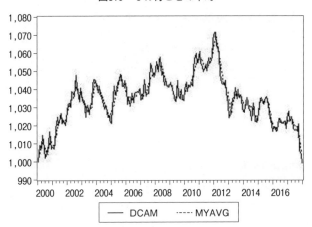

図8.9　3カ月ごとの平均

8.4.3　サンプルオブジェクト

EViews ではモデル推定において、標本をダイナミックに変更することで考察の幅を大きく広げることができます。ただ、いったん研究を終えてしまうと、自分がどのように期間や条件を設定して作業を行ったのかを思い出すのに苦労してしまうことがあります。そこでサンプルオブジェクトを使って現在の標本をリーマンショックの前後（2008年8月までと9月以降）で簡単に分けることを考えます。

まず、コマンドウィンドウに次のように入力します。

smpl @first 2008m8

標本が104カ月になったことを確認し、画面上で右クリックし、New Object としてダイアログを開いたら Sample を選択し、名前を period1 として OK ボタンをクリックします。続けて設定ダイアログが表示されますので、そのまま OK ボタンをクリックします（図8.10）。

サンプルオブジェクトの2つの使い方を説明します。まずは dcam の折れ線グラフを表示しておきます。そして、コマンドウィンドウに次のように入力します。

8.4 標本を選択する smpl コマンド

図8.10 サンプルオブジェクト period1

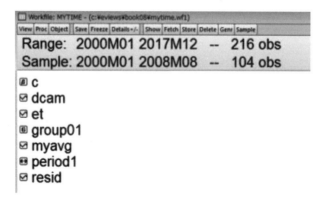

図8.11 period1で推定期間を指定する

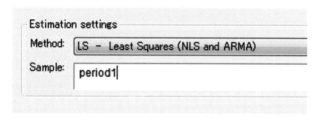

smpl @all

smpl period1

これでわかるように、period1は引数 @all と同じように利用できます。また、モデル推定においても、推定ダイアログのテキストボックス「Sample:」に、図8.11に示すような形で利用できます。もちろん、period1の内容を確認したいときはサンプルオブジェクトをダブルクリックします。

このように期間や条件をサンプルオブジェクトとして用意しておけば、後日、研究の確認／拡張を行う場合に役立ちます。

8.5 コマンド辞書

このセクションでは各章で利用したコマンド、構文、関数の機能をアルファベット順に紹介します。8.5.1項では記号とアルファベットではじまるコマンドを、8.5.2項では @ が先頭に付く関数について説明します。ここにリストアップしたものは EViews コマンドのごく一部にすぎません。他のコマンドの情報を調べる場合は、8.1.4項で説明したオンラインヘルプを活用してください。

8.5.1 クイックリファレンス

アルファベットではじまるコマンドの機能と使い方を説明します。

■ { }

％ではじまる文字列変数の中身を取り出します。例えば、%x = "topix" としたとき、

$$\text{equation eq01.ls s1 c \{\%x\}}$$

と書くと、EViews は次のコマンドを実行します。

$$\text{equation eq01.ls s1 c topix}$$

■ append

状態空間オブジェクトや logl オブジェクトなど、細かく仕様を記述するタイプのオブジェクトに仕様を追記するコマンドです。例えば、既存の状態空間オブジェクト ssm1 に次の観測方程式を書き込むとしましょう。

$$y_t = \alpha_t + \varepsilon_t, \quad \varepsilon_t \sim N(0, 1)$$

このときのコマンドは次のようになります。

$$\text{ssm1.append @signal y = sv1+[var =1]}$$

logl オブジェクトの場合は、次のようになります。

  lll1d.append @logl logl

  lll1d.append psi = betas(1)+betas(2)*xi(-1)+betas(3)*psi(-1)

■ ar

 AR（自己回帰）項を指定します。例えば、次に示す AR(2) モデルを考えます。

$$y_t = c + u_t$$
$$u_t = \rho_1 u_{t-1} + \rho_2 u_{t-2} + \epsilon_t$$

このモデルを推定する場合、EViews では次のように記述します。

  equation eq01.ls y c ar(1) ar(2)

EViews 9 以降では ar( ) や ma( ) 項を利用すると、デフォルトで最尤推定を実行します。EViews 8 以前は非線形最小二乗法（NLS）で推定します。EViews 9 であえて NLS を利用するときは、次のように cls オプションを利用します。

  eq01.ls(arma = cls) y c ar(1)

■ c( )

 直近に推定した推定値は、ワークファイルにある係数オブジェクト β に格納されます。推定式の前から順番に c(1), c(2), ... のような形で対応します。例えば、直近に推定した推定式 eq01 の定数項を数値変数 !x として取得する場合は次のようにします。

  !x = c(1)

equation オブジェクトから直接、推定値を取り出す場合は次のようにします。

  !x = eq01.@coefs(1)

■ coef

係数オブジェクトを作成します。次のコマンドは3行1列の係数オブジェクト slope を作成します。

$$\text{coef}(3)\ \text{slope}$$

■ colplace

行列オブジェクトのユーティリティコマンドです。例えば、次のコマンドは、行列オブジェクト mymat の5列目にベクトルオブジェクト v1 の値をコピーします。

$$\text{colplace}(\text{mymat}, \text{v1}, 5)$$

■ delete

ワークファイルからオブジェクトを削除します。

■ distplot

シリーズオブジェクト x の分布図を作成します。次のコマンド例は0を中心にしてヒストグラムを作成しますが、ヒストグラムの作成方法には silverman を利用します。縦軸のスケールは密度にし、さらにデフォルトの正規分布の曲線と t 分布の曲線を重ねたプロットを作図します。

$$\text{x.distplot hist}(\text{anchor} = 0, \text{binw} = \text{silverman}, \text{scale} = \text{dens})$$
$$\text{theory}(\text{dist} = \text{tdist})$$

displot は group オブジェクトでも利用できます。

$$\text{show mygroup.displot}(\text{m})$$

オプション m を利用すると、グループオブジェクトを構成するシリーズごとに個別のフレームを用いてグラフを作成します。

8.5 コマンド辞書

■ dlog

対数階差 $\log(x) - \log(x(-1))$ を計算します。

■ equation

equation オブジェクトを作成します。

$$\text{equation eq01.ls y c x}$$

equation の後ろにはオブジェクト名 eq01、ピリオドの後ろには推定手法、推定式の順番で入力します。次に示す非線形モデルを EViews で推定する場合、y = c(1)*x^c(2) のように明示的に記述します。

$$y = \alpha x^\beta$$

もちろん、α は c(1)、β は c(2) とします。

■ fit

equation オブジェクトを推定した後で、理論値を求める場合に利用します。例えば、eq01 というオブジェクトで理論値（フィット値）を求める場合は次のようにします。

$$\text{eq01.fit}(f = na) \ y\_hat$$

ここではオプション f = na を利用しているので、推定期間の範囲外のデータに対しては欠損値を示す NA という文字を代入します。

■ forecast

forecast コマンドはオブジェクトによって機能が異なります。ここでは状態空間オブジェクトの場合の機能を説明します。例えば、

$$\text{ssa.forecast}(m = s) \ @signal \ ^*f$$

これは状態空間オブジェクト ssa において平滑化（スムージング）計算したときの、被説明変数（signal）の予測値を求めます。

■ freeze

オブジェクトの画面からグラフオブジェクトを作成します。例えば、

$$\text{freeze(graph1) sv1f.line}$$

シリーズオブジェクト sv1f の折れ線グラフを作成し、そのイメージから graph1 というグラフオブジェクトを作成します。

■ graph

グラフオブジェクトを作成します。

■ group

グループオブジェクトを作成します。例えば次のコマンドは、シリーズオブジェクト x, y, z からなるグループオブジェクト group01 を作成します。

$$\text{group group01 x y z}$$

■ label

既存のオブジェクトにラベルを付けます。

$$\text{myseries.label newlabel}$$

シリーズオブジェクト myseries に newlabel というラベルを追加します。

■ line

データを折れ線グラフで表示します。例えば、series01.line のように利用します。グループオブジェクトの場合、group01.line(m) とすると、個別のフレームにグラフを表示します。

■ log

自然対数を求めます。log(x) または @log(x) のどちらでも利用可能です。底が10の場合は @log10(x) とします。

8.5 コマンド辞書

■ logl

対数尤度オブジェクトを作成します。次のコマンドは、新しい対数尤度オブジェクト ll1d を作成します。

$$\text{logl ll1d}$$

尤度関数の仕様は状態空間オブジェクトと同じく、画面上での直接入力も可能ですが、次のように append オプションでコマンド入力することも可能です。

 logl ll1d
 ll1d.append @logl logl
 ll1d.append psi = betas(1)+betas(2)*xi(-1)+betas(3)*psi(-1)

■ ma

次に示す arma(1,1) モデルを考えます。

$$y_t = c + u_t$$
$$u_t = \rho_1 u_{t-1} + \epsilon_t + \vartheta \epsilon_{t-1}$$

このとき、EViews には y c ar(1) ma(1) と入力します。

■ makestates

状態空間オブジェクトの推定後、状態変数を推定します。

$$\text{ssa.makestates(t = smooth) *f}$$

状態空間オブジェクト ssa で平滑化した状態変数をシリーズとして取り出します。状態変数が 1 つだけとは限りませんので、*f として、アスタリスクで連番での命名が可能な状態にします。

■ matrix

　行列オブジェクトを作成します。行列オブジェクトには数値のみ格納できます。matrix(3, 7) mymat は、3 行 7 列の行列オブジェクト mymat を作成します。行列オブジェクトの 1 行 2 列目に数値変数 !x の値を格納するときは、mymat(1, 2) = !x とします。

■ makeresid

　equation オブジェクトから残差シリーズを取り出します。例えば、推定式オブジェクト eq01 から残差シリーズを resid01 として取り出す場合は、次のようにします。

eq01.makeresid resid01

■ ml

　推定式オブジェクトで最尤法を利用します。例えば、作成済みの推定式オブジェクト eq01 で最尤法を利用する場合は、eq01.ml とします。

■ model

　model オブジェクトを宣言します。例えば、次のように mymodel という名前のオブジェクトを作成します。

model mymodel

ただし、この状態だと model オブジェクトの中身は空なので、logl オブジェクトの場合と同じように、append コマンドで仕様に関する情報を追加します。仕様を追加したら、solve コマンドを用いて同時方程式の解を求めます。

■ mtos

　行列オブジェクトをグループオブジェクトに変換します。もちろん、グループオブジェクトを構成する個別のシリーズオブジェクトも自動作成します。ただし、行列オブジェクトの行数がワークファイルのサンプルサイズよりも大き

8.5 コマンド辞書

な場合、変換されたシリーズオブジェクトは途中で切れた形になりますので注意してください。

■ nrnd

標準正規分布の密度関数を使って乱数を作成します。

■ pageappend

開いているワークファイルに新しいワークファイルページを追加します。

■ pagecopy

アクティブなワークファイルを複製します。ただし、次に示すように条件を設定して利用することもできます。これはアクティブページから「code が100または300に等しい」というレコードだけを、新たに home という名前のページにコピーします。もちろん、ワークファイルページの構造はそのまま引き継がれます。

> pagecopy (smpl = @all if code = 100 or code = 300, page = home)

■ pagecreate

開いているワークファイルに新たなワークファイルページを追加します。次のコマンドは Unstructured なワークファイルページ car を追加します。データの個数は100個です。

> pagecreate (page = car) u 100

■ pagedelete

目的のワークファイルページを削除します。

■ pageload

開いているワークファイルに新規ページを作成して、そこで既存のテキストファイル、Excel ファイル、EViews ファイルなどを開きます。必ず拡張子を

付けてください。

pageload test.csv

■ pageselect

　ワークファイルに複数のページが存在する場合、目的のページをアクティブにします。例えば、pageselect stock とすると、stock という名前のページをアクティブにします。

■ param

　パラメータの値を設定します。例えば、係数オブジェクトでパラメータ c(1) と c(2) の値を 4 と 1 に設定する場合は次のようにします。

param c(1) 4 c(2) 1

自分で作成した 4 行 1 列の係数オブジェクト mybeta でパラメータの値を設定する場合は次のようにします。

param mybeta(1) 4 mybeta(2) 1

■ rename

　オブジェクト名を変更します。

rename currentname newname

■ rnd

　一様分布の密度関数を利用して乱数を作成します。

■ rndseed

　乱数キーを設定します。for ループの前で利用すると、ループ中に利用する乱数を一括してコントロールします。キーには任意の数値を利用します。

rndseed 1
rndseed 123

■ rowvector

列ベクトルを作成します。次のコマンドは要素が20個の列ベクトルを作成し、すべての要素を2とします。

rowvector(20) coefvec = 2

m 行 n 列のベクトルオブジェクトを作成するときは vector コマンド、係数（列）ベクトルを作成する場合は coef コマンドを利用します。

■ scalar

数値が一つだけ入るスカラーオブジェクトを作成します。

scalar x = 3

■ series

series オブジェクトを作成します。

series x = 10

ワークファイルの構造が Unstructured である場合、シリーズ名の後ろにカッコを利用してシリーズの要素を指定できます。例えば、

x(7) = 10

とすれば、シリーズオブジェクト x の7行目に10を代入します。

■ setcell

テーブルオブジェクトの目的のセルに、文字列属性の情報を配置します。次のコマンドはテーブルオブジェクト tab1 の2行1列目のセルに Subtotal という文字列を入力します。

setcell(tab1, 2, 1, "Subtotal")

■ setline
テーブルオブジェクトの目的のセルに二重線を引きます。次のコマンドは myt の 1 行目のセルに二重線を入力します。

setline(myt, 1)

■ show
目的の情報を画面表示します。
　show x
　　→ シリーズオブジェクト x のスプレッドシートを表示します。
　show x y
　　→ シリーズ x と y を並べて表示します。
　show x.line
　　→ x を折れ線グラフで表示します。
　show log(x)+log(y)
　　→ 計算結果を表示します。

■ smpl
　smpl @all
　　→ 統計処理、グラフ作成の対象となる標本を設定します。
　smpl @first @first +9
　　→ 先頭から10個の標本を選択します。
　smpl @last +4 @last
　　→ 最後の 5 個を選択します。

■ solve
モデルオブジェクトの解を求めます。例えば、model オブジェクト mymodel を、デフォルトの Broyden 法で解く場合は次のようにします。

8.5 コマンド辞書

solve mymodel

■ sspace

状態空間オブジェクトを宣言します。例えば sspace ssm1 とすると、新しいオブジェクト画面が開きますので、その中に状態空間オブジェクトの仕様を記述します。

■ subroutine

一つのプログラムの中で頻繁に利用する計算やデータ処理は、サブルーチンとして定義することでプログラムをスッキリ、簡潔にまとめることができます。

引数の不要なサブルーチン

ワークファイル中にシリーズ stock1 と stock2 がすでに存在し、両者の和を stock3 とするような操作を頻繁に行うような状況を考えてください。プログラムの先頭で次のようにサブルーチンを定義します。

```
subroutine add
series stock3 = stock1+stock2
endsub
```

そして、このサブルーチンを実際に利用する場合は、次のように call コマンドを利用します。

call add

引数を利用するサブルーチン

ここではすでにワークファイル中に3つのスカラーオブジェクト x, y, p が存在する状況を想定します。

```
subroutine mycalc(scalar x, scalar y, scalar p)
x = y*p
endsub
```

利用方法は「引数の不要なサブルーチン」と同じです。サブルーチンにはグローバルサブルーチンとローカルサブルーチンの2種類があります。ローカルサブルーチンの場合、そこで作成したさまざまなオブジェクトは、処理が完了すると自動的に削除されます。ローカルサブルーチンの場合は、コマンド中にlocalというキーワードを追加します。

>   subroutine local mycalc(scalar x, scalar y, scalar p)
>   x = y*p
>   series a1 = nrnd
>   endsub

このローカルサブルーチンを実行すると、a1はワークファイル中には残りません。

■ table

テーブルオブジェクトを作成します。テーブルオブジェクトには文字列と数字を格納できますが、このときの数字は文字列属性となります。table(3, 7) mytbl は3行7列のテーブルオブジェクト mytbl を作成します。テーブルオブジェクトの要素に文字列 %x を格納するときは、プログラムウィンドウで mytbl(1, 2) = %x とします。

■ teststat

シリーズオブジェクトで仮説検定を行います。

$$x.teststat(mean = 0)$$

■ tic と toc

この2つのコマンドで囲んだプログラム行の処理時間を計測します。処理終了後、所要時間を画面左下にあるステータスラインに表示します。ただし、ほかの操作を行うと処理時間の表示は消えてしまうので、通常、プログラムの最後で @toc を利用して処理時間をスカラーオブジェクトに確保します。

8.5 コマンド辞書

    tic
    ［処理時間を計測したいプログラム］
    ……
    toc
    scalar et = @toc

tic, toc の実行後、@toc には処理時間が入ります。

■ vector

縦に長いベクトルオブジェクトを作成します。次のコマンドは10行1列のベクトルオブジェクト myvec を作成し、すべての行に3を入力します。

$$\text{vector}(10)\ \text{myvec} = 3$$

■ wfcreate

新しいワークファイルを作成します。

  wfcreate(wf = wname, page = pname) m 2010m1 2015m12
   → 2010年1月から2015年12月までの月次ワークファイルを作成します。
  wfcreate y 2010 2015
   → 年次ワークファイルを作成します。
  wfcreate u 100
   → クロスセクションのワークファイルを作成します。

■ wfopen

既存のワークファイルやテキストファイルを開きます。拡張子を付けてください。

$$\text{wfopen test.csv}$$

8.5.2 @関数とコマンド

ここでは本書で利用した先頭に @ が付く EViews の関数とコマンドの機能を説明します。

■ @acos

アークコサインを計算します。例えば、show @acos(-1) というコマンドを実行すると円周率を表示します。

■ @cnorm

標準正規分布の累積分布関数です。@cnrom(0) とすると 0.5 を返します。

■ @coefs

equation オブジェクトのデータメンバーである係数推定値を指定します。例えば、

$$\text{equation eq01.ls y c x}$$

で eq01 を推定します。そして定数項だけを単独で画面表示する場合は、

$$\text{show eq01.@coefs(1)}$$

とし、x の係数を表示する場合は次のようにします。

$$\text{show eq01.@coefs(2)}$$

この用法は、係数の標準誤差 @stderrs( )、t 値 @tstats( )、p 値 @pval( ) でも同じです。

■ @ctdist

t 分布の分布関数です。@ctdist(1.2, 20) とすると、t 値が 1.2, 自由度 20 のときの確率を表示します。

8.5 コマンド辞書

■ @dnorm
標準正規分布の密度関数です。@dnorm(1)とすると、z値が1のときの確率密度を求めます。

■ @exp
指数関数です。@exp(0)とすると1を返します。

■ @floor
@floor(x)はxを越えない一番大きな整数を作成します。例えば、@floor(2.54)は2を返します。

■ @left
文字列を取り出します。次のコマンドは、アルファシリーズオブジェクト*zzz*の左から4文字を取り出します。

$$@\text{left}(zzz, 4)$$

■ @log10
常用対数の対数値を求めます。例えば、

$$@\text{log10}(x)$$

■ @logit
ロジット関数です。

■ @mean
@mean(x)はxの平均値を計算します。

■ @mid
文字列を取り出します。次のコマンドは、アルファシリーズオブジェクト*zzz*の左4文字目から3文字を取り出します。

$$\text{@mid}(zzz, 4, 3)$$

■ @ncoef

equation オブジェクトにおける係数の個数を取得します。例えば、回帰モデル eq01 で利用している係数の個数を数値変数 !k に格納するときは、次のようにします。

$$!k = eq01.\text{@ncoef}$$

■ @obs

@obs(x) は、smpl で設定された範囲に含まれる x の個数を取得します。

■ @obsrange

@obsrange はカレントワークファイルページにおける Range 内の標本の個数を取得します。

■ @obssmpl

@obssmpl はカレントワークファイルページにおけるアクティブな標本の個数を取得します。

■ @pv

向こう n 年間に支給される年金の現在価値を求めます。利子率１％、10年間に年１回１円支払われる年金の現在価値は次のコマンドで求めることができます。カッコ内の最後の１は１円を示しています。

$$\text{show @pv}(0.01, 10, 1)$$

EViews にはこのほかにも、Financial Functions としていくつかのファイナンス向けの関数が用意されています。

8.5 コマンド辞書

■ @regobs

equation オブジェクトで推定に利用しているデータの個数を取得します。例えば、オブジェクト eq01 で回帰モデルの推定に利用しているデータの個数を数値変数 !robs に格納するときは次のようにします。

$$!robs = eq01.@regobs$$

■ @right

文字列を取り出します。次のコマンドは、アルファシリーズオブジェクト *zzz* の右から4文字を取り出します。

$$@right(zzz, 4)$$

■ @rowextract(m, n)

行列オブジェクト *m* から *n* 行目の要素だけを取り出して行オブジェクトを作成します。

■ @se

equation オブジェクトのデータメンバーで、回帰の標準誤差を取得します。eq01.@se のように利用します。

■ @signal

状態空間オブジェクトの観測方程式を記述するときに先頭に入力します。ただし、これは省略することも可能です。

■ @sqrt

@sqrt(x) は x の平方根を求めます。

■ @state

状態空間オブジェクトの状態方程式を記述するときに先頭に入力します。@signal とは異なり、これは省略できません。

■ @stdev

@stdev(x) は x の不偏標準偏差を計算します。分母は $n-1$ です。

■ @stdevp

@stdevp(x) は x の標準偏差を計算します。分母は n です。

■ @stdevs

@stdev と同じく x の不偏標準偏差を計算します。分母は $n-1$ です。

■ @str

数値変数の属性を文字列属性に変更します。例えば、@str(2) とすると、属性を文字とする"2"を作成します。

■ @sum

和を求めます。例えば show @sum(x) とすると、シリーズ x の総和を計算し、画面に表示します。

■ @toc

tic と toc の項目を参照してください。

■ @uiedit

テキストを入力するためのダイアログボックスを表示します。次の3行のプログラムは、ユーザーがダイアログボックスに入力した文字列を文字列オブジェクト fname に確保します。

```
string fname
@uiedit(%name, "Please enter your First Name:")
fname = %name
```

表示されたテキストボックスに5を入力した場合、属性は文字列になります。したがって数値として利用する場合は、@val( ) で属性を変更します。ユーザ

8.5 コマンド辞書

ーが情報を入力したり、選択するインターフェースを提供したりするコマンドとしては、このほかに @uidialog, @uifiledlg, @uilist, @uimlist, @uipromt, @uiradio といったものがあります。

■ @val

文字列属性を数値属性に変更します。次のコマンドは文字列変数 %x を数値属性に変更して、スカラーオブジェクト num に確保します。

$$\text{scalar num} = @\text{val}(\%x)$$

● 索　引

英　字

@acos　273
@cnorm　273
@coefs　273
@ctdist　273
@dnorm　274
@exp　274
@floor　274
@left　274
@log10　274
@logit　274
@mean　274
@mid　274
@ncoef　275
@obs　275
@obsrange　275
@obssmpl　275
@pv　275
@regobs　276
@right　276
@rowextract(m, n)　276
@se　276
@signal　276
@sqrt　276
@state　276
@stdev　277
@stdevp　277
@stdevs　277
@str　277
@sum　277
@toc　271, 277
@uiedit　277
@val　278
ACD モデル　191
　——の推定　198
append　259
ar　260
AR(1)　226
ARMA　16
AR 値　53
Boness モデル　74
c( )　260
call　270
CEV モデル　120
coef　261
colplace　261
delete　261
distplot　261
dlog　262
equation　262
EViews Add-ins　80
fit　262
forecast　262
for ループ　253
FRED 用 Browse 機能　85
freeze　263
GARCH モデル　111, 239, 240

graph 263
group 263
if 条件文 252
IGARCH モデル 109
Jarque-Bera 統計量 4
label 263
line 263
Ljung-Box 統計量 15
log 263
logl 264
LogL オブジェクト 179
ma 264
makeresid 265
makestates 264
matrix 265
Mcfadden R-squared 41
MIDAS 回帰 92
ml 265
model 265
MODEL オブジェクト 66
mtos 265
nrnd 266
pageappend 266
pagecopy 266
pagecreate 266
pagedelete 266
pageload 266
pageselect 267
param 267
pegecopy 266
Realized Volatility 207
rename 267
RiskMetrics 108
rnd 267
rndseed 267
rowvector 268
scalar 268
series 268
setcell 268
setline 269
show 269
smpl 269
solve 269

sspace 270
subroutine 270
table 271
teststat 271
tic 271
toc 271
t 分布 5
UHF-GARCH モデル 202
VaR 106
vector 272
wfcreate 272
wfopen 272
while ループ 253

ア 行

異常リターン 97
1 期先予測 22, 223
イベント・スタディ分析 96, 103
イベントウィンドウ 97
イントラデイトレンド 194
イントラデイボラティリティ 205
インプライド・ボラティリティ 135
エクスポージャー 171
オーバーナイトリターン 212
オプション 126
　──アプローチ 63
　──価格の計算 128

カ 行

回帰スプライン 195
カイ二乗分布 235
ガウスザイデル法 70
確率差分方程式 118
確率微分方程式 120
確率ベータ 227
確率ボラティリティ 232
株価のモンテカルロ・シミュレーション 122
株式の期待成長率 74
株式ボラティリティ 74
過分散 60
カルマンゲイン 27
カルマンフィルター 18, 24
観測誤差 218

索引

観測方程式　19, 218, 228
感応度　79
ガンベル分布　48
期待約定間隔　191
キャプチャ機能　245
極値回帰　46, 48
クッション　171
結合　182
決定係数　9
　　自由度修正済み──　9
限界効果　44
高頻度取引　182
コールオプション　64
固定パラメータ　229
固定平均リターンモデル　96
コマンドウィンドウ　243
コレログラム　14

サ 行

最大損失　106
最低保証付き　155
債務超過確率　63
最尤法　40, 179, 229
　　擬似──　198
サブルーチン　270
サンプルオブジェクト　257
自己相関　14
　　偏──　14
資産価格決定理論　117
資産価値　65
資産ボラティリティ　65
システマティック・リスク　225
自然確率　145
実確率　145
実現ボラティリティ　207
実行モード　186
弱定常過程　17
瞬間収益率　203
状態空間モデル　103
状態誤差　218
状態変数の推定値　223
状態方程式　19, 218, 228
状態モデル　217

情報量規準　11
シングルインデックスモデル　77
信号方程式　19, 218
推移方程式　218
推定ウィンドウ　97
数値変数　248
正規分布　5
線形確率モデル　30
　　──の問題点　34
　　非──　37
尖度　4
セントルイス準備銀行　83

タ 行

対数オッズ　43
対数正規分布　121
対数尤度　11
大統領選挙市場　145
ダウンサイドリスク　166
単位根過程　5
定常過程　17
定数+誤差　226
ティックデータ　183, 187
データファイルの結合　78
テキストファイル　182
デフォルト　29
　　──強度　56
　　──距離　70
　　──件数　53
デルタメソッド　201
東京商品取引所　188
倒産件数　58
倒産予測の精度　49
度数の変換　87
トリガー価格　152

ナ 行

日経平均リンク債　149
　　──の価格　153
ニュートン法　70, 137

ハ 行

バリューアットリスク　106

281

ヒストリカル・ボラティリティ　136
標準化 t 分布　114
フィルター　218
フィルタリング　215
　——値　223
プットオプション　153, 159
物理確率　145
ブラック＝ショールズモデル　131, 154
　原資産が配当を支払う場合の——　142
　——の計算　133
プログラミング　243
プログラム　186
プロテクティブ・プット　159, 161
プロビット回帰　46
分割表　49
　——の問題点　52
平滑化　22
　——値　223
平均回帰　121
平均限界効果　44
ヘッジ比率　163
ポアソン回帰　54, 57
ポアソン過程　55
ポアソン分布　54
ポートフォリオ保険（CPPI）　171, 172
ポートフォリオ保険（OBPI）　159, 161
ボラティリティシグネチャプロット　212

マ 行

マーケットマイクロストラクチャノイズ　207
マーケットモデル　96
マルチファクターモデル　82
文字列変数　250
モンテカルロ法によるオプション価格　129

ヤ 行

約定間隔　191

ラ 行

ランダムウォーク　220, 226
　——＋傾向　226
リーマンショック　91
リスク中立確率　143
リスク中立値上がり確率　148
ローカルモデル　216
ローカルレベルモデル　18
ローリング回帰　89, 227
ロジット回帰　39
　——係数　43

ワ 行

歪度　4
割引債　162

● 著者紹介

森平爽一郎（もりだいら・そういちろう）
1985年テキサス大学オースティン校経営大学院博士課程修了（Ph.D. in Finance）。福島大学経済学部助教授、慶應義塾大学総合政策学部教授、早稲田大学大学院ファイナンス研究科教授等を経て、現在、慶應義塾大学名誉教授。専門はファイナンス理論。

高英模（こう・よんも）
2016年横浜国立大学大学院国際社会科学研究科博士課程修了。博士（経済学）。現在、株式会社ライトストーン取締役。専修大学大学院経済学研究科客員教授を兼務。

EViewsで学ぶ応用ファイナンス
――ファイナンスデータを使った実証分析へのいざない

●――――2019年3月25日　第1版第1刷発行
著　者――森平爽一郎・高英模
発行所――株式会社　日本評論社
　　　　〒170-8474　東京都豊島区南大塚3-12-4　振替：00100-3-16
　　　　電話：03-3987-8621（販売）　03-3987-8595（編集）
　　　　https://www.nippyo.co.jp
印刷所――精文堂印刷株式会社
製本所――井上製本所
装　幀――林　健造
検印省略　©MORIDAIRA Soichiro, KOH Yong Mo, 2019
Printed in Japan
ISBN 978-4-535-55879-3

JCOPY　<（社）出版者著作権管理機構　委託出版物>

本書の無断複写は著作権法上での例外を除き禁じられています。複写される場合は、そのつど事前に、（社）出版者著作権管理機構（電話：03-5244-5088、FAX：03-5244-5089、e-mail：info@jcopy.or.jp）の許諾を得てください。また、本書を代行業者等の第三者に依頼してスキャニング等の行為によりデジタル化することは、個人の家庭内の利用であっても、一切認められておりません。

EViewsで学ぶ
応用ファイナンス

ファイナンスデータを使った実証分析へのいざない